幼儿园活动设计指导丛书

丛书主编　卓萍　金东波

幼儿园音乐活动设计案例

主　编　金东波　罗　清
副主编　刘　娟　汤晓宁　高芳梅　邹进波
编　委　金东波　罗　清　刘　娟　汤晓宁　高芳梅　邹进波
代　沙　周玉婷　汪宇飞　胡　沙　何孟甜

WUHAN UNIVERSITY PRESS
武汉大学出版社

图书在版编目(CIP)数据

幼儿园音乐活动设计案例/金东波,罗清主编.—武汉:武汉大学出版社,2018.4(2019.4重印)

幼儿园活动设计指导丛书/卓萍,金东波主编

ISBN 978-7-307-19987-3

Ⅰ.幼… Ⅱ.①金… ②罗… Ⅲ.音乐课—教学研究—学前教育 Ⅳ.G613.5

中国版本图书馆CIP数据核字(2018)第017918号

责任编辑:方慧娜 谢群英　　责任校对:汪欣怡　　版式设计:韩闻锦

出版发行:**武汉大学出版社** (430072 武昌 珞珈山)

(电子邮箱:cbs22@whu.edu.cn 网址:www.wdp.com.cn)

印刷:湖北恒泰印务有限公司

开本:787×1092 1/16 印张:24.25 字数:543千字 插页:1

版次:2018年4月第1版 2019年4月第2次印刷

ISBN 978-7-307-19987-3 定价:50.00元

幼儿园活动设计指导丛书

丛书主编　卓萍　金东波

编委会名单

WUHAN UNIVERSITY PRESS
武汉大学出版社

序　　言

高职高专学前教育专业培养的是适合幼儿园需要的“高素质、牢基础、强能力、有特长”的应用型专门化人才，应该构建“多形式、全过程、高质量、全覆盖”的实践教育体系，把学生的实践能力培养融于师范教育的全过程，把职场适应贯穿于整个专业学习的全过程，着力提升学前教育专业学生的学习能力、实践能力和创新能力。

我国《现代职业教育体系建设规划（2014—2020 年）》（教发〔2014〕6 号）明确提出“坚持产教融合发展推动专业设置与产业需求、课程内容与职业标准、教学过程与生产过程对接”，“将工学结合贯穿职业教育教学全过程，学生从入学开始就接受相应的动手和实践课程”。这就明确了实践教学是职业教育质量保障体系中非常重要的教学环节。

《幼儿园教师专业标准（试行）》（以下简称《专业标准》）在实施建议中明确指出“幼儿园教师要将《专业标准》作为自身专业发展的基本依据。制定自我专业发展规划，爱岗敬业，增强专业发展自觉性”。教师专业发展规划不但适用于在职教师，也适用于在校师范生。所谓专业发展，从教师个体角度理解，是指教师个体知能素质的完善和社会环境适应能力的增强。个体专业发展有两个维度，一是自身素质结构与工作岗位的要求相互磨合、不断适应，这是个体内在品质的完善过程；二是在职业生涯进程中个体不断适应社会环境和工作经验逐步丰富的过程，这是个体外在行为的规范过程。

专业发展规划对于学前教育专业毕业生来讲，实际上是一种职业生涯规划。《专业标准》对学前教育专业的独特性有着明确的“专业导向”，即：幼儿园教师必须具备综合性的教育支撑能力，包括创设和利用环境、安排和组织一日活动、支持和引导幼儿游戏、计划和实施教育活动四种职业核心能力，激励与评价、沟通与合作、反思与发展三种教育方法能力，观察、沟通、评价、合作四种专业行为能力，以及幼儿教师必备的为幼儿提供适宜教育的意识和能力。

《专业标准》具有鲜明的专业实践能力导向，而实践教学的目的就是有效提高学前教育专业学生理论与实践相结合、教育实践和反思的能力，使学生在毕业时能够适应幼儿园一线教育教学工作的实际需要，更是为学生入职指导、幼儿教师专业化成长和职业可持续发展奠定良好的基础。

《幼儿园教育活动设计与指导》是学前教育专业学生的核心课程，在学前教育专业课程中起到承上启下的作用，是学前教育理论和学前教育实践的中介和桥梁。幼儿园教育活动设计与指导能力是高职高专学前教育专业学生必须具备的核心能力。

幼儿园教育活动设计立足于学前卫生学、学前心理学、学前教育学、儿童行为观察与指导等专业理论知识，将课程理论与教学设计相结合，既是系统地对活动主题、目标、内容、活动过程以及评价进行科学的设计和有效的教学指导活动，又是在学生具备相应的专业技能，即说、弹、唱、跳、画的基础上，围绕某一活动主题进行设计并通过校内课堂理实一体化、校外教育见实习加以实施的实践活动。活动设计课程目标是：学习、了解基本概念和基本知识，掌握五大领域课程的理论体系和活动案例；学会利用多种途径收集、整理资料，运用案例分析、模拟试教、实境课堂、保教实习等方法，解决幼儿园教育活动实际的问题，凸显实践运用能力，这种能力必须在实践中经过持久淬砺才能获得。

《教育部关于大力推进教师教育课程改革的意见》提出“精选对培养优秀教师有重要价值的课程内容，将学科前沿知识、教育改革和教育研究最新成果充实到教学内容中，特别应及时吸收儿童研究、学习科学、心理科学、信息技术的新成果。要将优秀中小学教学案例作为教师教育课程的重要内容”。目前有些活动设计教材的理论观点滞后，难以反映学前教育的政策和发展动态信息，不能达到《教师教育课程标准（试行）》《幼儿园教师专业标准（试行）》《中小学和幼儿园教师资格考试标准（试行）》《3—6岁儿童学习与发展指南》对学前教育专业实践能力的新要求，有的活动设计教材理论知识描述太多，教学活动案例太少，无法提供优质的幼儿园实践的范例。

《幼儿园活动设计指导丛书》是按照职业教育发展的指导思想，根据国家颁布的《幼儿园教育指导纲要》《幼儿园教师专业标准》《3—6岁儿童学习与发展指南》等相关文件的要求，根据学前教育专业的人才培养目标和培养规格编写的符合学前教育专业特点和幼教岗位实际需求的核心课程——“幼儿园活动设计”的训练指导教材。力求比较全面地反映国家教师教育和职业教育发展倡导的教育教学改革的新理念和新要求，同时在吸收学前教育专业课程改革优秀成果的基础上，努力完善学前教育专业“幼儿园活动设计”课程的实践教学体系。

《幼儿园活动设计指导丛书》一共有六册，涵盖了五大领域的内容，以训练学前教育专业学生岗位职业能力为主线，力求实现“学前教育专业与幼儿园工作岗位、课程标准与幼儿园教师专业标准、教学过程与幼儿园工作过程”无缝对接。呈现出以下特点：

1. 结构合理，内容实用，可操作性强。

《幼儿园活动设计指导丛书》在内容上实现了整体性和分层性的统一，既可以作为学生学习“幼儿园活动设计”综合课程的案例，也可以作为学前教育专业分领域的教学内容。五大领域有很强的综合性，每个领域都有自身的领域核心要素和核心能力的训练，学生只要练就了比较扎实的领域教学指导的本领，再通过幼儿园教育实习的具体实践，加上入职后根据主题活动进行具体的活动设计，就能够迅速提高综合运用能力。学前教育专业学生“幼儿园活动设计”课程选择实用性突出的内容，学生在具体实施中具有很强的操作性。

2. 层次清晰，材料丰富，岗位性突出。

《专业标准》对幼儿园教师必须具备的教育教学能力提出了明确要求，特别强调幼儿园教师要具有观察了解幼儿、掌握不同年龄幼儿身心发展特点和个体差异的能力；要具有环境的创设与利用、一日生活的组织与保育、游戏的支持与引导、教育活动的计划与实施、对儿童的激励与评价等基本专业能力；能根据幼儿的特点和需要，给予适宜的指导，并能引发和支持幼儿的主动活动，引导幼儿在游戏活动中获得多方面的发展。《幼儿园活动设计指导丛书》按照幼教岗位科学保教的标准和要求，按照“幼儿园活动设计”这门课程在幼儿园集体教学活动中的地位，达到能够指导幼儿进行各领域集体活动顺利开展的实践运用能力。《幼儿园活动设计指导丛书》要成为学生从模仿到运用、从运用到反思、从反思到创造这样一个成长过程的“脚手架”和“桥梁”，案例材料内容丰富，教学环节设计合理，教学过程体现幼教岗位的教育思想和教学方法手段的合理利用，突出了学前教育专业职业性、岗位性的特点，力争实现教学内容和方法与幼儿园活动设计理念和方法的零对接。同时，我们不希望学生成为模仿的机器，希望借助于具有现代新的教育观念和实践性极强的活动方案，帮助准教师们深入理解学前教育领域和这个岗位的新观念，掌握与之相适应的教育实践的特征和方法，实现知识和能力的迁移，学会离开拐杖，树立现代教育观和育儿观，自己独立而富有创造性地开展活动设计。

3. “院园合作”，采用“双导师”指导实践，体现“产教融合”。

学前教育专业实践教学应该按照“产教融合、资源共享、优势互补、合作多赢、共同发展”的发展理念，与优质幼儿园和幼教机构建立“学前教育实践研究基地”，通过“院园合作”，建立教学实践岗位成长的“双导师”指导机制。《幼儿园活动设计指导丛书》的内容都是幼儿园非常实用的集体活动内容，也可以成为幼儿园教师的参考用书。通过“双导师”理论和实践相结合的配合指导，由高校专任教师和幼儿园骨干教师共同合作，根据学前教育职业岗位的实际需要和高职学生的能力要求，共同设计若干“全真”或“仿真”的工作情景和案例，进而转化为一系列学习项目，通过这些真实案例的分析和真实项目的演练，将理论课教学过程与实践操作紧密结合，以激发学生的学习兴趣、探究兴趣和职业兴趣，在一定程度上实现学生职业道德、教育理念、专业知识、能力培养的提升。

参加本套丛书编写的教师，都是来自高校教学一线有着理论和实践经验的“双师”型骨干教师，来自幼儿园一线有着丰富实践经验的专家、名师，他们带着对培养高素质应用型学前教育专门人才的责任感和使命感，怀着提升幼儿园教师专业化成长质量的美好愿望，结合自身多年来对实践教学的指导经验，力求体现出新形势下学前教育专业教学改革特别是实践教学改革的新成果。

由于编写人员的学识与经验有限，本套丛书还存在许多不足和缺憾，恳请各位专家、老师和同学在使用的过程中，提出宝贵的意见和建议，帮助我们进一步改进和完善本套丛书的质量。

本套丛书在编写过程中，参考借鉴了相关的教材和资料，采纳和引用了许多研究者的观点，在此特向这些作者表示诚挚的敬意和衷心的感谢。

卓萍

2018 年 2 月

前　言

音乐是反映人类现实生活情感的一种艺术形式，在人类社会的发展过程中，音乐具有提高审美能力、树立崇高理想和净化心灵、启迪智慧等审美、教育、娱乐的功能，其教育作用是多方面的。在学前教育阶段，幼儿通过参与音乐活动，开发幼儿智力，发掘幼儿潜能，塑造幼儿健康活泼的个性，促进幼儿全面和谐的发展，具有重要意义。

本书是根据高职高专学前教育专业的人才培养目标和国家颁布的《幼儿园教育指导纲要（试行）》、《幼儿园教师专业标准》等文件的内容和精神，立足于高等学校学前教育专业音乐活动设计的教学实际和《3—6岁儿童学习发展指南（艺术）》要求，在广泛继承吸收高校学前教育专业幼儿音乐活动教育理论研究成果，结合当地幼儿音乐教育活动实践的基础上，组织常年坚持在高校学前教育专业实践和幼儿教育工作一线的专家、教师编写而成。教材在编写过程中，注重高职学前教育专业教育教学活动特点，使高等院校教育教学和幼儿园工作实际紧密结合，针对学生实际情况和幼儿音乐教育活动规律，采取活动设计案例的形式编写，体现出理论性、针对性和应用性的统一，力求做到理念先进、结构合理、内容新颖、指导具体、学做结合。

《幼儿音乐活动设计案例》在选材、设计和编写方面，特别强调音乐活动与幼儿园教师专业能力要求的结合与引导，通过案例中音乐活动与幼儿园其他教育活动的融合，提升幼儿园教师在观察了解幼儿、掌握不同年龄幼儿身心发展特点和个体差异、一日生活组织与保育、环境创设与利用、游戏的支持与引导、教育活动的计划与实施、对儿童的激励与评价等方面的基本专业能力水平。

《幼儿音乐活动设计案例》由武汉城市职业学院金东波主编和审定，并负责教材小班音乐活动案例（上）》、《小班音乐活动案例（下）》、《大班音乐活动案例（上）》部分，共计11万字的编写；武昌区长江紫都幼儿园罗清担任第二主编，协助完成教材审定，并负责教材《大班音乐活动案例（下）》部分，共计4万字的编写；武汉城市职业学院汤晓宁、高芳梅，武汉市曙光幼儿园邹进波、代沙协助完成教材审定，并承担教材其他部分的编写。

在编撰本教材的过程中，作者借鉴和参考了省内外高校学前教育专家、优秀教师的研究成果和幼儿园提供的案例，得到了武汉大学出版社的支持和帮助，在此一并表示衷心的感谢！

为了更好地理论联系实际，提高广大师生的实际操作能力，本书还配有相应的活动资源内容。这些活动资源可通过武汉大学出版社教材推广部（**E-mail：cbs22@whu.edu.cn**）联系使用。

编者

2018年2月

目　　录

小班（上）

小班（下）

中班（上）

中班（下）

大班（上）

大班（下）

小班(上)

一、我上幼儿园

活动内容

离开家人的怀抱，面对陌生的环境、陌生的老师，对于刚刚进入幼儿园的幼儿来说，是一个莫大的挑战。因此，教师要帮助幼儿尽快消除离开亲人的焦虑心理，尽快消除对幼儿园环境和人物的陌生感，在情感的迁移中，逐渐接受幼儿园，并顺利建立起喜欢上幼儿园的情感。基于此设想，音乐活动通过对歌曲《我上幼儿园》的学习，让幼儿感受旋律中亲切、快乐的音乐氛围，体验与小伙伴一起唱歌的欢乐情绪，理解歌词的内容，尽快熟悉幼儿园生活、热爱幼儿园生活，从而产生喜欢幼儿园的情感。

活动目标

1. 乐意参与歌唱学习活动，培养幼儿喜欢上幼儿园的情感。
2. 理解歌曲主要内容，尝试学唱短小歌曲。
3. 能与同伴一起在集体面前演唱歌曲。

活动准备

1. 知识经验准备：

(1)教师观察幼儿上幼儿园的情绪。

(2)幼儿参观幼儿园的环境，欣赏花、草、鱼、虫，观看图书角、玩具柜，在户外游乐设施上玩耍。

2. 物质材料准备：

(1)幼儿园室内外环境照片、区域照片。

(2)音响视频设备1部、U盘1个。

(3)歌曲《我上幼儿园》音频、视频。

3. 环境准备：

在教室里用积木搭建幼儿园的大门。

活动过程

1. 观看幼儿园室内外环境照片导入活动，激发兴趣。

教师讲述："孩子们，你们看这是哪里？前段时间我们参观了幼儿园，一定都有自己的感受吧。请大家说一说你对幼儿园哪些地方、哪些东西感兴趣。"引导幼儿注意观察和感受幼儿园环境的优美，了解在幼儿园里有许多小朋友喜欢看的图书、玩具和家里没有的大型游乐设施。

教师讲述："大家在幼儿园里一起玩耍、游戏，可以获得很多快乐。今天我们一起学唱一首好听的歌曲，这首歌曲的名字叫《我上幼儿园》。学会唱这首歌曲后，回家唱给爸爸妈妈听，让他们知道我们在幼儿园学到了新本领，让他们夸奖夸奖我们。"

2. 播放歌曲，理解内容。

教师反复播放几次歌曲，首先提醒幼儿注意听清歌词，引导幼儿理解歌词的意思，使幼儿知道每个人每天都要做自己的事，明白爸爸妈妈要上班做好工作，小朋友要上幼儿园和小朋友一起玩耍、游戏，还要学习好多本领的道理。其次，提示幼儿注意倾听旋律，鼓励幼儿跟着哼唱，酝酿情绪。

3. 教师示范，逐句教唱。

(1)教师示范演唱这首歌曲。教师一边唱，一边夸张地做出富有童趣的动作，让幼儿进一步感知歌曲的内容和情绪。

(2)教师通过钢琴伴奏，逐句教唱歌曲。先每两小节教唱一次，再每四小节教唱一次，然后教师弹奏一句，幼儿跟唱一句，最后连贯地唱下来。

4. 师幼同唱，复习歌曲。

教师和幼儿一起唱歌曲，结合幼儿园、班级图片相关内容，引导幼儿用肢体自由做相应的动作，根据自己的理解表达歌曲的情绪，进一步提高幼儿参与的热情。

5. 当众演唱，表现自己。

为了调动幼儿勇敢表现自己的情绪和参与表演的欲望，教师引导幼儿三两个人一起或者独自在集体面前演唱歌曲，鼓励幼儿大胆地表现自己。教师要特别关注害羞、胆怯的幼儿，邀请他们和老师或同伴一起表演，培养他们的自信心。

6. 教师讲评，结束活动。

教师对幼儿学唱歌曲的活动予以简单小结，着重表扬当众表演的幼儿，对每个幼儿都给予积极的评价，让他们感觉到"我是最棒的"。最后活动在集体合唱《我上幼儿园》的歌声中结束。

活动延伸

1. 建构游戏——"我们的幼儿园"。自由选择积塑玩具，与同伴一起尝试运用摆摆放放、拼拼插插的方式搭建“幼儿园”。

2. 语言游戏——“幼儿园像我家”。教师与幼儿以儿歌接龙的方式朗诵儿歌，即教师朗诵儿歌的上一句，幼儿接着朗诵儿歌的下一句。

3. 户外活动——“幼儿园真好玩”。教师带领幼儿参观幼儿园的环境、设施，并带领幼儿玩各种大型运动器械，激发幼儿愉快、健康的情绪。

4. 益智游戏——“美丽的幼儿园”。教师逐一出示幼儿园环境、设施图片，请幼儿猜猜是幼儿园的哪里，或教师将出示的幼儿园环境、设施等图片运用遮盖的方式，请幼儿猜猜什么不见了。

活动评价建议

1. 观察幼儿是否理解歌曲的内容和情绪，是否表现出快乐的心情。
2. 观察幼儿在学唱歌曲中情绪是否热情，是否能当众大胆演唱歌曲。

二、晶晶上幼儿园

活动内容

幼儿通过参观幼儿园，学唱《我上幼儿园》的歌曲，对幼儿园的环境和生活有了初步的接触和了解。为了使幼儿进一步增强对幼儿园的快乐体验，教师还可以在学唱歌曲的基础上，开展幼儿喜闻乐见的游戏活动——音乐游戏。《我上幼儿园》是幼儿已经学会的歌曲，对这首歌曲的旋律比较熟悉，教师可用幼儿喜欢的“过家家”的形式，引导幼儿参与以这首歌曲为主题的音乐游戏，获得愉快的情绪体验，进一步消除对幼儿园的陌生感，缓解焦虑情绪，从而对上幼儿园产生更加浓厚的兴趣。

活动目标

1. 喜欢玩音乐表演游戏，体验与小伙伴一起做游戏的快乐。
2. 尝试根据歌词内容做相应的模仿动作。
3. 能遵守唱到“是个好宝宝”这句歌词时，才能相互道别的游戏规则。

活动准备

1. 知识经验准备：

(1) 教师观察幼儿上幼儿园的情绪、情感。

(2) 幼儿参观幼儿园的环境，欣赏花、草、鱼、虫，观看图书角、玩具柜，在户外游乐设施上玩耍。

2. 物质材料准备：

(1) 幼儿园室内外环境照片、区域照片。

(2) 音响视频设备 1 部、U 盘 1 个。

(3) 歌曲《我上幼儿园》音频、视频。

3. 环境准备：

在教室里用积木模拟搭建幼儿园的大门。

活动过程

(1) 教师在教室中播放歌曲《我上幼儿园》，渲染环境，营造气氛，激发幼儿参与活动的积极性。

(2)教师出示一个可爱的布娃娃，讲述《晶晶上幼儿园》的故事，结合故事讲述并提问：“今天，我们来玩一个游戏——送布娃娃去上幼儿园。这个布娃娃的名字就叫‘晶晶’，她今天要上幼儿园，要爸爸妈妈送她去上幼儿园。哪一位小朋友愿意来扮演‘晶晶’的爸爸和妈妈呢？哪一位小朋友又愿意扮演幼儿园的老师呢？”教师引导、鼓励幼儿争相报名扮演游戏角色。

(3)教师将愿意参与表演的幼儿每三人搭配分为一组，并分配角色，轮流进行游戏表演。提示幼儿注意设置的游戏情景，帮助幼儿进入角色。

(4)在用积木搭起来的门前，教师结合幼儿园、区域照片相关内容，指导小朋友进行“爸爸”、“妈妈”送布娃娃，“教师”接待布娃娃的游戏环节(例如，到了“幼儿园”门前，“爸爸”、“妈妈”操作布娃娃向“老师”鞠躬，并说：“老师早！”“老师”说：“小朋友早！”“老师”从“爸爸”、“妈妈”手里接过布娃娃之后，又操作布娃娃向“爸爸”、“妈妈”挥挥手说：“再见！”“爸爸”、“妈妈”也挥挥手说：“再见！”)在游戏过程中，其他小朋友跟着播放的音乐，一起哼唱歌曲《我上幼儿园》的旋律。

(5)在第一组幼儿游戏结束后，教师引导其他幼儿对他们的表演进行评价。在幼儿交流表述的基础上，教师对第一组幼儿予以充分的肯定，同时请后面接着要表演的幼儿注意哪些地方需要改进，让幼儿的表演能力逐步得到提高。

(6)在教师的指导下，小朋友轮换进行游戏表演。教师尽量动员、鼓励每个幼儿都能参与游戏表演。在幼儿的游戏表演过程中，教师需要给予一定的提示和指导，让幼儿的表演能力逐步得到提高。

(7)游戏过后，教师再次播放歌曲《我上幼儿园》的音乐，引导幼儿随着歌曲的旋律，尝试通过自由想象，做出自己喜欢的动作，表达出内心的快乐情绪。

活动延伸

1. 角色游戏：“我们来做爸爸妈妈”。幼儿自由选择扮演“爸爸”或“妈妈”的角色，自主选择自己喜欢的布娃娃，并尝试表现爸爸妈妈的日常工作。

2. 节奏接龙游戏：

(1)幼儿自选打击乐器，尝试一边演唱歌曲《我上幼儿园》，一边自由打击节奏。

(2)教师一边演唱歌曲第一句，一边打击节奏，幼儿一边接着教师的后面演唱第二句，一边打击节奏。幼儿熟悉后可以交换接龙的顺序。

活动评价建议

1. 观察幼儿参与游戏活动的态度是否积极，在游戏表演中是否投入、认真。

2. 观察幼儿对播放歌曲时的感官反应，例如是否随着哼唱并做出相应的肢体动作。

三、拍手唱歌

活动内容

在幼儿音乐活动中，节拍与节奏的认知与训练是非常重要的，在具体的教学活动中，往往将节拍与节奏的认知与训练放在音乐活动的首要位置。歌曲《拍拍拍》是一首旋律流畅、结构简短的儿童歌曲。歌曲一音一拍的音乐特点和简洁明了的语言特点，非常适合刚入园的幼儿进行初步的节奏训练。教师训练幼儿随着音乐节奏进行简单易行的上肢动作，培养幼儿的音乐节奏感，激发他们参与音乐活动的兴趣。

活动目标

1. 喜欢参加游戏活动，体验节奏游戏的快乐。
2. 学习节奏× × | × × |，尝试用肢体表现节奏。
3. 能一边演唱歌曲，一边拍打节奏× × | × × |。

活动准备

1. 知识经验准备：

(1)教师：了解幼儿对节奏的掌握情况。

(2)幼儿：有拍打节奏的经验。

2. 物质材料准备：

(1)幼儿园室内外环境照片、区域照片。

(2)音响视频设备1部、U盘1个。

(3)歌曲《我上幼儿园》音频、视频。

3. 环境准备：

在教室里，将小板凳摆放成一个半圆形。

活动过程

1. 复习歌曲《我上幼儿园》，营造教学氛围。

2. 播放歌曲《拍拍拍》，欣赏音乐旋律，听清歌词内容。

教师讲述并提问："下面，老师放一首好听的歌，小朋友们听一听，歌里唱的是什么？"

教师提示幼儿注意倾听歌曲《拍拍拍》，在感受歌曲旋律的同时，注意听清歌词的内容，并请幼儿在听完歌曲后，说出歌曲的主要内容和主要歌词"拍拍拍"。

教师讲述："我们的手除了会拿东西以外，还可以随着歌曲，一边'拍拍拍'。今天我们就一起拍手唱歌吧。"

3. 引导幼儿感受歌曲的语言节奏。

(1)教师一字一拍地拍手朗诵歌词，让幼儿进一步清楚歌词的内容。教师在演示过程中，可以用较慢的节奏，使幼儿逐步感悟× × | × × | 这一节奏练习。

(2)教师带领幼儿一边拍手，一边朗诵歌词，使幼儿进一步熟悉歌词和节奏。教师应注意循序渐进，可以先从一小节拍一下手开始，逐步过渡到每一拍拍一下手，并提示幼儿，拍手的节奏与朗诵的节奏要一致。

4. 引导幼儿感受歌曲的旋律节奏。

(1)播放歌曲录音，教师随着音乐，一边歌唱，一边跟着音乐× × | × × | 的节奏拍手。在教师的带动下，幼儿跟着教师一起，随着音乐一边哼唱一边拍手。此环节，可以先从一小节拍一次手开始，逐渐过渡到每一拍拍手(或拍腿)。通过简单的肢体动作训练，让幼儿体验并掌握音乐旋律的× × | × × | 节奏。

(2)分组轮流进行歌曲节奏训练，比一比哪个组掌握的节奏又稳又准。让幼儿在倾听的过程中感受节奏，并评价同伴的"拍"和"唱"是否合拍；在训练的过程中体验节奏，享受节奏带来的精神愉悦。

(3)组织全班幼儿进行歌曲节奏训练，教师提示幼儿要做到"拍"和"唱"合拍。在集体训练的过程中，若发现个别幼儿出现拍手时速度忽快忽慢、节奏不稳的情况，教师要用暗示或细微的动作提示。例如，按照音乐的节奏，轻轻地拍打幼儿的肩或背，帮助幼儿稳定节奏。一旦幼儿有所进步，就予以积极的肯定和鼓励。

活动拓展

1. 做做玩玩：引导幼儿利用各种瓶子、豆子、大米等材料制作成打击乐器，幼儿自由玩耍。

2. 敲敲打打：幼儿利用制作的打击乐器一边演唱《拍拍拍》，一边自由演奏。

活动评价建议

1. 观察幼儿的"拍"和"唱"是否合拍，判断幼儿是否初步建立音乐节奏感。

2. 观察幼儿在参与活动时的态度和情绪是否积极，判断幼儿是否体验到节奏训练的快乐。

四、Do Re Mi

活动内容

在幼儿音乐知识、能力学习活动中，准确掌握音高，是一个具体的教育要求。唱歌活动是训练幼儿体验音高概念、准确掌握音高的众多形式中，运用最多、最普遍、最简单易行的一种活动形式。教师在教唱歌曲《Do Re Mi》的过程中，把抽象的音乐符号 Do、Re、Mi 具体化、形象化。在教学环节中，教师还可以把游戏和肢体动作结合起来，一起练习，不仅降低了幼儿学习的难度，可以提高幼儿主动参与音乐活动的积极性，更重要的是，还可以让幼儿在活动中体验到音乐的美，体验到游戏的乐，体验到成功的悦。

活动目标

1. 乐意参与听辨游戏，体验音乐活动的快乐。
2. 尝试唱准音符 Do、Re、Mi，并学唱歌曲。
3. 能分辨音符 Do、Re、Mi 的音的高低。

活动准备

1. 知识经验准备：

(1) 教师了解幼儿歌唱基本能力和幼儿唱歌时音准的基本情况。

(2) 幼儿有演唱音乐$\frac{2}{4}$节拍歌曲的经验。

2. 物质材料准备：

(1) 音符 Do、Re、Mi 图片各 1 张。

(2) 钢琴琴键完整的图片和 3 级台阶图片各 1 张。

3. 环境准备：

将音符 Do、Re、Mi 图片分别粘贴在小椅子上，并摆放在活动室的四周。

活动过程

1. 通过游戏认识简谱 Do、Re、Mi。

(1) 教师讲述：“小朋友们，今天老师要给你们介绍三个小伙伴。但是，3 个小伙伴都很害羞，不肯出来与你们见面，它们就藏在老师将要唱的歌里面，看看你们能不能发现它们，并把它们找出来。”

(2)教师提出问题：“小朋友们知道了这 3 个小伙伴叫什么名字吗？它们长什么样？”(幼儿自由回答。)在幼儿交流表述的基础上，教师出示简谱 Do、Re、Mi 的图片并讲述：这 3 个小伙伴分别叫 Do、Re、Mi，样子就是数字 1、2、3，它们在音乐中分别代表 Do、Re、Mi 这 3 个音。

(3)教师利用钢琴伴奏，示范唱歌曲《Do Re Mi》，请幼儿认真倾听，找出 3 个音乐符号 Do、Re、Mi 的音名，并唱出来。

教师在示范唱完后提出问题：“小朋友们，你们找到歌曲里的小伙伴了吗？”在幼儿回答问题后，教师及时给予表扬和鼓励。如果幼儿的答案不准确，可以先引导幼儿讨论，教师再进行归纳。

2. 教师教唱歌曲《Do Re Mi》。

(1)教师再次示范唱歌曲，让幼儿进一步熟悉歌曲的旋律。

(2)教师分句教唱歌曲(此环节可进行 2~3 遍，待幼儿基本掌握即可)。

(3)教师带领幼儿一起歌唱歌曲。

(4)教师用钢琴伴奏，幼儿集体完成歌曲的歌唱。

3. 了解 Do、Re、Mi 三个音之间的高低关系。

教师讲述并提问：“小朋友，你们仔细听老师是怎么唱 Do、Re、Mi 的(用优美的声音唱：Do—Re—Mi)。老师在唱这 3 个音的时候，一个音比一个音高。那么，这 3 个音之间的高低是什么关系呢？”

教师将一幅 3 个台阶的图片出示在黑板上，请幼儿说一说这 3 个音在台阶上的位置。教师在 3 个台阶上分别写上音符 1、2、3，让幼儿直观地看出这 3 个音的高低关系来。

4. 了解音符 Do、Re、Mi 在钢琴琴键上的位置。

教师讲述并提问：“小朋友，我们知道了音符 Do、Re、Mi 之间音的高低关系，那么，这 3 个音在钢琴琴键上的什么位置呢？”

教师将一幅钢琴琴键的图示出示在黑板上，然后在钢琴上弹奏这 3 个音，让幼儿分批轮流到钢琴跟前，观察教师在哪 3 个琴键上弹奏这 3 个音。

教师请幼儿说一说这 3 个音在钢琴琴键图示上的位置。教师在 3 个琴键上分别写上音符 1、2、3，让幼儿直观地看出这 3 个音的高低关系。

5. 根据教师手势唱歌。

教师讲述：“下面，我们再来做一个游戏。老师用手摸琴键图上的哪个键，你们就唱那个音。”

教师按“Do、Re、Mi，Mi 、Re、Do”的顺序指出琴键图上的键，幼儿跟着唱出相应的音名。教师根据歌曲《Do Re Mi》指出琴键图上的键，幼儿跟着唱出相应的旋律，让幼儿体验游戏唱歌的乐趣。

活动拓展

1. 音乐游戏：我们来找 Do、Re、Mi。运用红、黄、蓝三种彩绳分别代表“Do、Re、Mi”布置在活动场地。游戏开始时，幼儿随着歌曲《Do Re Mi》自由行走，当唱到最后一小节上的“Do”时，教师唱出要找到的一个音，幼儿根据教师发出的指令快速找出代表歌词“Do、Re、Mi”的那根彩绳。

2. 跳绳游戏：运用红、黄、蓝三种彩绳分别代表“Do、Re、Mi”布置在活动场地。幼儿一边演唱歌曲《Do Re Mi》，一边在彩绳上跳出 Do、Re、Mi。

活动评价建议

1. 观察幼儿能否正确分辨音的高低及位置。

2. 观察幼儿能否根据教师手势指出音符在钢琴琴键上的位置(视觉)，迅速反映哪个音高(听觉)。

五、摇啊摇(一)

活动内容

在与幼儿一起玩“娃娃家”的游戏活动中，教师扮演“妈妈”的角色，一边摇晃摇篮，一边轻声歌唱《摇啊摇》给幼儿听。教师亲切优美的歌声感染着幼儿，使幼儿对歌曲产生浓厚的学唱兴趣。在幼儿学唱歌曲的过程中，教师引导幼儿感知歌曲曲调柔美、节奏轻缓、亲切抒情的基本特点，体会歌曲是妈妈对小宝宝的爱意。

活动目标

1. 喜欢参与演唱活动，感受摇篮曲舒缓和柔美的音乐特点。
2. 学唱歌曲，尝试用动作表达自己对音乐的理解。
3. 能用自然的声音演唱歌曲。

活动准备

1. 知识经验准备：

(1)教师了解摇篮曲的音乐风格，了解幼儿对音乐的感受能力。

(2)幼儿欣赏过舒缓、柔美的音乐。

2. 物质材料准备：

(1)摇篮 1 个、布娃娃 1 个、小花被 1 床。

(2)录音机 1 台、歌曲《摇啊摇》的 U 盘。

3. 环境准备：

将摇篮、布娃娃、小花摆放在活动室前面，供幼儿学习时使用。

活动过程

1. 设置情景。

(1)教师出示摇篮并提问：“小朋友，这是什么？”(摇篮。)“当初，你们还是婴儿宝宝的时候，妈妈是怎样哄你们睡觉的？”(幼儿自由回答。)

通过提问让幼儿联想以前妈妈哄自己入睡的情景。

(2)教师讲述:“当我们还是婴儿的时候,大都睡在摇篮里,妈妈一边轻轻摇动摇篮,一边轻轻唱着摇篮曲,哄我们睡觉。在妈妈的摇动和歌声中,我们渐渐入睡了。”

播放歌曲《摇啊摇》,教师一边轻声哼唱,一边随着音乐轻轻晃动摇篮,让幼儿感受设置的情境氛围,初步体验歌曲的情绪。

2. 示范演唱。

教师出示布娃娃并讲述:“我们今天也来当一回爸爸妈妈,跟着音乐,一起哄我们的布娃娃宝宝睡觉,好不好?”

教师将布娃娃放入摇篮,给布娃娃盖上小花被。教师一边示范演唱歌曲,一边随着音乐轻轻晃动摇篮,请幼儿跟着模仿摇晃的动作。通过在模仿中体会摇篮曲的音乐特点,幼儿初步感知歌曲的旋律和内容,感受歌曲充满爱意的情绪。

3. 教唱歌曲。

(1)教师朗诵歌词,帮助幼儿理解歌词内容:第一段的意思是摇摇篮,开始哄娃娃睡觉;第二段的意思是帮娃娃盖好小花被,放好两只手;第三段的意思是在妈妈的摇晃中,娃娃睡着了。

(2)教师教幼儿学唱歌曲。先分段教唱,再三段连续教唱。在教唱过程中,教师的示范要柔和、节奏舒缓、情绪亲切。教师注意倾听幼儿是否做到了发音准确、吐字清楚。要求幼儿在跟唱时,声音要自然,要像妈妈一样唱歌,注意培养幼儿用自然声音唱歌的良好习惯。

4. 反复练习。

(1)幼儿示范歌唱。邀请歌唱得比较熟练的幼儿带头示范唱歌,教师予以讲评,重点肯定值得其他幼儿学习的地方,提示其他幼儿学习和模仿。

(2)幼儿分组复习歌唱。教师将幼儿分为三组,安排第一组唱第一段,第二组唱第二段,第三组唱第三段,然后轮换唱其他的段落,再让各组轮流练唱三段。教师予以讲评,重点肯定各组歌唱中的优点。

(3)全体幼儿集体歌唱。教师的情绪始终要保持优美、柔和、亲切,以此感染幼儿,让幼儿体会歌曲表达的情绪。

(4)教师对在歌唱过程中,具有表演意识的幼儿给予鼓励和肯定。

活动拓展

1. 美工活动:装饰小包被。幼儿自由选择作画工具,如用油画棒、印章、棉签、橡皮泥等装饰娃娃的包被。

2. 表演活动:幼儿在表演区自由选择自制的打击乐器,一边演唱歌曲《摇啊摇》,一边利用乐器打节奏。

活动评价建议

1. 观察幼儿能否通过歌唱，模仿家长充满爱意地哄幼儿睡觉，体会摇篮曲的音乐风格。

2. 观察幼儿是否勇于表现自己、张口歌唱。

六、摇啊摇(二)

活动内容

在上次学唱歌曲《摇啊摇》的过程中，有的幼儿伴随着歌曲的旋律，自然做出表演的肢体动作，表达歌曲柔美的情绪。对此，教师予以积极的肯定，借以激发全班幼儿参与表演的兴趣。在集体会唱的基础上，引导幼儿用动作、表情、声音，表达《摇啊摇》这首歌曲优美柔和的情绪，进一步感受妈妈关爱呵护自己的情感，同时培养幼儿关心他人的意识。

活动目标

1. 乐意与同伴一起参与表演活动，体验表演的快乐。
2. 尝试用动作、表情、声音，表演妈妈哄宝宝睡觉的情境。
3. 能大胆地在集体面前表演。

活动准备

1. 知识经验准备：

(1)教师了解幼儿参与表演的积极性和动作创编能力。

(2)幼儿体验过妈妈哄自己睡觉的经验、有说感谢话的经验。

2. 物质材料准备：

(1)摇篮1个，布娃娃若干(每个幼儿1个)。

(2)钢琴(或电子琴)1台。

(3)有关妈妈哄宝宝睡觉的图片(或视频)。

3. 环境准备：

将布娃娃摆放在小椅子上，供幼儿游戏活动使用。

活动过程

1. 讲述故事，引导幼儿了解歌曲的内容和情节。

(1)教师讲述歌曲《摇啊摇》内容，将幼儿的思绪和情感引入妈妈哄娃娃入睡的情节中。教师在讲述过程中，可带入“哄”的动作，并注意语气轻柔，饱含感情。

(2)教师提问：“妈妈是怎样安排娃娃睡觉的?”(把娃娃放入摇篮中，盖好被子，放好小手。)“妈妈是怎样哄娃娃睡觉的?”(摇摇篮，唱摇篮曲。)

通过提问，引导幼儿逐渐了解歌曲的内容和情节。

2. 表演歌曲，引导幼儿表达歌曲的内容和情节。

(1)学习抱着娃娃表演唱歌。

①教师手抱布娃娃，一边有感情地示范表演唱歌，一边随着歌曲的节奏轻缓地摇晃身体，引导幼儿逐渐感受歌曲所表达的情感与内容。

②教师请每个幼儿抱着布娃娃，一边有感情地齐唱歌曲《摇啊摇》，一边随着教师弹奏钢琴的琴声，轻缓地摇晃身体。在齐唱表演过程中，教师用语言提示幼儿，引导幼儿体会歌曲《摇啊摇》节奏舒缓、优美抒情的风格，要求幼儿音量轻弱、声音自然地歌唱。例如，提示幼儿理解可爱的布娃娃要睡觉了，我们不能大声唱歌。又如，歌曲的第三段结束句应该做渐弱的处理，最后一句要越唱越轻，身体摇晃的幅度要越来越小。然后把布娃娃小心地放入摇篮中，轻轻离开回到座位上。

③在齐唱表演的基础上，教师请幼儿抱着布娃娃，积极主动地单独表演唱歌。教师在讲评中，可以不用太重视表演的质量，重点是鼓励幼儿勇于表达的勇气。

④在幼儿积极主动表演之后，教师要根据幼儿的实际情况，鼓励更多的幼儿主动地进行单独表演，并用掌声鼓励他们。在这个过程中，如果小朋友唱得缺乏自信，教师可以带着这个幼儿一起歌唱。

(2)学习《摇摇篮》表演唱歌。

①教师根据歌曲的内容和情节表演动作：先小心地把布娃娃放入摇篮中，给布娃娃盖好小花被，把布娃娃两只小手放好。然后坐在摇篮边，一边有感情地轻唱歌曲《摇啊摇》，一边随着音乐轻缓地摇晃摇篮，引导幼儿进一步感受歌曲所表达的情感与内容。

②教师根据摇篮两边可以站立几个幼儿的数量，将幼儿分为若干小组，轮流站在摇篮两边，一边有感情地轻唱歌曲《摇啊摇》，一边随着教师弹奏歌曲的节奏，轻缓地摇晃摇篮。要求幼儿的歌唱始终保持柔和优美的情绪，并通过轻柔、舒缓的声音表达对布娃娃的爱护。教师提示幼儿最后一句要越唱越轻，摇篮摇晃的幅度越来越小。然后幼儿停止摇晃摇篮，并轻轻离开回到座位上。

3. 交流讲述，表达自己演唱歌曲的体会。

教师结合妈妈哄宝宝睡觉的图片(或视频)提问：“当你抱着布娃娃或摇着摇篮表演唱歌的时候，你想到妈妈以前哄你睡觉的情景吗?你能对妈妈说一些感谢的话吗?”

通过提问，引导幼儿体会妈妈对自己的关爱和呵护，感谢妈妈对自己付出的辛劳，懂得要像妈妈一样去关心家人和同伴。

活动拓展

1. 在一日活动中鼓励幼儿抱着用毛巾叠成的小娃娃，演唱歌曲《摇啊摇》，增强幼儿演唱摇篮曲的乐趣。

2. 请幼儿回家表演歌唱《摇啊摇》，并向妈妈对自己的关爱、呵护表示感谢。

3. 歌曲欣赏：《睡吧，小宝贝》，进一步巩固幼儿对摇篮曲音乐风格的认知和体验。

4. 音乐游戏："白天和黑夜"。游戏开始时播放欢快的音乐，幼儿离开座位，做花、草、动物醒来蹦蹦跳跳的动作，听到《摇呀摇》时，抱着自己的宝宝回到自己的座位上，边演唱歌曲边哄宝宝睡觉。

活动评价建议

1. 关注幼儿能否随着教师的引导，进一步体会"摇篮曲"的音乐风格。

2. 观察幼儿能否积极地和着音乐的节拍与力度进行歌曲表演。

3. 观察幼儿的表演中是否表现出关心、爱护布娃娃的情感。

七、天线宝宝

活动内容

《天线宝宝》是富有教育意义的一部动画片连续剧，孩子们非常喜爱观看。在剧中，天线宝宝丁丁、拉拉、迪西、小波等活泼生动的动画形象，不仅博得了幼儿的喜爱，其具有科普性的故事情节也得到了幼儿家长和社会的认同。《天线宝宝》中鲜明的人物形象、动感的音乐舞蹈、有趣的故事情节，都是吸引幼儿的元素。教师着重利用《天线宝宝》中音乐舞蹈的元素培养幼儿参与活动的兴趣，帮助他们欣赏不同节奏的音乐和舞蹈，激发幼儿的想象力，并与老师一起创编节律动作。

活动目标

1. 愿意参加律动活动，感受乐曲欢快和缓慢的音乐情绪。
2. 尝试根据音乐的快慢节奏做相应的动作。
3. 能大胆发挥想象力，自由创编节律动作。

活动准备

1. 知识经验准备：

(1)教师了解幼儿对动画片的理解情况。

(2)幼儿对动画片《天线宝宝》中的音乐和主要内容有所了解。

2. 物质材料准备：

(1)《天线宝宝》的音乐录音和视频片段若干。

(2)“天线宝宝”的玩具及其头饰若干。

3. 环境准备：

将动画片中的丁丁、拉拉、迪西、小波四个人物形象图片粘贴在小椅子背后，摆放在教室的四周。

活动过程

1. 提出问题，引发兴趣。

教师出示“天线宝宝”的玩具并提问：“小朋友，你们看过《天线宝宝》动画片吗？你喜欢片中的哪个小朋友？你为什么喜欢他？”

通过提问，引起幼儿回忆《天线宝宝》画面内容，进行自由交流表述，引导幼儿哼唱不同天线宝宝的音乐片段，模仿不同天线宝宝的动作。

教师播放《天线宝宝》的视频片断，进一步吸引幼儿的注意力，增强幼儿对天线宝宝的印象和喜爱。

2. 倾听音乐，猜测人物。

教师讲述：在动画片中，有丁丁、拉拉、迪西、小波 4 个天线宝宝，每个天线宝宝出场的时候，都有特定的音乐片段随着响起。如果我们对这些音乐熟悉了，不用看画面，只要听到音乐片段，就知道是谁出场了。现在老师播放音乐，请小朋友猜一猜，这是哪个天线宝宝出场了。

教师用录音机分别播放丁丁、拉拉、迪西、小波的出场音乐，先请幼儿猜一猜这是哪个天线宝宝的出场音乐，然后分别播放相应的音乐视频验证幼儿猜得是否正确。

3. 欣赏视频，模仿动作。

教师播放不同旋律、节奏、速度的天线宝宝的音乐音频和视频，让幼儿感受在不同的音乐风格中，天线宝宝的舞蹈动作也具有不同的变化。

(1) 教师播放音乐风格较为明快的视频，在幼儿观看后提出问题：“在这个音乐中，天线宝宝是怎样跳舞的？”

教师可多次播放该视频，引导幼儿尽量模仿视频中天线宝宝的动作。

(2) 教师播放音乐风格较为舒缓抒情的音乐视频，在幼儿观看后提出问题：“在这个音乐中，天线宝宝又是怎样跳舞的？”

教师同样可多次播放该视频，引导幼儿尽量模仿视频中天线宝宝的动作，并区分两个视频中天线宝宝不同的动作。

4. 根据音乐，创编动作。

(1) 教师结合摆放在教室四周的动画片中的人物形象，提问：“天线宝宝可爱吗？你们想不想也变成天线宝宝呢？”

通过提问，培养幼儿扮演天线宝宝的兴趣。教师将幼儿分为若干小组，轮流戴上天线宝宝头饰进行表演。

(2) 教师按顺序播放这两首风格不同的天线宝宝的音乐，调动幼儿的表演欲望，按照不同的音乐节奏和速度进行表演。引导幼儿积极发挥想象力，主动表演自己创编的舞蹈。

(3) 教师进一步鼓励幼儿根据不同的音乐风格，创编和表演各自不同的动作，进一步体会音乐的风格和节奏。

活动拓展

1. 语言活动：儿歌《快乐的天线宝宝》。在语言活动中引导幼儿学习儿歌。

2. 益智区域：投放红、黄、蓝、绿四种颜色的“天线宝宝”卡片，供幼儿练习 1~4 的点数、练习 AB、AB 的排序。

3. 亲子活动：幼儿回家后，将在幼儿园学的律动《天线宝宝》表演给家长看，并希望家长能与幼儿一起表演健康操。

活动评价建议

1. 关注幼儿在欣赏不同风格的音乐或视频片段时，是否能初步区分两者之间的不同。

2. 观察幼儿在不同音乐风格的背景中，肢体表现是否符合音乐节奏和速度。

3. 观察幼儿在集体面前，是否勇于表现自己。

八、找小猫(一)

活动内容

小猫是小朋友喜爱的小动物，小猫也喜欢和小朋友逗乐。歌曲《找小猫》以拟人化的手法，表现了小朋友热衷的捉迷藏游戏的情节，充满了童趣。歌曲曲调简洁，结构简单，乐句的多次重复有利于幼儿记忆，适合幼儿演唱。教师通过引导幼儿学唱歌曲《找小猫》，可以培养幼儿爱护小动物的良好情感，同时可以帮助幼儿进一步了解二拍子歌曲的音乐特点，尝试进行简单歌词的创编活动，体验参与音乐活动的乐趣。

活动目标

1. 乐于参与歌唱活动，感受歌曲欢快的音乐氛围。
2. 理解歌词内容，学唱歌曲《找小猫》。
3. 能用替换词的方式创编简单歌词。

活动准备

1. 知识经验准备：

(1) 教师了解幼儿对猫的认知情况。

(2) 幼儿有猜谜语的经验，对猫的特征有所了解。

2. 物质材料准备：

(1) 小猫各种造型的精美图片若干张。

(2) 小猫生活中可爱的视频片段，如玩毛线团、爬树、睡觉等方面的视频片段1个。

(3) 音频、视频播放设备各1套，将歌曲《找小猫》拷贝在U盘里。

3. 环境准备：

在活动室里将幼儿的小椅子摆放成一个半圆形。

活动过程

1. 猜猜谜语，导入活动主题。

(1) 教师请幼儿猜谜语：胡子两边翘，开口喵喵叫，晚上去捕鼠，不用灯光照。

(答案：猫。)

(2)在幼儿猜出谜底后，教师展示猫的各种图片，引导幼儿观察猫的外形特征，并说一说自己和猫一起逗乐的趣事。通过观察和讲述，培养幼儿爱护小动物的情感。

(3)告诉幼儿这次活动的内容与猫有关，提高幼儿参与音乐活动的兴趣。

2. 设置情景，幼儿熟悉歌词。

(1)教师播放有关猫的视频片段。幼儿通过观看视频片段，进一步提高幼儿参与音乐活动的兴趣。

(2)教师讲述："小猫还非常喜爱和妈妈做'捉迷藏'的游戏。不信，你们仔细听听。"教师播放歌曲《找小猫》，然后结合歌曲提问："这首歌唱的是什么呀？"(答案：小猫捉迷藏。)

(3)按照节奏朗读歌词：

XX XX | X — | XX XX | X — |
许多 小花 猫， 妙呜 妙呜 叫，
一只 老花 猫， 妙呜 妙呜 叫，

XX XX | XX X | XX XX | XX X |
我们 今天 真高 兴， 要和 妈妈 做游 戏，
我们 小猫 快躲 好， 一会 妈妈 就来 找，

XX XX | XX X | XX XX | X — ‖
找个 地方 躲躲 好， 妈妈 快来 找。
找呀 找呀 找呀 找， 小猫 找到 了。

在教师的带领下，幼儿完整地、分角色把两段歌词朗诵完毕，进一步加深幼儿对歌曲《找小猫》歌词的记忆和理解。

3. 分句教唱，幼儿学唱歌曲。

(1)教师播放歌曲，提示幼儿认真倾听，熟悉歌曲旋律。

(2)教师用优美、逗趣的声音范唱歌曲，激发幼儿学唱的兴趣。

(3)教师运用分句教唱法教唱歌曲。在教唱的过程中，教师提示幼儿这首歌每小节有2拍，就像我们走路时的节奏"一二、一二"一样。唱歌的速度要保持中速，既不能太快，又不能太慢。

(4)教师带领幼儿反复练习，使每个幼儿做到基本会唱歌曲。

(5)将班上幼儿分成两组，分角色演唱小花猫和老花猫的音乐。

为了使幼儿较好地掌握歌曲的演唱，教师在活动中，可以采取全班唱、分组唱、个别唱等多种形式进行练习。

4. 发散思维，幼儿尝试创编。

教师通过讲述，进一步调动幼儿情绪。（“可爱的小花猫听到小朋友的歌声，高兴极了。小朋友们，你们想不想给我们喜爱的其他小动物唱一首歌呢？”）

结合小猫、小动物的其他图片，教师引导幼儿进行发散思维，由小花猫联想到其他小动物，例如，把歌词中的“小花猫”改成“小黄狗、小白兔、小黄鸭、小猴子、小袋鼠、小松树”等其他小动物。同时，更换相应动物的叫声，用同一曲调进行简单的创编歌唱，提高幼儿积极参与歌唱活动的热情，体验创编的乐趣。

活动拓展

1. 美术活动：“可爱的喵喵喵”。在美工区域投放三角形的纸片、油画棒等，引导幼儿学习用三角形折小猫头，再利用其他方式进行添画，巩固对小猫外形特征的认识。

2. 故事表演：《小猫钓鱼》，引导幼儿学习故事中的对话，并大胆表演。

3. 图书区：投放《百科全书》等书籍，让幼儿学会主动学习，了解猫的生活习性等。

活动评价建议

1. 观察幼儿能否积极参与歌唱活动，并基本唱会歌曲。

2. 关注幼儿是否了解二拍子歌曲的特点，是否体会到歌曲的欢快情绪。

3. 关注幼儿在教师的启发下，能否运用发散思维进行联想，参与简单的歌词仿编活动。

九、找小猫(二)

活动内容

小猫活泼、好动，性格温顺，深受幼儿喜爱，因此，幼儿也乐于装扮成小猫进行游戏活动。教师在幼儿学会歌唱《找小猫》的基础上，带领幼儿一边唱歌，一边进行老猫和小猫“捉迷藏”的游戏，既有效地复习了歌曲的演唱，进一步熟悉了二拍子歌曲节奏“强弱、强弱”的音乐特点，还培养了按规则进行游戏的意识，体验了与教师一起做游戏的乐趣。

活动目标

1. 喜欢玩躲藏游戏，体验音乐游戏活动的快乐。
2. 学习根据歌词内容做相应动作。
3. 能听懂老师的指令，有一定自控能力。

活动准备

1. 知识经验准备：

(1)教师了解幼儿对猫和歌曲《找小猫》掌握的情况。

(2)幼儿会唱歌曲《找小猫》，有玩捉迷藏游戏的经验。

2. 物质材料准备：

(1)小猫的头饰或胸饰若干个(每个幼儿1个)。

(2)钢琴1台，录音机1台，将歌曲《找小猫》音乐拷贝在U盘里。

3. 环境准备：

在活动室里将幼儿的小椅子相对集中，并摆放成一个半圆形，便于幼儿玩游戏。

活动过程

1. 按照二拍子“强弱、强弱”的音乐节奏特点，有表情地歌唱歌曲。

教师和幼儿首先在教室里坐好，复习歌曲《小花猫》。在复习的过程中，教师强调二拍子强弱规律：强弱 | 强弱 | 强弱。

教师引导幼儿通过对音乐的强弱处理，表现歌曲内容。例如，唱到“找个地方躲躲好，妈妈快来找”时，幼儿用轻声歌唱来表现小花猫“躲”的心情；当唱到“找呀找呀找呀找，小猫找到了”时，幼儿用较强的音量歌唱，表现老花猫“找到”和小花猫“被找到”的快乐心情。

2. 一边唱歌曲，一边做“捉迷藏”的游戏。

教师带领幼儿到有较多供幼儿躲藏地方的场所进行游戏。在教师的启发下，幼儿进一步理解歌曲内容，了解游戏情节和游戏规则。

(1)播放歌曲的第一段。在歌曲第一段前半部分，幼儿在歌声中扮演小花猫，一边唱一边自由地表演。在唱到“找个地方躲躲好，妈妈快来找”时，幼儿分别找合适的地方躲起来，完成自己的表演。

(2)播放歌曲的第二段。在歌曲第二段前半部分，教师扮演老花猫，一边唱一边形象地进行表演。教师在唱到“找呀找呀找呀找，小猫找到了”时，教师可用手指指向被找到的幼儿，并请该名幼儿出来，表示找到了小花猫(其他没有被找到的幼儿在原处保持原有的姿势)。教师可多次重复歌唱歌曲最后一个乐句，直至找到所有的“小花猫”。

(3)在教师找到最后一个“小花猫”时，所有的幼儿一起愉快地学着猫叫，或跑或蹦地来到老师面前，游戏结束。

(4)依次请3~4名表现力较强的幼儿，扮演“老花猫”的角色进行游戏，提高幼儿的参与意识和玩游戏的规则意识。

3. 教师伴奏，幼儿放松地歌唱歌曲。

教师带领幼儿回到教室，在教师的钢琴伴奏声下，幼儿一起轻声歌唱《小花猫》，放松情绪，然后结束音乐活动。

活动拓展

1. 表演区域：投放小猫头饰、《找小猫》的音乐，鼓励幼儿根据歌词自己创编表演动作。

2. 体育游戏：“小猫学本领”。将幼儿分成六组，每两组一对，并且面对面地站好。游戏开始时，由一组幼儿把球滚过去，对面的幼儿用手按住同伴滚过来的球，没有用手按住同伴滚过来的球的幼儿需要重新来一遍。能力强的幼儿可以尝试逐渐拉大两人之间的距离。

3. 益智游戏：“找小猫”。在区域内投放小猫、小狗、小鸡、小鸭的图片和脚印图片若干；让幼儿通过观察和操作，在众多的动物脚印中找出小猫的脚印。之后，可以请幼儿玩动物图片与脚印配对游戏，让幼儿了解不同的动物脚印的特点。

活动评价建议

1. 关注幼儿是否准确地表现出二拍子歌曲的强弱规律。

2. 观察幼儿是否体会到参与“捉迷藏”游戏活动的乐趣。

十、乖孩子

活动内容

现在的幼儿大多是独生子女，很多家庭对他们极尽关爱和呵护，致使有些幼儿滋生出娇生惯养的习惯，在生活中有着严重的依赖性，缺乏生活自理能力和意识。教师通过带领幼儿学唱歌曲《乖孩子》，让幼儿了解歌曲的内容，懂得要做一个“不要妈妈抱”的乖孩子，增强生活自理能力。同时学会歌曲中两拍一音的唱法，能够有感情地、连贯地唱好一首歌。

活动目标

1. 乐意与同伴一起参与唱歌活动，懂得要做一个乖孩子，不要妈妈抱的道理。
2. 理解歌词内容，尝试根据歌词内容创编动作。
3. 能用自然的声音边唱边表演动作。

活动准备

1. 知识经验准备：

(1) 教师了解幼儿平时与家长一起外出时，是否坚持自己走路的情况。

(2) 幼儿跟父母一起外出时，有自己走、爸爸妈妈抱的经历。

2. 物质材料准备：

(1) 小鸟、小兔和小朋友乐乐的图片各 1 张。

(2) 钢琴 1 台。

3. 环境准备：

在活动室将幼儿的小椅子摆放成半圆形。

活动过程

1. 讲述故事，让幼儿了解歌曲内容。

教师出示小鸟、小猫和小朋友乐乐的图片并讲述：“今天，我给小朋友们带来了三位小朋友，它们是小鸟菲菲，小猫苗苗和小伙伴乐乐。它们还有一段精彩的故事呢，小朋友们想不想听?”

教师结合图片，讲述《不要妈妈抱》的故事。通过故事情节，引导幼儿认识到“要做乖宝宝，不要妈妈抱”的道理。并且通过故事中不断重复的歌词，使幼儿记住歌词，了解歌曲的内容。

2. 示范演唱，让幼儿感知歌曲旋律。

教师范唱歌曲《乖孩子》两遍。第一遍用亲切的情感、连贯的声音范唱，第二遍根据歌词内容加上肢体动作范唱。通过两遍示范演唱，使幼儿对歌曲的旋律形成初步的概念。

3. 反复教唱，让幼儿学会演唱歌曲。

(1)教师运用跟唱法教学。教师范唱，幼儿跟着教师的歌声，轻声跟唱。开始时速度放慢、声音要连贯。幼儿在反复跟唱中，渐渐熟悉歌曲，最终可以和着教师的歌声一起唱。

(2)教师在教唱过程中，提示幼儿歌曲中的三个动词“飞、跑、抱”都是两拍一音(一小节一音)，引导幼儿重点练唱。

(3)在教唱过程中，教师注意培养幼儿发音准确、吐字清楚，用自然声音唱歌。

(4)教师用钢琴伴奏，幼儿跟着一起唱，使幼儿感受参加唱歌活动的快乐。

(5)幼儿自由演唱歌曲，并大胆尝试根据歌词内容创编动作。

活动拓展

1. 音乐游戏——“不要妈妈抱”。教师扮演妈妈。游戏开始时幼儿随着音乐边走边唱，音乐结束时，教师随意走到一名幼儿面前说：“××，妈妈抱抱你?”幼儿说：“我是乖孩子，我要自己走!”教师与幼儿拥抱。游戏再重新开始。

2. 益智游戏——“谁是乖宝宝”。在益智区投放幼儿讲卫生、不讲卫生，讲文明、不讲文明，要妈妈抱、不要妈妈抱，自己背书包、大人背书包等照片(图片)，教师引导幼儿玩判断对错的游戏。

活动评价建议

1. 关注幼儿是否对这首歌曲感兴趣，是否积极主动参与唱歌活动。

2. 观察幼儿在歌唱过程中，是否充满感情地歌唱。

3. 关注幼儿学会这首歌后，是否初步建立自我服务的意识，学习自己的事情自己做。

十一、苹果歌

活动内容

苹果是幼儿喜欢的一种水果，含有多种维生素、矿物质、糖类等促进幼儿成长的营养成分。苹果中的纤维能促进儿童的生长和发育；苹果中的锌对儿童的记忆有益，能增强儿童的记忆力。教师通过设置情景，引导幼儿学唱歌曲《苹果歌》，使幼儿认知苹果，知道多吃苹果对身体有好处的道理。同时通过学习$\frac{4}{4}$节拍的音乐节奏特点，尝试模仿、创编歌词，并进行演唱，体验创造和成功的乐趣。

活动目标

1. 感受歌曲活泼欢快的音乐特点，体验与同伴一起演唱的快乐。
2. 尝试运用替换词的方式简单模仿、创编歌词。
3. 能大胆表达自己的想法。

活动准备

1. 知识经验准备：

(1)教师了解幼儿有模仿、创编歌词的能力。

(2)幼儿有模仿、创编歌词的经验。

2. 物质材料准备：

(1)制作立体“苹果树”1个。

(2)苹果、葡萄、香蕉、梨子、橙子、柑橘、猕猴桃等水果图片若干。

(3)录音机1台，将歌曲《苹果歌》拷进U盘里。

3. 环境准备：

将自己制作的、挂有许多苹果的立体“苹果树”摆放在活动室的前面。

活动过程

1. 猜猜谜语，导入活动主题。

(1)教师请幼儿猜谜语：红红脸，圆又圆，咬一口，脆又甜。(答案：苹果。)

(2)引导幼儿猜出谜底后，教师介绍苹果的外形特征和富含的营养成分，鼓励幼儿多吃苹果，有利于身体健康，并告诉幼儿这次活动的内容与苹果有关。

2. 设置情景，幼儿熟悉歌词。

(1)教师出示“苹果树”，并讲述：“今天，老师把苹果树搬到我们的教室中来了，小朋友们看一看，树上长满了苹果，我们把苹果摘下来吧！”

教师演示把“苹果”一一摘下，同时有节奏地朗诵歌词：“树上许多红苹果，一个一个摘下来。”

(2)教师把“苹果”送给幼儿，并引导他们做出各种喜爱吃苹果的表情，教师同时朗诵歌词：“我们喜欢吃苹果，多吃苹果身体好。”

(3)教师带领幼儿连贯地把两段歌词朗诵几遍，并提示幼儿这几句话就是今天要学唱歌曲的歌词。

3. 完整教唱，幼儿学唱歌曲。

(1)在幼儿已经熟悉歌词的情况下，先用录音机播放歌曲《苹果歌》，接着教师用优美抒情的声音范唱歌曲，提示幼儿认真倾听。

(2)教师完整教唱歌曲。在教唱的过程中，教师提示幼儿这首歌每小节有4拍，唱歌的速度不能太快，也不能太慢，保持中速。

(3)教师带领幼儿反复练习，达到每个幼儿基本会唱。

(4)教师讲述：现在小朋友都会唱这首歌了，我们把这首歌唱给苹果听吧！

教师通过采取齐唱、分组唱、个别唱的方式，使幼儿更加熟练地掌握歌曲的歌唱。

4. 尝试用吃过的水果替换原歌词，创编歌曲。

(1)交流讨论：“你们还吃过哪些水果？”

(2)说一说：引导幼儿创编歌曲。

教师：“今天果园里还有许多苹果的好朋友也来了，你们看看有谁？”(出示梨子、桃子等水果。)“说说看，想唱谁？这个是什么颜色？它长在什么地方？我们应该怎么唱？”

(3)唱一唱：教师引导幼儿进行发散思维，引导幼儿将歌词中的“苹果”改成“葡萄、香蕉、梨子、橙子、柑橘、猕猴桃”等，用同一曲调进行简单的创编歌唱，提高幼儿积极参与歌唱活动的热情，体验创编的乐趣。

活动拓展

1. 摸箱游戏——“我摸到的是什么”。将各种水果投放在摸箱里，幼儿根据自己摸到的水果的感觉、形状判断水果是什么，并说出水果的名称。

2. 表演区域：将《苹果歌》拷贝到 U 盘里，与铃鼓一起投放在表演区，供幼儿练习 $\frac{4}{4}$ 节拍的音乐节奏。

活动评价建议

1. 观察幼儿参与歌唱活动是否积极、热情。
2. 关注幼儿是否学会歌唱《苹果歌》，是否知道用中速歌唱这首歌。
3. 关注幼儿能否运用发散思维，通过联想，进行简单的歌词模仿和创编。

十二、小鸭小鸡(一)

活动内容

幼儿喜欢小鸭和小鸡，喜欢它们毛茸茸的外表，喜欢它们呷呷呷、叽叽叽的叫声，当然也喜欢唱有关小鸭和小鸡的歌。教师引导幼儿学唱歌曲《小鸭小鸡》，帮助幼儿在理解歌词的基础上，懂得要与小伙伴和谐相处，共同游戏。同时在学唱歌曲的过程中，进一步熟悉歌曲一小节四拍的音乐特点，尝试学会休止符的唱法，感受歌曲愉快的情绪。

活动目标

1. 感受歌曲愉快的情绪，体会和朋友一起游戏的快乐。
2. 知道小鸭、小鸡的叫声，学习用自然的声音演唱歌曲。
3. 能较准确掌握歌曲休止符的歌唱。

活动准备

1. 知识经验准备：

(1)教师了解幼儿对音乐节拍、节奏的掌握情况。

(2)幼儿了解鸡、鸭的基本特征及叫声。

2. 物质材料准备：

(1)小鸭和小鸡的胸饰若干(各为幼儿人数的一半)。

(2)录音机 1 台，将歌曲《小鸭小鸡》拷进 U 盘里。

(3)钢琴 1 台。

3. 环境准备：

将幼儿的小椅子摆成半圆形。

活动过程

1. 教师播放歌曲《小鸭小鸡》，请幼儿认真倾听。结合歌曲提出问题：

(1)“这首歌里唱的是哪两种小动物？”(答案：小鸭和小鸡。)

(2)“小鸡和小鸭子是怎样唱歌的？”(答案：小鸭呷呷呷，小鸡叽叽叽。)

(3)“小鸭小鸡在干什么?”(引导幼儿发挥想象自由回答，如果幼儿的回答有故事情节，教师给以鼓励。)

2. 教师讲述并提问：“小朋友们，小鸡和小鸭是对好朋友，一同唱歌，一同游戏。你们想不想也成为小鸡小鸭的好朋友，同它们一起唱歌，一同做游戏呢?”

在得到幼儿的积极响应后，教师在音乐中把小鸭、小鸡的胸饰贴在幼儿的胸前。教师通过不断反复播放音乐，让幼儿逐步熟悉歌曲的旋律和内容。

3. 教师讲述：“现在，我们先来学会这首歌，再同小鸡小鸭一起歌唱。”

(1)教师有感情地完整范唱。在范唱的过程中，教师可以用拍手的方式，增强幼儿对音乐节拍、节奏的认识。

(2)在分句教唱过程中，遇到复杂的节奏，可多做几遍练习。特别提示幼儿注意休止符的唱法，反复练唱，让幼儿知道根据音乐节奏，把小鸭、小鸡的叫声唱得短促，表现出小鸭、小鸡叫唤时的情态。例如，

1 2 3 0 3 0 3 0 | 2 3 5 0 5 0 5 0 |
小鸭 呷 呷 呷， 小鸡 叽 叽 叽，
3 3 3 0 5 5 5 0 | 3 3 3 0 5 5 5 0 ‖
呷呷 呷 叽叽 叽。 呷呷 呷 叽叽 叽。

(3)组织幼儿分组练唱。教师先在各组挑选唱得好的幼儿范唱，然后请全组幼儿齐唱。

(4)教师根据幼儿掌握歌曲的实际情况，请幼儿按照自己胸饰，并寻找小伙伴，一个“小鸭”和一个“小鸡”配对练唱。

(5)教师用钢琴伴奏，请全班幼儿用自然的声音齐唱。

活动拓展

1. 律动：“小鸭小鸡”。引导幼儿模仿小鸡和小鸭子走路的样子及其叫声。
2. 请幼儿给没上色的小鸭和小鸡涂上自己喜欢的颜色。
3. 将《小鸭和小鸡》的故事投放至语言区，供幼儿进行看图讲述、表演。

活动评价建议

1. 观察幼儿参与歌唱活动的情绪是否积极、热情，是否感受到唱歌的乐趣。
2. 关注幼儿是否建立休止符的概念，是否能唱出小鸭、小鸡短促的叫声。
3. 根据幼儿配对练唱的情况，判断幼儿是否初步表现出合作的意识。
4. 关注幼儿是否能完整流畅地唱完歌曲，表达快乐的情绪。

十三、小鸭小鸡(二)

活动内容

现在的幼儿大多是全家的中心，因此在集体中不知道怎样与同伴友好相处、共同游戏。针对这种情形，教师引导幼儿进行《小鸭小鸡》的音乐游戏，在游戏中进一步理解歌曲表达的思想内容，潜移默化地培养幼儿与同伴和谐相处、团结合作的意识。同时训练幼儿声音和动作的模仿能力，通过“唱”和“演”获得与同伴一起合作成功的快乐体验。

活动目标

1. 积极参与音乐游戏，体验集体游戏的快乐。
2. 学习根据音乐的变化变换各种动作。
3. 能遵守唱到“一同游戏”时再蹲下的规则。

活动准备

1. 知识经验准备：

(1)教师了解幼儿对规则理解的程度。

(2)幼儿有一定的规则意识。

2. 物质材料准备：

(1)音频设备1台，把歌曲《小鸭小鸡》存放在U盘。

(2)小鸡、小鸭的手偶各一个，小鸭、小鸡胸饰(或头饰)若干(各为幼儿人数的一半)。

3. 环境准备：

将小鸭、小鸡胸饰(或头饰)按小组分别装在小篓子里，摆放在各小组前面。

活动过程

1. 复习歌曲《小鸭小鸡》，为做音乐游戏做准备。

(1)运用齐唱的方式复习歌曲《小鸭小鸡》。要求幼儿用可爱、自然的声音进行歌唱。

(2)运用分角色对唱的方式复习歌曲。教师将幼儿均分成两部分，一部分演小鸭，另一部分演小鸡。开头一句和末尾一句两部分幼儿一起唱，中间一部分幼儿唱小鸭的歌，一部分幼儿唱小鸡的歌。

2. 欣赏故事《小鸭小鸡》，理解音乐游戏的主题。

教师讲述并提问："小鸭小鸡非常快乐地度过每一天，可是它们也有遇到困难的时候。小朋友们想不想知道，它们遇到的是什么困难呢？我给小朋友们讲一个《小鸭和小鸡》的故事。"

教师手持小鸡、小鸭的手偶，有感情地讲述故事。在讲故事的过程中，当讲到小鸡和小鸭分别遇到困难时，教师可适时地提出问题问幼儿，引导幼儿思考。例如，小鸭找不到东西吃怎么办？到了荷塘前，小鸡不会游泳怎么办？引导幼儿懂得在与同伴相处时，要团结互助。

3. 进行音乐游戏，训练幼儿模仿、表演能力。

(1)教师讲述："现在，我们也来当一回小鸭和小鸡，像故事里的小鸭和小鸡一样，互相帮助，共同完成任务。"

教师按照先前分好的两组，将小鸭、小鸡的胸饰戴在幼儿的胸前。要求幼儿模仿小鸭、小鸡走路的基本动作。

小鸭：腿微屈，双脚成外八字，双手放在身体的两侧，手腕翘起，走路时身体左右摇摆。

小鸡：双手的食指、拇指相碰，做小鸡的尖嘴，同时走碎步。

(2)教师指导幼儿进行音乐游戏。

①教师讲解游戏动作：

(1)~(2)小节，小鸭和小鸡结对友好地打招呼；

(3)~(4)小节，小鸭和小鸡分别做"叫"的动作，双手拢在幼儿的嘴前；

(5)~(6)小节，小鸭和小鸡互换位置做游水和游戏的动作；

(7)~(8)小节，小鸭和小鸡手拉手，点头微笑表示友好。

②教师带领一名幼儿做示范动作，然后请幼儿自由结对模仿练习。

教师巡查，要求两名幼儿做好配合动作，对于有困难的幼儿及时给予必要的指导。

③教师引导幼儿去发现游戏中的问题，共同制定游戏规则：当唱到"一同游戏"时，大家都要蹲下来，谁没有蹲下来就停玩一次。

④教师播放歌曲，幼儿一边跟唱歌曲，一边自由结对表演，体验在游戏活动中共同合作、互相配合取得成功的乐趣。

活动拓展

1. 亲子活动：鼓励幼儿回到家中，和爸爸妈妈一起进行"小鸭小鸡"的游戏表演。

2. 表演歌曲《好朋友》。引导幼儿体会和朋友在一起的快乐。(歌词："你帮我来梳梳头，我帮你来扣纽扣。团结友爱手拉手，我们都是好朋友。”)

3. 幼儿给没上色的小鸭和小鸡涂上自己喜欢的颜色。

4. 将《小鸭和小鸡》的故事投放至语言区，供幼儿进行看图讲述、表演。

活动评价建议

1. 关注幼儿是否能够专注地倾听故事，是否能够理解故事的思想内容。

2. 观察幼儿在分角色游戏时，是否能够顺利地完成表演。

3. 根据幼儿在游戏活动的情绪，判断幼儿是否能体验到合作游戏的快乐。

十四、我的朋友在哪里

活动内容

在歌唱活动中，幼儿只是简单地跟着教师唱出不同的音阶，对于不同音阶之间的关系及其排序，在音高概念上还是模糊的。教师先用台阶表示 7 个音的顺序音高，然后用身体不同部位表示 7 个音的音高顺序，帮助幼儿对音阶有具体、形象的概念。教师还带领幼儿学习用肢体动作表现歌曲中不同的音高，让幼儿进一步巩固对音阶的感知，同时感受唱歌舞蹈带来的乐趣。

活动目标

1. 喜欢参加舞蹈活动，体验与同伴一起参加音乐活动的快乐。
2. 熟悉乐曲旋律，理解歌词内容，学习一边唱歌，一边舞蹈。
3. 能在表演结束后找到自己的好朋友。

活动准备

1. 知识经验准备：

（1）教师能根据小班幼儿的特点创编舞蹈动作。

（2）幼儿有边唱边表演的经验。

2. 物质材料准备：

（1）音频播放设备 1 台，将歌曲《我的朋友在哪里》拷进 U 盘里。

（2）演示板 1 块。

3. 环境准备：

清理幼儿活动室场地，排查安全隐患，便于幼儿学习唱歌和舞蹈。

活动过程

1. 学习唱歌。

（1）教师播放歌曲《我的朋友在哪里》，让幼儿熟悉歌曲的旋律。

(2)教师朗诵歌词，让幼儿熟悉歌曲的内容。

(3)教师用完整教学法教幼儿学唱歌曲，反复练习直至熟练。

2. 学习舞蹈。

(1)教师出示演示板(上面有用台阶直观显示的1、2、3、4、5、6、7等7个音阶)，并讲述："在我们刚才唱的歌曲中，一共有do、re、mi、fa、so、la 6个音，再加上这首歌曲中没有的第7个音xi，一共是7个音。它们唱出声音的高度，一个比一个高，就像演示板上这个台阶显示的一样。我们一起来唱一唱：do、re、mi、fa、so、la、xi。"

教师在带领幼儿歌唱时，准确地把手指向音阶，并把动作做大一些，以此提醒幼儿的注意。

(2)教师讲述并提问：这7个音不同的音高，演示板上的台阶显示得很清楚，我们也都用小嘴巴把它们唱出来了。那么我们能不能用身体不同的部位来表示这7个音不同的高度呢？你们想不想展示我们身体的魔力呢？

通过提问，引起幼儿的兴趣。教师介绍用身体不同部位，表示这7个音的不同音高：一边唱do、re、mi、fa、so、la、xi，一边依次做拍腿、叉腰、拍腹、抱胸、拍肩、点头、拍头的动作；然后一边唱xi、la、so、fa、mi、er、do，一边依次做拍头、点头、拍肩、抱胸、拍腹、叉腰、拍腿的动作。让幼儿知道由高往低唱时，动作顺序与由低往高唱时的动作顺序相反。

(3)教师带领幼儿学习用身体不同部位，表示这7个音的不同音高，反复练习，让幼儿熟练地记住与这7个音相应的身体部位。

(4)教师讲述："现在，请小朋友一起歌唱歌曲——《我的朋友在哪里》，老师先来展示一下我身体的魔力。"

伴着音乐的歌声，幼儿齐声歌唱。老师在幼儿伴唱中，进行动作示范。

(5)教师讲述："小朋友，老师刚才做动作的时候，是不是就像用身体在和你们一起唱歌？我们一起来学习用身体唱歌吧！"

教师一边慢慢唱歌，一边做相应的动作，并讲解动作的要领。然后请幼儿一边跟着唱歌，一边跟着做动作。带领幼儿练习时，不用强调动作的标准性，重点是让幼儿熟悉歌曲中不同音高的相应身体部位。

(6)教师反复播放歌曲，幼儿自由练习。教师巡查，随机给予辅导。

3. 表演舞蹈。

(1)教师把幼儿分成两组，轮流一组唱歌，一组表演，教师在旁边及时给予必要的提示。

(2)在播放歌曲的过程中，全班幼儿一边唱歌，一边表演，共同体验唱歌、舞蹈的乐趣。

活动拓展

1. 歌曲表演——《两只小象》。引导幼儿学习歌曲表演，了解两只小象之间的天真、自然与友爱，教育幼儿要像小象一样做一个讲礼貌、团结友爱的好朋友。

2. 语言游戏："我的好朋友"。请幼儿用语言描述自己好朋友的样子，请其他幼儿来猜。

活动评价建议

1. 关注幼儿是否完整连贯地会唱歌曲《我的朋友在哪里》。
2. 关注幼儿是否对各个音在音阶中的具体位置有了直观的印象。
3. 观察幼儿一边唱歌一边舞蹈的情况，判断幼儿"唱"和"做"配合是否协调。

十五、大鼓小鼓

活动内容

幼儿在音乐学习过程中，训练灵敏的耳朵是至关重要的。在音高、节奏、速度、力度等诸多音乐要素中，力度的听辨是最为直观的。音强，声音就大，力度也就大；音弱，声音就小，力度也就小。歌曲《大鼓小鼓》节奏明快，音乐力度强弱富有变化。在教学过程中，教师引导幼儿听辨音乐力度的强弱变化，训练幼儿耳朵的灵敏性。

活动目标

1. 乐于参与音乐欣赏活动，感受大鼓、小鼓的强弱变化。
2. 认识大鼓和小鼓两种乐器，学习用动作、音量表现声音的强弱。
3. 能听辨大鼓和小鼓的声音。

活动准备

1. 知识经验准备：

(1) 教师了解幼儿对音乐的感受能力。

(2) 幼儿认识大鼓和小鼓两种乐器。

2. 物质材料准备：

(1) 音频播放设备 1 台，数字移动存储 U 盘 1 个。

(2) 音响效果音频(老虎和小猫的叫声、大炮和手枪的响声、汽车的喇叭声和自行车的铃声)，歌曲《大鼓小鼓》音频。

(3) 大鼓、小鼓各 1 个，鼓槌 2 副。

3. 环境准备：

将大鼓、小鼓、鼓槌摆放在活动室的前面。

活动过程

1. 教师播放音乐，引导幼儿听辨声音的强弱。

教师先后播放老虎和小猫的叫声、大炮和手枪的响声、汽车的喇叭声和自行车的铃声的音响效果，请幼儿仔细倾听，对比辨别每组两种声音的强弱。然后请幼儿自由表述听辨后对声音强弱的感受。这时，幼儿一般都用声音的“大”、“小”表达声音的“强”、“弱”。

教师小结：“我们可以根据声音的大小、强弱辨别不同的事物。听到“嗷嗷嗷”的叫声，知道是老虎，听到“喵喵喵”的叫声，知道是小猫；听到“轰轰轰”的响声，知道是大炮；听到“砰砰砰”的响声，知道是手枪；听到“嘀嘀嘀”的响声，知道是汽车；听到“铃铃铃”的响声，知道是自行车。”

2. 教师描述大鼓小鼓的特征，引导幼儿讲出大鼓和小鼓。

教师讲述：“小朋友们，老师今天带来了两个朋友，它们都穿着红红的衣服，有着平平的脑袋，大大的肚子，用木槌一敲会唱歌——‘咚咚咚’、‘嗵嗵嗵’。它们是谁呢?”(鼓。)“它们是兄弟两个，你们听听老师敲的声音，猜猜哪个是大鼓，哪个是小鼓。”

教师在两个鼓所放的隐蔽处，先后敲响大鼓和小鼓：“咚咚咚”、“嗵嗵嗵”。提问：“它们的声音一样吗?”(不一样。)

教师再敲大鼓：“咚、咚、咚。”提问：“这是大鼓还是小鼓?”(大鼓。)“你是怎么知道的?”(声音大。)

接着再敲小鼓：“嗵、嗵、嗵。”提问：“这是大鼓还是小鼓?”(小鼓。)“你是怎么知道的?”(声音小。)

3. 欣赏歌曲《大鼓小鼓》，引导幼儿感知乐曲的强弱。

(1)请幼儿用耳朵感知音量的强弱。

教师展示大鼓和小鼓并讲述：“大鼓、小鼓兄弟今天给小朋友们带来了一首歌，歌名就叫《大鼓小鼓》，我们一起来听听。”

教师播放歌曲《大鼓小鼓》，提请幼儿认真倾听。

教师用优美、自然的声音范唱歌曲。在唱到大鼓的声音“咚咚咚”时，要突出声音的强；在唱到小鼓的声音“嗵嗵嗵”时，要突出声音的弱。

请幼儿听辨歌曲中声音强弱力度的不同，再说一说自己的感受。幼儿在表述时一般不会用音乐术语表示声音的“强”和“弱”，只会用“大”、“小”表达“强”、“弱”的概念。教师在小结时可以把幼儿说的“大”与“强”、“小”与“弱”联系起来，如大鼓的声音大，就是声音强；小鼓的声音小，就是声音弱。

(2)请幼儿用声音表达强弱。

教师播放歌曲，请幼儿听到“咚咚咚”和“嗵嗵嗵”的声音时，使用大小不同的声音表达自己的感知(如大声说“咚咚咚”，小声说“嗵嗵嗵”)。教师提示幼儿，只在音乐播放到“咚咚咚”和“嗵嗵嗵”时，才能发出声音，以免干扰完整欣赏音乐；并告诉幼儿在发出“嗵嗵嗵”声时不要大声，注意撮嘴，借助鼻腔共鸣发声。

(3)请幼儿用动作表达音量的强弱。

教师再次范唱歌曲，同时做相应的力度强和力度弱的动作。在唱到大鼓的声音“咚咚咚"时，教师按照节奏跺脚；在唱到小鼓的声音"嗵嗵嗵"时，教师按照节奏拍手掌。

教师再次播放歌曲，请幼儿边听边随歌曲力度的变化，和教师一样作相应的跺脚或拍手的动作，表达自己的感知。

教师引导幼儿区分跺脚和拍手哪一个动作更有力，使幼儿明确音量"强"与"弱"的概念，然后请幼儿用自己想出的动作表达自己的感知(如用手势做出"大"与"小"的动作，或用手指大鼓、小鼓的动作，或做出重重敲鼓、轻轻敲鼓的动作等)。

4. 跟唱歌曲并敲鼓，引导幼儿表现声音的强弱。

教师将幼儿分为每两人一组，轮流一边随着音乐跟唱歌曲，一边在唱到"咚、咚、咚"和"嗵、嗵、嗵"时，分别敲响相应的大鼓或小鼓，其他幼儿在跟唱时，可用动作或声音自由表现音乐的"强"或"弱"。

活动拓展

1. 亲子活动：请家长协助幼儿在家中找出两个响器物品进行敲打，分辨声响力度的强弱。

2. 科学小实验——"鼓上的小米粒"。引导幼儿发现鼓敲得重，米粒跳得高；敲得轻，米粒跳得低。

3. 户外活动："我是鼓，你是米粒"。活动室的地板代表"鼓"，全体幼儿蹲在"鼓"上，请 1~2 名幼儿扮演敲鼓的人，其他幼儿扮演米粒，边演唱歌曲《大鼓小鼓》，边游戏。敲鼓的人用脚跺地板，或快或慢，或重或轻，扮演米粒的幼儿做出相应的动作。

活动评价建议

根据幼儿表述的语言、做出的动作和发出的声音，判断幼儿对音乐力度的强弱是否能够感知、辨别。

十六、大树妈妈

活动内容

处在小班阶段的幼儿，心理比较脆弱，情感上特别依恋妈妈，他们需要借助其他的人、事、物来宣泄这种情感，以获得心理满足和安全感。歌曲《大树妈妈》音乐旋律优美，歌词浅显易懂，充满了童趣，很贴近幼儿的生活和情感经验。教师引导幼儿欣赏这首歌曲，让幼儿感受充满和谐和爱意的氛围，感受和妈妈相亲相爱的情感，并激发爱护他人的情感。

活动目标

1. 乐意欣赏歌曲《大树妈妈》，感受歌曲轻松，愉快的情绪。
2. 尝试用肢体动作表现歌曲的内容。
3. 能用轻柔的声音演唱歌曲，表现出对小鸟的关心、爱护。

活动准备

1. 知识经验准备：

(1)教师了解幼儿对音乐的欣赏能力。

(2)幼儿知道大树的益处。

2. 物质材料准备：

(1)与歌词内容相匹配的图片。

(2)录音机1台，将歌曲《大树妈妈》拷进U盘里。

3. 环境准备：

在活动室里将幼儿的小椅子摆放成半圆形。

活动过程

1. 讲述故事，激发幼儿参与活动的兴趣。

教师出示与歌词内容相匹配的图片，给幼儿讲述《大树妈妈》的故事，并结合故事提问："小鸟为什么叫大树妈妈呢？"

引导幼儿复述大树妈妈关爱小鸟的故事。

教师讲述："有一首歌，表达的就是大树妈妈和小鸟之间的故事，这首歌的名字就叫做《大树妈妈》。今天我们一起来欣赏这首歌。"

2. 朗诵歌词，帮助幼儿了解歌曲的内容。

教师富有情感地朗诵歌词："大树妈妈个儿高，对着摇篮唱歌谣，摇呀摇，摇呀摇，摇篮里的小鸟睡着了。大树妈妈个儿高，对着小鸟呵呵笑，风来了，雨来了，摇篮上的小伞撑开了。"

教师结合歌词讲述："这首歌表达的就是大树妈妈和小鸟的故事。大树妈妈轻轻摇着摇篮，摇篮里的小鸟就睡着了。刮风下雨的时候，大树像妈妈一样，给小鸟撑起伞，小鸟就淋不到雨了。"

教师带领幼儿一边朗诵歌词，一边根据歌词内容做相应的肢体动作，帮助幼儿理解歌唱的内容。如张开双手，并把双手高高地举过头，表示大树；身体轻轻晃动，表示摇动摇篮；双手在头上做成弧形，表示小伞等。

3. 欣赏歌曲，引导幼儿感知歌曲的旋律。

(1)教师播放三遍歌曲：

第一遍，教师和幼儿一起安静地倾听歌曲，初步感知歌曲的旋律。

第二遍，教师带领幼儿手拉着手，随着旋律轻轻晃动身体，感受歌曲旋律表达的情感。

第三遍，教师带领幼儿一边倾听歌曲，一边轻声跟唱，进一步体验歌曲旋律表达的情感。

(2)教师以饱满的情感，示范演唱歌曲，同时随着旋律做相应的肢体动作，让幼儿把听觉和视觉的感受贯通起来，从而更清晰地感受到音乐的内容和情绪。

教师再次播放歌曲，并带领幼儿一起跟唱，同时随着旋律做相应的肢体动作，表现歌曲旋律表达的情绪。

4. 交流表述，引导幼儿表达"感谢妈妈"的情感。

教师讲述并提问："大树妈妈非常关爱小鸟，所有的妈妈都很关爱自己的孩子。小朋友，你能说一说妈妈是怎样关心、爱护你的吗？"(幼儿自由表述。)

教师在幼儿交流表述的基础上小结："妈妈很辛苦地照顾小朋友，把所有的爱都给了小朋友。小朋友要感谢妈妈，也应该关心妈妈。"

活动拓展

1. 表演游戏：教师扮大树妈妈，幼儿扮小鸟，小鸟围在大树妈妈身边做模仿飞翔、睡觉的动作，以及刮风下雨、依偎大树妈妈的动作，引导幼儿分角色表演歌曲《大树妈妈》，表现大树妈妈关爱小鸟的情景。

2. 美工区域："我给大树妈妈粘树叶"。将红、黄、绿色彩纸、胶棒放到小筐里，引导幼儿自由地选择彩纸进行撕树叶、粘贴大树的活动。教师提醒每个小朋友撕完树叶后要把废纸、还有胶棒都要放到小筐里面，不能乱扔。

活动评价建议

1. 关注幼儿是否积极、热情参与欣赏歌曲的活动。
2. 根据幼儿在欣赏活动中的表现，判断幼儿是否体验到歌曲旋律表达的情绪。
3. 根据幼儿交流表述的内容，判断幼儿是否意识到要感谢妈妈、关心妈妈。

十七、两只小象

活动内容

幼儿喜欢动物，也喜欢模仿动物的叫声和动作。教师利用幼儿的这一天性，挖掘幼儿模仿和再创造的能力，引导幼儿模仿小象行走和扬鼻子、勾鼻子的动作，发挥想象创编歌曲《两只小象》的舞蹈动作，训练幼儿想象创编能力和动作协调能力，体验创编、表演的乐趣。

活动目标

1. 积极参与舞蹈学习活动，体验与同伴共同歌唱、律动、游戏的快乐。
2. 理解歌曲的内容和情绪，尝试用身体动作表现小象的长鼻子。
3. 能大胆在集体面前表现自己。

活动准备

1. 知识经验准备：

(1) 教师了解幼儿对舞蹈动作创编的能力。

(2) 幼儿知道小象的外形特征，有创编简单动作的经验。

2. 物质材料准备：

(1) 两只小象的图片 1 张。

(2) 录音机 1 台，将歌曲《两只小象》拷进 U 盘里。

(3) 视频播放设备 1 套；有关小象动作的视频片段。

3. 环境准备：

清理幼儿活动室场地，排查安全隐患，便于幼儿唱歌和舞蹈。

活动过程

1. 播放歌曲，引入活动主要内容。

教师播放歌曲《两只小象》，并结合歌曲提问：“小朋友们听，这首歌曲里面唱的是谁呀？”（答案：两只小象。）

教师出示两只小象的图片并讲述：“今天我们学唱《两只小象》这首歌，还要学习用小象的动作跳舞。”

2. 朗诵歌词，幼儿了解歌曲内容。

教师情绪饱满地朗诵歌词，结合歌词提问：“两只小象在干什么呢？”（幼儿自由回答问题。）

在幼儿自由回答问题的基础上，教师归纳：“两只小象在河边相遇，就用鼻子互相勾一勾，就像两个好朋友握握手。”

3. 示范教唱，幼儿熟悉歌曲旋律。

（1）教师示范演唱歌曲，让幼儿初步感知歌曲旋律。

（2）教师先分句教唱，然后让幼儿跟唱。反复练习，直到大多数幼儿能连贯完整地唱会歌曲。

4. 播放视频，幼儿模仿小象动作。

（1）教师播放有关小象动作的视频片段，提示幼儿认真观察小象是怎么走路的，是怎么扬鼻子的，是怎么甩鼻子的，是怎么勾鼻子的。

（2）教师引导幼儿模仿小象动作：

①模仿小象走路动作。两脚稍分开原地站立，全脚着地，左右脚交替向前稳稳迈步。

②模仿小象鼻子动作。两脚稍分开原地站立，全脚着地，双手在身体前面十指向内交叉相扣作“象鼻子”，两臂向上表示扬鼻子，两臂左右摆动表示甩鼻子，两手用手腕上下晃动表示勾鼻子。

5. 师幼交流，讨论怎样表现歌曲内容。

（1）教师讲述并提问：“我们小朋友表示友好，可以相互拥抱、相互握手，还可以轻轻拍对方的肩膀。两只小象表示友好，会做哪些动作呢？”（引导幼儿发挥想象自由表述。）

（2）教师结合歌曲内容提出具体问题：“两只小象‘扬起鼻子’、‘勾一勾’和‘握握手’应该如何表演？”（引导幼儿发挥想象模仿动作。）

（3）教师根据幼儿想象模仿的动作进行归纳，并邀请一个幼儿一起做一做，取得多数幼儿的认可。

（4）教师请全班幼儿每两个人自由结对，一边哼唱歌曲，一边将动作带入相关的乐句及节奏上进行练习。

6. 练习舞蹈，体验创编和表演的快乐。

（1）教师将幼儿想象模仿的动作编入歌曲的舞蹈中，并请一个幼儿合着播放的歌曲示范表演一遍。

（2）教师挑选几名幼儿分别结对，合着播放的歌曲示范表演舞蹈。请其他幼儿观看并进行讲评，尽量让每个幼儿都熟悉舞蹈动作。

(3)教师请全班幼儿自由结对，合着播放的歌曲练习舞蹈动作。教师在巡查时，如果发现有的幼儿动作做得不对，就及时给予纠正，帮助幼儿完成舞蹈动作的练习。

(4)在幼儿基本熟练的情况下，教师带领全体幼儿一起表演集体舞蹈，让幼儿一起体验创编和表演的快乐。

活动拓展

1. 教师引导幼儿根据想象、模仿创编大象进食、喝水、喷水、洗澡的舞蹈动作，进一步训练幼儿想象创编的能力。

2. 益智游戏：“小象找朋友”。在益智区域投放各种动物头饰及相匹配的卡片，请幼儿戴上小象动物头饰，扮演“小象宝宝”迅速找到自己的“大象妈妈”(动物卡片)，并说出“妈妈”的名字。游戏熟悉后，可以玩动物匹配的游戏。

活动评价建议

1. 观察幼儿能否积极参加歌曲的学唱和舞蹈动作的创编活动。
2. 观察幼儿在创编过程中，能否通过观察、想象创编形象的动作。
3. 观察幼儿能否感受音乐的内容与节奏、动作与音乐协调一致。

附：

集体舞“两只小象”

将全体幼儿分成人数相等的两组，一组幼儿站成外圈，面向圆心；一组在圈内站成内圈，同一方向侧身对着外圈幼儿。

1~8 小节，外圈幼儿拍手，2 拍一下。内圈幼儿统一面向顺时针或逆时针方向模仿小象走路。7、8 小节时，找到外圈幼儿作舞伴，两人面对面站好。

9~12 小节，两人直立站好，各自伸出两手交叉相套并十指扣合，两脚自然站立不动。13~16 小节，两人相拥手臂左右摆动四下，2 拍一下。

13~16 小节音乐重复作为间奏。在间奏期间，2 人放开手，互换位置，原来外圈的幼儿到了内圈，原来内圈的幼儿到了外圈。舞蹈再重新开始。

十八、这是小兵

活动内容

幼儿都非常崇拜解放军，向往当一名解放军。歌曲《这是小兵》切合了幼儿这种心理。这首进行曲风格的儿童歌曲节奏简洁明快，旋律雄浑有力。教师引导幼儿欣赏这首歌，并根据歌词发挥想象创编动作，既训练了幼儿想象创编能力，满足了幼儿的心理需求，又潜移默化地给幼儿以意志品质方面的教育。

活动目标

1. 感知歌曲雄壮有力的特点，体验学做解放军的自豪感。
2. 理解歌词内容，尝试根据歌词创编动作。
3. 能情绪饱满、动作有力、合拍地进行表演。

活动准备

1. 知识经验准备：

(1) 教师了解幼儿对表演的兴趣。

(2) 幼儿有创编简单舞蹈动作的经验。

2. 物质材料准备：

(1) 喇叭、铜鼓、手枪、大炮的图片各 1 张。

(2) 有关解放军吹军号、解放军打军鼓、解放军打枪、解放军开大炮等图片若干。

(3) 录音机 1 台，将歌曲《这是小兵》拷进 U 盘里。

3. 环境准备：

将解放军吹军号、解放军打军鼓、解放军打枪、解放军开大炮等图片粘贴在活动室的四周。

活动过程

1. 教师带领幼儿自由欣赏解放军吹军号、解放军打军鼓、解放军打枪、解放军开

大炮等图片，初步了解解放军。

2. 欣赏歌曲。

播放歌曲《这是小兵》。在歌声中，教师带领幼儿像解放军叔叔那样，迈着整齐的步伐，列队走进活动场地。

教师结合歌曲提问：“小朋友，听到刚才这首歌时，你想到了什么？”（幼儿自由表述。）

教师在幼儿表述的基础上小结：“当我们听到这首歌时就感到坚定有力，浑身是劲。我们听着这首歌走路，就像解放军叔叔那样威武雄壮，好像我们就是一个小解放军，一个小兵。这首歌的名字就叫《这是小兵》。今天我们就学习这首歌。”

3. 引导幼儿欣赏解放军的图片，帮助幼儿了解歌曲内容。

再次播放歌曲，要求幼儿认真倾听。教师结合歌曲提问：“这首歌里唱了些什么？”（喇叭、铜鼓、手枪、大炮。）

教师出示军号的图片并提问：“这是什么？”（军号或者说是喇叭）“它是怎么响？”（哒哒嘀。）“它起什么作用？”（喇叭一吹响，解放军就发起冲锋，打击敌人。）

教师出示军鼓的图片并提问：“这是什么？”（军鼓，或者说是铜鼓）“它是怎么响？”（咚咚咚。）“它起什么作用？”（铜鼓响起，解放军叔叔走路的步伐更加坚定有力、威武雄壮。）

教师出示手枪的图片并提问：“这是什么？”（手枪）“它是怎么响？”（啪啪啪。）“它起什么作用？”（解放军叔叔用它打击敌人。）

教师出示大炮的图片并提问：“这是什么？”（大炮。）“它是怎么响？”（轰轰轰。）“它起什么作用？”（解放军叔叔用它打击敌人。）

通过提问交流，引导幼儿知道喇叭、铜鼓、手枪、大炮都是解放军叔叔的武器，在解放军叔叔打仗的时候，都起到振奋士气、打击敌人的作用。同时让幼儿了解了歌曲的主要内容。

4. 学习演唱歌曲。

(1)教师示范演唱歌曲，歌声坚定有力。

(2)幼儿歌唱。要求：一字一音、声音坚定，不能拖泥带水。

教师教唱歌曲，反复练习。组织幼儿先后运用个别练唱、小组练唱、全班集体练唱的形式，让幼儿能完整顺利地唱熟歌曲。

5. 创编表演动作。

教师引导幼儿围绕“这些武器用什么动作使它发出响声”的问题进行讨论，并发挥想象，模仿做出相应的动作。

在幼儿想象模仿动作的基础上，教师进行归纳、统一，做出示范动作。如用右手握空拳靠近嘴边、昂起头，作出吹喇叭的样子；用双手作出拿鼓槌敲鼓的样子；用右手作出拿手枪瞄准并扣扳机的样子；用双手作出拉炮栓的样子。

请幼儿按照教师的示范动作进行自由练习。教师在巡查时，如果发现有的幼儿做错动作，就及时给予纠正，帮助幼儿完成动作的练习。

6. 集体唱歌表演。

在大多数幼儿动作熟练的基础上，教师播放歌曲，带领幼儿一边跟唱，一边随着歌曲旋律做相应的动作，做到动作和音乐和谐统一，体验创编演唱的乐趣。

活动拓展

1. 教师安排幼儿分男女轮流演唱，让他们自称是“男兵”、“女兵”，并将歌词改为“这是男兵的……”、“这是女兵的……”增强幼儿参与演唱活动的兴趣。

2. 鼓励幼儿收集关于兵器的资料，巩固、扩展认知。

活动评价建议

1. 让幼儿体会参与欣赏的过程。

2. 观察幼儿在欣赏音乐的过程中，是否能感受到进行曲的歌曲风格。

十九、小兔子乖乖

活动内容

《小兔子乖乖》是一个著名的童话故事，而故事表演中的同名主题歌《小兔子乖乖》更为经典，魅力经久不衰，对今天的幼儿仍然有着巨大的吸引力。教师引导幼儿在了解童话故事内容的基础上，学唱歌曲，表演故事，从中汲取文学和艺术的营养，训练他们理解角色、表现角色的能力。小班幼儿的歌曲大多是具有表演性的，随着年龄的逐步增长，他们对一些歌曲之中所表现的故事情节有一定的理解，让幼儿在与同伴分角色的基础上表现角色，提高表演兴趣和能力。

活动目标

1. 愿意参加音乐活动，体验角色扮演和游戏的快乐。
2. 理解故事内容，用不同的唱歌声调表现“大灰狼”和“兔妈妈”。
3. 能根据自己选择的角色装扮，并完成表演。

活动准备

1. 知识经验准备：

(1)教师了解幼儿对故事内容的理解。

(2)幼儿有扮演、游戏的经验。

2. 物质材料准备：

(1)故事《小兔乖乖》PPT。

(2)小兔子、兔妈妈、大灰狼的头饰若干。

(3)自制“小木房”布景或挂图1个。

(4)录音机1台，将歌曲《小兔子乖乖》拷进U盘里。

3. 环境准备：

将自制“小木房”布景或挂图，摆放在活动室的中间，幼儿围坐成一个圆形。

活动过程

1. 欣赏故事。

(1)欣赏《小兔子乖乖》的故事。

①教师戴着小白兔的帽子走进教室，以特别的装束吸引幼儿注意。

②教师与幼儿交谈："小朋友，今天老师像什么？"(小白兔。)"你们喜欢小白兔吗？"(喜欢。)"好！老师就给你们讲一个《小兔子乖乖》的故事。"

③教师随着播放的故事 PPT，一边表演，一边讲述故事，并引导幼儿复述故事主要内容。

(2)欣赏《小兔子乖乖》的歌曲。

①教师讲述并提问："这个故事里有一首儿歌，歌名也叫《小兔子乖乖》，谁能记得这首儿歌说的什么吗？"(幼儿根据记忆自由表述。)

教师通过简要复述故事，把各段歌词念一遍，让幼儿熟悉歌曲内容。

②教师讲述："这首儿歌如果把它唱出来很好听，我们一起来听一听吧！"

教师播放歌曲《小兔子乖乖》，请幼儿欣赏，熟悉歌曲的旋律。

③教师告诉幼儿这首歌是贯穿整个故事的主题歌，并带领幼儿练唱这首歌曲。

2. 创编故事。

(1)教师讲述："这个故事很有趣，这首歌也很好听。我们一起把它表演出来吧！"

教师安排幼儿分组活动。在分组活动中，幼儿尝试分角色来表演歌曲。

(2)教师轮流参与幼儿的角色扮演活动，和他们一起讨论如何理解角色、表现角色，并指导他们排练，提示他们根据情节和歌词的不同，尝试用不同的声音表示不同的形象，用不同的动作表现各自的形象，并按角色的变换唱准歌词，使他们彼此之间配合更默契，共同表现故事的内容。

3. 表演。

(1)教师出示"小木房"的背景(要让观众既能看到房外的表演，又能看到房内的表演)，让各组幼儿轮流在全班面前表演。

(2)教师引导幼儿互相讲评，让他们互相取长补短，提高表演的能力。

(3)教师引导幼儿评选出优胜小组，教师给予奖励。在此基础上，评选出最佳角色，组合成最佳演员阵容。让这个最佳阵容稍作排练，再在全班面前正式演出。

活动拓展

1. 美工区域——"小兔要吃草"。在美工区投放画有小兔图案的画纸，幼儿自由添画小兔吃草的情节。

2. 体育游戏——"兔子和狼"。带领幼儿练习双脚并拢向前跳的基本动作，游戏开始时兔妈妈和孩子一起念："小白兔，跳跳跳，跳到草地上，吃吃嫩青草，吃饱肚子睡一觉。"当妈妈说到："天黑了，快快回家吧。"小兔子就躲到山洞里。

活动评价建议

1. 观察幼儿参与活动的情绪是否积极、热情。
2. 关注幼儿是否了解故事情节，是否熟悉歌曲旋律和内容。
3. 观察幼儿在排练和表演中是否表现得很投入，是否能表现出角色的性格特征。

小班(下)

一、小动物在唱歌(一)

活动内容

喜欢小动物是幼儿的天性。在音乐游戏活动“小动物在唱歌”中，教师充分利用幼儿对小动物感兴趣的特点，通过让幼儿欣赏和参与大班哥哥、姐姐表演的方式，激发幼儿参与音乐活动的兴趣。通过这个音乐活动，幼儿不仅可以初步了解乐器演奏的相关知识，还可以强化幼儿爱护小动物的意识。

活动目标

1. 感受用动物的叫声来演唱儿歌的乐趣。
2. 初步了解乐器知识，认识各种乐器及演奏方法。
3. 能用乐器为儿歌打节奏。

活动准备

1. 知识经验准备：

(1)教师已经排练好大班幼儿表演。

(2)幼儿已有参加打击乐活动的经验。

2. 物质材料准备：

(1)音频播放设备1台，将歌曲《小动物在歌唱》拷在U盘中。

(2)小动物造型的布娃娃和图片若干。

(3)铃鼓、响板等打击乐器(每个幼儿1件，教师也可根据实际情况更换乐器)。

3. 环境准备：

将打击乐器放在幼儿的板凳下面。

活动过程

1. 观看表演激发兴趣。

(1)教师引导幼儿观察小动物的造型和图片，请幼儿模仿动物的动作和叫声。

(2)教师邀请大班的幼儿到本班表演歌曲，激发幼儿参与音乐活动的兴趣。

①教师讲述：小朋友们，你们是最棒的，大班的哥哥姐姐也很喜欢你们，你们看！他们今天还带了小朋友们最喜欢的节目为我们表演呢！大家拍手欢迎！

②大班幼儿穿着整齐的服装，伴随着歌曲《小动物在唱歌》的音乐，一边唱歌，一边跳舞，并主动邀请小班幼儿们参与互动。

③在大班幼儿表演结束后，教师介绍歌曲名称及内容。

④教师讲述：大班的哥哥、姐姐们表演得真棒。我们一起为他们鼓掌吧！

请大班幼儿拿着乐器再表演一次。教师带领幼儿一边观看表演，一边按照音乐节奏拍手。

2. 我是歌唱家。

(1)教师播放歌曲《小动物在唱歌》，让幼儿熟悉歌曲的内容和旋律。教师结合歌曲提问：①“歌曲里小猫是怎么叫的?”(请幼儿按歌曲的旋律唱出小猫的叫声。)

②“歌曲里小狗是怎么叫的?”(请幼儿按歌曲的旋律唱出小狗的叫声。)

③“歌曲里小羊是怎么叫的?”(请幼儿按歌曲的旋律唱出小羊的叫声。)

④“歌曲里小鸭是怎么叫的?”(请幼儿按歌曲的旋律唱出小鸭的叫声。)

3. 我是小小演奏家。

(1)教师出示打击乐器(铃鼓、响板)，并简单地介绍打击乐器知识及演奏方法。

(2)教师将打击乐器发给幼儿，让幼儿尝试敲打乐器。在大班幼儿的帮助下，本班幼儿一边听音乐，一边打节奏(此环节可让幼儿多玩几遍)。

(3)请本班幼儿跟随大班幼儿一起表演，随着歌曲《小动物在唱歌》的节奏，击打乐器。

4. 在歌唱与伴奏中，小班幼儿自由地表演，然后结束活动。

活动延伸

1. 亲子活动：鼓励幼儿利用家里可以敲响的生活物品(如用筷子敲搪瓷碗)，一边打节奏，一边演唱这首歌曲。

2. 表演区：在活动中创设表演区，投入多个玩具及相应的乐器，让幼儿自由操作游戏。

活动评价建议

1. 关注幼儿参与活动的情绪是否积极、热情。

2. 观察小班幼儿是否能主动参与到大班幼儿的表演之中。

二、小动物在唱歌(二)

活动内容

在前面的音乐游戏活动中，幼儿已经初步掌握歌曲《小动物在歌唱》的歌唱。在本次活动中，教师引导幼儿运用饶有趣味的、问答式的歌唱形式，复习演唱这首歌曲，使幼儿进一步熟练掌握歌曲的歌唱。在此基础上，教师引导幼儿通过联想和模仿其他动物的叫声，进行歌词创编活动。

活动目标

1. 通过主动创编，感受创编过程的乐趣。
2. 积极参与歌词的创编活动，会用各种动物的声音演唱歌曲。
3. 能通过动物图片及特点创编和演唱歌曲。

活动准备

1. 知识经验准备：

(1)教师了解幼儿创编歌词的能力。

(2)幼儿认识常见动物及模仿动物叫声。

2. 物质材料准备：

(1)钢琴、音频播放设备各1台，将音乐《小动物在歌唱》拷在U盘中。

(2)小牛、小马、小驴、小猪的头饰若干(各为幼儿人数的一半)。

3. 环境准备：

将幼儿的板凳呈半圆形，摆放在活动室中间。

活动过程

1. 复习歌曲，引起幼儿兴趣。

(1)教师用钢琴伴奏，请幼儿一边齐唱歌曲，一边拍手打节奏。

(2)引导幼儿用对唱的演唱形式完成歌曲演唱。

①师幼对唱。

教师唱歌曲[1]~[2]两小节的歌词，幼儿齐唱歌曲[3]~[6]小节的歌词。

②分组对唱。

第一步，将幼儿分成两组，一组唱歌曲[1]~[2]两小节的歌词，另一组唱歌曲[3]~[6]小节的歌词。

第二步，幼儿小组交换，再一次完成歌曲对唱。

2. 创编歌词，培养幼儿创造力。

(1)教师引导："小朋友都唱得很好，都能熟练地唱好这首歌曲，也对小猫、小狗、小羊和小鸭的叫声非常熟悉了。你们还认识哪些动物？它们是怎么叫的呢?"

(2)幼儿主动思考，联想自己熟悉的其他动物叫声，进行交流表述，并学叫自己熟悉的动物的叫声。

(3)教师和幼儿一起归纳几组动物名称及其叫声，替换歌曲中小猫、小狗、小羊和小鸭的叫声。例如：

①小牛——哞，小马——咴，小驴——喂，小猪——噜。

②喜鹊——喳，乌鸦——哇，白鸽——咕，大雁——嘎。

③知了——知，蟋蟀——吱，蜜蜂——嗡，青蛙——呱。

(4)教师分别将几组创编歌词，套入歌词中，带领幼儿一起按照节奏朗诵。如第一组创编歌词：

XX XX	XX X	XX X	XX X	XX XX	X —
小牛 小牛	怎么 叫？	哞哞 哞，	哞哞 哞，	哞哞 哞哞	哞。
小马 小马	怎么 叫？	咴咴 咴，	咴咴 咴，	咴咴 咴咴	咴。
小驴 小驴	怎么 叫？	喂喂 喂，	喂喂 喂，	喂喂 喂喂	喂。
小猪 小猪	怎么 叫？	噜噜 噜，	噜噜 噜，	噜噜 噜噜	噜。

3. 演唱创编歌词后的歌曲。

(1)教师运用跟唱教学法，帮助幼儿掌握创编歌词后的歌曲歌唱。

(2)教师用钢琴伴奏，引导幼儿用角色对唱的形式演唱创编歌词的歌曲。

①教师让幼儿自由组合，选择自己喜欢的一组创编歌词进行练习。例如，选择第一组歌词的幼儿，其中一个幼儿唱歌曲[1]~[2]两小节的歌词，其他四个幼儿分别扮演小牛、小马、小驴、小猪(各自戴上相应的头饰)，唱歌曲[3]~[6]小节的歌词。

②待各组幼儿练习熟练后，依次当着全班的面进行演唱。比一比，看看哪个小组唱得最好。

活动延伸

1. 表演区：将各种动物图片呈现在艺术表演区，幼儿能够在互动中说出动物特点及用叫声来表现歌曲。

2. 科学区：在科学区投入不同的动物图片，让幼儿分享动物的习性及特点。

活动评价建议

1. 关注幼儿能否运用发散思维，联想自己熟悉的动物及其叫声，积极参与创编歌词。

2. 观察幼儿在演唱过程中能否准确表现音高和节奏，并互相配合完成演唱活动。

三、春来了

活动内容

歌曲《春来了》的旋律采用的是重复法，歌词描述的是幼儿喜爱的花、蜜蜂和蝴蝶等，清新的音乐风格描绘了一幅色彩鲜艳、富有生机的春天景色。教师引导幼儿通过朗诵歌词和学唱歌曲，不仅可以训练幼儿稳定的节奏感，准确地演唱歌曲，还可以培养幼儿喜爱春天、了解春天、热爱生活的情感。

活动目标

1. 感知春天的美好，萌生喜爱春天的感情。
2. 学习在歌曲表演中表达情绪和感受。
3. 能用稳定的节奏准确地歌唱歌曲。

活动准备

1. 知识经验准备：

(1)教师能够弹唱歌曲《春来了》，并了解幼儿掌握“节奏”的基本情况。

(2)幼儿知道冬天过去，春天就来了；知道春天的各种特色，能用语言表达。

2. 物质材料准备：

(1)钢琴、音频视频播放设备各1台。

(2)《春天》视频片段，歌曲《春天》。

(3)春天相关的图片。

3. 环境准备：

创设“春来了”的场景和环境。

活动过程

1. 教师通过描述春天的特征，引出幼儿兴趣。

(1)教师讲述并提问：“小朋友们，度过了一个寒冷的冬季，我们送走了‘冬爷爷’，又迎来了‘春姐姐’。你们喜欢春天吗？为什么？”（幼儿根据自己的感受交流表述。）

（2）教师请幼儿发挥想象力，说出能够表现“春天”的特征。

在幼儿交流表述“春来了”的基础上，教师归纳：“春天，到处一片新绿。青翠的山峦，油绿的田野，清绿的湖水，嫩绿的小草，浅绿的柳芽。春天，到处百花齐放。最早争先开的花有梅花、桃花、杏花和梨花，还有迎春花、山茶花、海棠花、牡丹花、玫瑰花、杜鹃花……许多许多各种颜色的花都相继开放，形成了绚烂多彩的世界。春天，也是蜜蜂、蝴蝶最忙碌的季节。它们在花丛中飞来飞去，不是采蜜，就是传播花粉，为人类作出贡献。春天，我们可以去踏青，放风筝，享受春天带来的美好。”

2. 欣赏歌曲，了解歌曲的内容。

（1）教师播放歌曲《春来了》，请幼儿欣赏。提示幼儿注意仔细倾听歌词。

（2）教师提问：“在这首歌里，春天是怎样的？”（幼儿自由表述。）

在幼儿表述的基础上，教师归纳：“春天里有红的花、白的花、有勤劳的小蜜蜂，还有美丽的花蝴蝶。”

3. 朗诵歌词，感知歌曲的节奏。

（1）教师按照歌曲的节奏，示范朗诵歌词，同时拍掌击打节奏。

（2）教师带领幼儿按照歌曲的节奏，示范朗诵歌词，同时拍掌打节奏。提示幼儿注意击掌的速度、节奏要稳定。

（3）教师在钢琴伴奏声中，示范朗读歌词。

（4）幼儿模仿教师，在钢琴的伴奏下，朗读歌词。

4. 学唱歌曲，感受春天的美好。

（1）教师再次播放歌曲，让幼儿熟悉歌曲的旋律。

（2）教师示范带感情地清唱歌曲，激发幼儿学唱歌曲的兴趣。

（3）教师运用分句教唱法，帮助幼儿基本掌握歌曲的歌唱。在此环节，教师可根据幼儿掌握情况，重复两三遍。教师提示幼儿带着向往春天、喜欢春天的感情学唱这首歌曲。

（4）在钢琴的伴奏下，教师和幼儿齐唱歌曲。

（5）教师播放歌曲，引导幼儿一边歌唱，一边做出相应的舞蹈动作自由表演，表达热爱春天的感情。

活动延伸

1. 美术区：引导幼儿在绘画纸上给没上色的花朵涂上自己喜欢的颜色。提示幼儿将花蕊、花瓣涂上不同的颜色，最好能在花瓣上涂上渐变色，使花朵显得更漂亮。

2. 科学活动：带领幼儿到小花园中，观察春天的特征。

活动评价建议

1. 观察幼儿能否根据歌曲的节奏稳定地击打节拍。
2. 观察幼儿是否基本掌握了歌曲的演唱。
3. 关注幼儿在演唱活动中是否感受到春天带来的快乐。

四、小手拍拍(一)

活动内容

音乐活动《小手拍拍》主要由两个部分构成：一个是幼儿较为熟练地掌握歌曲歌唱，另一个是通过音乐律动，进一步培养幼儿的节奏感。在音乐活动中，教师通过讲故事的导入形式，调动幼儿参与音乐活动的兴趣，同时教育幼儿要互相团结、互相帮助。

活动目标

1. 感受伴随音乐律动的乐趣。
2. 熟悉身体各部位的名称和位置，愿意跟随教师有节奏地拍拍身体各个部位。
3. 学唱《小手拍拍》，能边唱歌边做模仿动作。

活动准备

1. 知识经验准备：

(1)教师了解幼儿的律动经验。

(2)幼儿会演唱歌曲《拍拍拍》。

2. 物质材料准备：

(1)钢琴、音频视频播放设备各1台。

(2)音乐《小手拍拍》。

3. 环境准备：

清理活动室，便于幼儿进行律动活动。

活动过程

1. 复习歌曲《拍拍拍》，引起幼儿兴趣。

(1)教师讲述：“小朋友，请回忆一下歌曲《拍拍拍》是怎么唱的？”

教师可以提示幼儿，轻声歌唱歌曲的第一句，使幼儿尽快联想起整首歌曲。

(2)教师用钢琴伴奏，幼儿在站立的状态下，一边拍掌，一边用自然的声音歌唱全曲。

2. 教师用讲故事的方式导入音乐活动。

(1)教师讲述《五个好朋友》的故事，请幼儿欣赏。

(2)教师结合故事提问：

①“‘五个好朋友’分别是谁?”(眼睛、嘴巴、耳朵、眉毛和鼻子。)

②“它们互相吵闹对不对?”(不对。)

③“小朋友之间应该怎么样?”(互相团结，互相帮助。)

3. 学唱新歌《小手拍拍》。

(1)教师讲述：“现在，‘五个小伙伴’成了非常要好的好朋友。并且，它们唱了一首很好听的歌给我们欣赏。”

(2)教师播放歌曲《小手拍拍》，幼儿感受歌曲旋律，了解歌曲内容。

(3)教师运用跟唱教学法，帮助幼儿唱会歌曲《小手拍拍》。

4. 学习歌曲律动。

(1)教师播放歌曲，教师一边示范演唱，一边示范动作。

动作要领：

[1]~[4]小节：每一拍击一次掌。

[5]小节：两手掌心向上，向外伸展。

[6]~[8]小节：用双手食指，分别指向自己的眼睛、嘴巴、耳朵、眉毛和鼻子，一小节指一次。

(2)教师再次播放歌曲，请幼儿跟着教师一起一边歌唱一边做动作。

(3)教师继续播放歌曲，请幼儿跟着音乐一边歌唱一边做动作。教师可以适时做出提示动作。对于节奏不太稳的幼儿，教师可以采取按照音乐节奏，轻轻拍幼儿肩膀的方式，帮助其稳定节奏。教师要特别提醒幼儿，在手指指向眼睛时，只用指到眼睛附近即可，以免戳伤眼睛。

(4)教师用钢琴伴奏，请幼儿采取站立的姿势，一边跟着唱歌一边做动作。

活动延伸

1. 语言游戏：在区域中放置不同的五官图片，采取你问我答的方式完成。例如，“眼睛在哪里?”另一个小朋友快速找到眼睛并回答：“眼睛在这里。”

2. 美工区：“贴五官”。准备脸的图片，幼儿自选图片拼贴出不同表情的脸谱。

活动评价建议

1. 关注幼儿是否理解故事的内容，是否懂得要和同伴团结互助。

2. 观察幼儿能否准确地演唱歌曲《小手拍拍》。

3. 观察幼儿能否积极地参与音乐律动活动。

五、小手拍拍(二)

活动内容

歌词创编活动“小手拍拍”，是在幼儿已熟悉该歌曲的旋律，并简单理解歌词内容的基础上展开的音乐创编活动。在活动中，教师充分利用幼儿对自己身体器官的了解，发挥想象力，将原来歌词中的“眼睛、嘴巴、耳朵、眉毛和鼻子”等身体器官替换为其他器官的名称。另外，教师还可以引导幼儿观察周围环境中的物体，拓宽幼儿创编的思路，增强创编能力，激发幼儿主动参与音乐活动的积极性。

活动目标

1. 感受创编、演唱的乐趣。
2. 掌握节奏特点，能用创编的内容完成演唱。
3. 观察其他物品，能够大胆创编歌词。

活动准备

1. 知识经验准备：

(1) 教师了解幼儿的创编能力，知道幼儿已掌握歌曲的歌唱。

(2) 幼儿已学会歌唱歌曲《拍拍拍》。

2. 物质材料准备：

(1) 钢琴、音频播放设备各 1 台。

(2) 身体部位图片。

3. 环境准备：

在活动室中摆放图书、玩具、铃鼓、钢琴、墙饰等。

活动过程

1. 复习歌曲《小手拍拍》，引发兴趣。

教师可以根据幼儿对歌曲掌握的实际情况，任意采取以下两种方式的一种进行活动。

(1)教师播放歌曲《小手拍拍》，并在幼儿面前，一边按节奏拍掌，一边轻声歌唱歌曲；幼儿则坐在板凳上，跟着教师的示范，一边按照节奏轻轻地拍掌，一边用自然的声音，轻声歌唱。

(2)教师播放歌曲《小手拍拍》，并在幼儿面前示范音乐韵律动作，幼儿则在音乐声中，跟着教师示范，复习音乐韵律动作。

2. 进行歌词创编。

(1)教师讲述："小朋友对歌曲里的'眼睛、嘴巴、耳朵、眉毛和鼻子'五个好朋友已经非常熟悉了，可是，在我们的身体上还有很多我们离不开的好朋友，小朋友知不知道呢？我们可不可以用身体其他部位的名称替换'眼睛、嘴巴、耳朵、眉毛和鼻子'进行歌唱呢？"在此环节，教师要留给幼儿们充裕的思考时间。

(2)幼儿根据已有的经验自由交流表述，教师给予充分的肯定。

(3)教师和幼儿一起归纳几组可替换身体其他部位的名称。例如：

①头发、额头、脸蛋、下巴、脖子。

②肩膀、胳膊、大腿、小腿、脚丫。

(4)教师请幼儿观察周围环境，提示幼儿可以用物体名称，替换"眼睛、嘴巴、耳朵、眉毛和鼻子"的词语，进行创编歌词。

(5)幼儿根据自己的观察自由交流表述。教师给予充分的肯定。

(6)教师和幼儿一起归纳几组可替换的周围物体名称。例如：

①黑板、课桌、椅子、窗户、大门。

②图书、玩具、铃鼓、钢琴、墙饰。

3. 将创编的歌词，按照歌词的规律，编入歌曲《小手拍拍》。

(1)教师以创编的第一组歌词为例，一边演唱新编歌词的歌曲，一边示范动作。

(2)幼儿在教师的带领下，伴随着动作朗诵新创编的歌曲歌词。

(3)教师用钢琴伴奏，幼儿一边轻声歌唱新创编的歌曲，一边做相应的动作。

4. 表演歌曲或自编歌曲。

(1)教师将幼儿分成两组，采用一问一答的方式歌唱歌曲(演唱歌曲或自编歌曲均可)。

[1]~[4]小节：A组、B组幼儿一起按照节奏，拍掌并轻声歌唱；

[5]小节：A组幼儿一边唱，两手向外一摊(手心向上)，表示提问；

[6]小节：B组幼儿一边唱，一边用双手的食指指向相应的身体部位，表示回答；

[7]~[8]小节：A组、B组幼儿一起按照节奏拍掌并轻声歌唱。

(2)教师鼓励幼儿自由两两组合，在小朋友面前进行表演。

教师对每一对表演的幼儿都给予充分的肯定，从而激发幼儿主动参与活动的积极性，树立自信心。

(3)教师用钢琴伴奏，组织两组幼儿再一次采用一问一答的方式歌唱歌曲。

活动延伸

艺术表演：设置小舞台，让幼儿在音乐伴奏下进行艺术表演。

活动评价建议

1. 关注幼儿是否积极热情地参与创编活动。
2. 关注幼儿在创编活动中是否感受到了乐趣，是否体验到成就感。
3. 观察幼儿在一问一答的歌唱表演环节中配合是否默契。

附：

《小手拍拍》创编歌词动作要领

[1]~[4]小节：每一拍击一次掌；

[5] 小节：两手向外一摊（手心向上）。

[6]~[8]小节：用双手食指，分别指向器官“头发、额头、脸蛋、下巴和脖子”的附近，一小节指一次。

六、摇篮曲

活动内容

歌曲《摇篮曲》与幼儿熟悉的歌曲《摇啊摇》，都属于摇篮曲风格类型的歌曲。教师通过引导幼儿欣赏这首歌曲，巩固幼儿对摇篮曲音乐风格的认识，加深印象，同时使幼儿体会妈妈对自己无微不至的关爱，激发对妈妈的感激之情，知道要学会尊重妈妈、体谅妈妈、关心妈妈，培养幼儿从小关爱他人的良好品质。

活动目标

1. 体会妈妈对自己的关爱，懂得要用实际言行回报妈妈。
2. 进一步体验歌曲旋律的摇篮曲风格。
3. 能够清楚地表达对音乐欣赏的情感体验。

活动准备

1. 知识经验准备：

(1)教师熟悉《摇篮曲》的风格特点。

(2)幼儿会唱歌曲《摇篮曲》。

2. 物质材料准备：

(1)钢琴、音频播放设备各1台，歌曲《摇啊摇》和《摇篮曲》各1首。

(2)布娃娃若干(每个幼儿1个)。

活动过程

1. 复习歌曲，引发兴趣。

(1)复习歌曲《摇啊摇》的歌唱。

教师播放歌曲《摇啊摇》，请幼儿随着音乐轻声跟唱。

(2)复习歌曲《摇啊摇》的表演。

教师将布娃娃发给每个幼儿。教师用钢琴伴奏，幼儿怀抱布娃娃，一边歌唱，一边轻轻摇动布娃娃。

2. 欣赏活动，用心感受。

(1)教师导语："小朋友们刚才演唱的是一首摇篮曲风格的歌曲，现在老师要请小朋友们听另外一首歌曲。小朋友听一听，这首歌曲唱的是什么内容？它是什么风格的歌曲？它跟《摇啊摇》的风格一样吗？"

(2)教师播放歌曲《摇篮曲》，请幼儿仔细倾听歌曲。然后根据教师提出的问题交流讨论。

在幼儿交流讨论的基础上，教师归纳：这首歌曲和《摇啊摇》一样，都是摇篮曲风格的歌曲。它们共同的特点是都像亲爱的妈妈抱着小宝贝，轻轻摇动，哄他们入睡。

(3)教师再次播放歌曲，请幼儿注意倾听歌曲的旋律，用心体验歌曲带给自己的感受。

教师提问："当你欣赏这首歌曲时，你有什么感觉？"(幼儿交流表述内心的体验。)

在幼儿交流表述的基础上，教师归纳："这首歌曲旋律平稳，让人感到安宁和柔美。当我们安静地听着这首歌曲时，就仿佛在优美、静谧的环境中，妈妈正在亲切、温存地爱抚着我们。"

3. 谈话活动，表达情感。

(1)教师导语："妈妈不仅仅在我们临睡的时候爱抚我们，她们在其他时间里，也时时刻刻地关心和爱护着我们。请小朋友说一说平时妈妈是怎样关心你、爱护你的。"

(2)教师邀请幼儿用自己的亲身体会，讲述妈妈对自己的关心和爱护。

(3)教师提问："妈妈无私地把爱倾注在我们身上，我们应该怎样回报妈妈呢？"(幼儿自由表述各自的想法。)

教师对幼儿的表述给予充分的肯定，然后结合幼儿实际情况提出几点要求：

①尊重妈妈，听妈妈的话，不惹妈妈生气。

②体谅妈妈，少让妈妈为自己操劳，尽量自己的事情自己做。

③关心妈妈，在妈妈心情不好或身体不适的时候，用言语安慰妈妈，力所能及地为妈妈做一些事情。

(4)教师播放歌曲，引导幼儿一边欣赏歌曲，一边模仿妈妈怀抱布娃娃，哄布娃娃睡觉。

活动延伸

1. 表演区：引导幼儿学会歌曲《摇篮曲》的演唱。

2. 语言活动：讲述爸爸妈妈是如何爱自己的。

3. 鼓励幼儿回家后主动帮妈妈做力所能及的事，比如自己叠被子、洗小袜子和小手绢，并适时地对妈妈说："妈妈，我爱你！"

活动评价建议

1. 关注幼儿能否较准确地感受音乐特点，能否理解《摇篮曲》风格的音乐作品。
2. 关注幼儿在欣赏歌曲的过程中，能否清楚地表达自己的情感体验。
3. 关注幼儿能否体会到妈妈平时对自己的关爱，是否知道要用实际行动回报妈妈。

七、走路

活动内容

歌曲《小动物在唱歌》表现的是小动物的叫声，而歌曲《走路》表现的是小动物走路的姿态。教师通过引导幼儿复习歌曲《小动物在唱歌》，自然导入学唱歌曲《走路》的活动。在学唱歌曲的过程中，教师引导幼儿学习顿音的唱法，用自然的声音歌唱。同时，模仿小动物走路的神态，表现歌曲活泼、有趣的音乐风格，让幼儿在音乐活动中获得愉快的情绪体验。

活动目标

1. 体验在歌唱过程中，伴之以动作表现音乐的乐趣。
2. 保持用自然声音歌唱的状态，初步掌握顿音的唱法。
3. 增强音乐表现的能力。

活动准备

1. 知识经验准备：

(1)教师准确掌握顿音的唱法。

(2)幼儿听过歌曲《小动物在歌唱》。

2. 物质材料准备：

(1)钢琴、音频视频播放设备各1台，歌曲《小动物在唱歌》和《走路》音频。

(2)小兔、小鸭、小乌龟、小花猫的头饰若干(每个幼儿1个)。

活动过程

1. 复习歌曲，引发兴趣。

(1)教师播放歌曲《小动物在歌唱》，提问：这首歌曲叫什么名字？歌里唱的是什么内容？

(2)教师请幼儿分别学一学小猫、小羊、小狗、小鸭的叫声。

(3)教师播放歌曲《小动物在歌唱》，请幼儿一起跟唱。

(4)教师用钢琴伴奏，请幼儿一起用自然的声音齐唱歌曲。

2. 欣赏歌曲。

(1)教师讲述："小朋友们，在歌曲《小动物在歌唱》里，我们知道了小猫、小羊、小狗和小鸭是如何唱歌的。你们知不知道小动物是如何走路的呢？我们还是先听一首歌曲吧！"

(2)教师播放歌曲《走路》，请幼儿仔细倾听。提示幼儿注意歌曲的内容。

(3)教师结合歌曲的内容与幼儿对话：

①"小兔子是如何走路的？"——蹦蹦跳。

②"小鸭子是如何走路的？"——摇啊摇。

③"小乌龟是如何走路的？"——慢吞吞。

④"小花猫是如何走路的？"——静悄悄。

(4)教师请幼儿学一学小兔子蹦蹦跳、小鸭子摇啊摇、小乌龟慢吞吞和小花猫静悄悄走路的样子。

(5)教师再次播放歌曲，请幼儿认真倾听。

教师鼓励幼儿根据记忆哼唱歌曲的旋律，并尝试说一说这是几拍子的歌曲。

3. 学唱歌曲。

(1)教师用自然的声音清唱歌曲，请幼儿注意教师在唱什么歌词的时候，用的是一顿一顿的音。

(2)教师用分句教唱法教唱歌曲。教师提示幼儿在唱"蹦蹦蹦蹦跳"时，声音要像小兔子走路一样，一蹦一跳的。

(3)教师范唱顿音，讲解要领：声音要唱得短促、灵活，富有弹性。

(4)教师播放歌曲，请幼儿大声跟唱，反复练习。

(5)教师用钢琴伴奏，请幼儿用自然的声音齐唱歌曲。

4. 表演歌曲。

(1)教师带动作示范歌唱歌曲。一边唱歌，一边用夸张的动作，模仿动物走路的样子。

(2)教师讲解动作要领，要求幼儿动作要协调，保持身体平衡：

①小兔子——伸出双手的食指和中指，放在头的两边，并轻轻按节奏跳起。

②小鸭子——双手叉腰，身体随音乐左右晃动，重心在两只脚上来回移动。

③小乌龟——上身轻轻弯曲，双手五指张开，并在身体两边前后交替划动。

④小花猫——上身轻轻弯曲，双手五指并拢，并在身体前方前后交替跳跃。

(3)教师播放歌曲，带领幼儿一边跟唱，一边练习表现动物走路的样子。

(4)教师用钢琴伴奏，幼儿一边歌唱，一边自由表演动物走路的动作。

(5)教师将幼儿分成四组，并按组分发小兔、小鸭、小乌龟、小花猫的头饰。教师用钢琴伴奏，幼儿按角色进行歌唱和表演。

(6)教师用钢琴伴奏，幼儿互换头饰，再次按角色进行歌唱和表演。

活动延伸

1. 亲子活动：鼓励幼儿大胆在家长面前表演歌曲。
2. 表演区：提供各种其他的动物图片，让幼儿继续创编并展示。

活动评价建议

1. 关注幼儿是否用自然的声音歌唱，是否基本掌握了顿音的唱法。
2. 观察幼儿在做动作时，肢体是否协调，能否保持身体的平衡。
3. 关注幼儿在带动作歌唱的过程中，是否体验到参与音乐活动的乐趣。

八、大雨和小雨(一)

活动内容

歌曲《大雨和小雨》旋律简单规整，情绪欢快有趣，音乐形象鲜明生动，歌词朗朗上口。教师引导幼儿在学唱歌曲的基础上，参与音乐游戏活动，并开展音乐动作创编和表演，进一步培养幼儿动作创编能力和表演能力，体验创编的乐趣。

活动目标

1. 通过联想、创造、表演，体会参与音乐活动的快乐心情。
2. 在创编动作的基础上演唱歌曲。
3. 能用动作表演音乐。

活动准备

1. 知识经验准备：

(1)教师了解幼儿会唱歌曲《大雨和小雨》。

(2)幼儿知道下雨天的天气特点。

2. 物质材料准备：

(1)钢琴、音频视频播放设备各1套，歌曲《大雨和小雨》音频。

(2)录制关于下大雨和下小雨的视频(或音频)1个。

3. 环境准备：

清理活动室，方便幼儿进行表演活动。

活动过程

1. 歌曲学习。

(1)教师带领幼儿复习歌曲《小手拍拍》。

(2)教师引导幼儿学唱新歌《大雨小雨》。

①教师与幼儿交谈：“大雨和小雨有什么不同?”(幼儿根据已有生活经验交流

表述。)

教师:“那么音乐是怎么表现大雨和小雨的呢?我们还是听一听歌曲《大雨和小雨》吧!”

②教师播放歌曲《大雨和小雨》,带领幼儿一边听着音乐击掌打节奏,一边轻声跟唱歌曲。

③教师提出歌曲的歌唱要求:歌曲[2]、[5]小节音量要强,歌曲第[4]、[6]小节音量要弱。(在唱“哗啦啦”时,音量要强;唱“淅沥沥”时,音量要弱。)

④在教师的提示下,幼儿按照要求歌唱歌曲。

2. 游戏环节。

(1)根据音频模仿大雨和小雨的声音。

①教师播放下大雨和下小雨声音的视频(或音频)。

②教师讲述:“小朋友们,大雨的声音和小雨的声音是不一样的,小朋友们能不能模仿一下大雨和小雨的声音,看谁模仿得最像。”

③教师引导幼儿自由模仿大雨和小雨的声音。

(2)根据音乐创编动作。

①再次播放歌曲《大雨和小雨》,教师引导幼儿一边欣赏音乐,一边想象下大雨和下小雨的情景。

②教师引导幼儿发挥想象力,根据音乐创编动作。教师可以用自己创编的动作启发幼儿,引导幼儿主动参与动作的创编。

③教师对幼儿创编动作的结果进行归纳:

模仿大雨的动作:身体直立,双手放在身体的两侧,两臂张开,较大幅度地上下舞动;或者身体直立,双臂在身体两侧向上舒展,双手摇动;或者身体直立,双臂向前伸展,双手在身体前方,较大幅度地上下舞动;或者在表演前面动作时,幼儿身体根据音乐的节奏,反复做直立、下蹲的动作。

模仿小雨的动作:教师引导幼儿根据“大雨”的表演动作,适当将动作的幅度变小即可;或者身体直立,双臂在身体两侧微微张开,与身体呈45°,随着音乐的节奏,身体向两侧轻轻晃动;或者身体直立,双手抱胸,身体和头随着音乐,轻轻摇动。

模仿小草的动作:身体直立,双手张开,放在下巴处,形成小草的造型,随着音乐,身体、头轻轻摇动,塑造小草在微风中摇摆的音乐形象。

④教师根据幼儿创编的动作,组合一套与音乐相符的动作进行示范。

动作选择原则:一定要适合幼儿进行模仿,不能过于复杂;不同动作姿态要有区别。

例如,下面选择的三组动作,形态上基本以身体直立为主,只是手臂的位置、手的动作有些区别,非常适合小班幼儿的学习。

[1]~[2]小节:身体直立,双臂在身体两侧向上舒展,双手摇动;

[3]~[4]小节:身体直立,双手抱胸,身体和头随着音乐,轻轻摇动;

［5］小节：重复［1］~［2］小节的动作；

［6］小节：重复［3］~［4］小节的动作；

［7］~［8］小节：身体直立，双手张开，放在下巴处，形成小草的造型，随着音乐，身体、头轻轻摇动。

⑤教师口里数着节奏做动作，幼儿跟着教师的动作进行动作模仿。

⑥教师与幼儿一起和着音乐做动作（教师不用强调动作是否标准，是否合拍，只要幼儿在游戏活动中体验到快乐即可）。

3. 活动结束。

教师播放音乐，幼儿自由地表演。

活动延伸

1. 科学区：提供大雨和小雨的图片、音乐盒，与小朋友一起讨论大雨、小雨的不同特点和雨的形成原因。

2. 表演区：幼儿随音乐伴奏表演。

活动评价建议

1. 关注幼儿是否主动参与音乐动作的想象与创编。

2. 观察幼儿是否基本掌握动作要领，肢体动作是否协调。

3. 关注幼儿在创编和表演活动中是否体验到愉悦。

九、大雨和小雨(二)

活动内容

在幼儿已经熟悉歌曲《大雨和小雨》后，教师可以根据歌曲的特点，安排幼儿运用不同的打击乐器分别表现大雨和小雨。例如，用铃鼓的音色表现大雨，用碰铃的音色表现小雨；也可以用不同力度的演奏，表达幼儿对大雨和小雨的感受及体验；还可以鼓励幼儿通过对其他打击乐器音色的分辨，进一步增强幼儿的音乐感受力。教师引导幼儿通过参与打击乐的音乐活动，感知音乐的节奏，获得快乐。

活动目标

1. 感受各种不同打击乐带来的乐趣。
2. 初步了解打击乐器的外形及音色特点。
3. 通过参与打击乐活动，提高节奏能力。

活动准备

1. 知识经验准备：

(1)教师了解幼儿喜欢打击乐。

(2)幼儿会唱歌曲《大雨和小雨》，能够表述出大雨及小雨的特点。

2. 物质材料准备：

(1)钢琴和音频播放设备各1台；歌曲《大雨和小雨》音频。

(2)打击乐器铃鼓、碰铃、沙锤、三角铁(各为幼儿人数的1/4)。

3. 环境准备：

在活动室中，将幼儿的板凳按照小组摆放。

活动过程

1. 复习歌曲《大雨和小雨》。

(1)复习歌曲歌唱。在教师的钢琴伴奏声中，幼儿一边击掌打节奏，一边用自然的声音演唱歌曲《大雨和小雨》。

(2)复习歌曲游戏。播放歌曲《大雨和小雨》，教师带领幼儿一起复习“大雨小雨”的音乐游戏。

2. 学习打击乐器的演奏方法。

教师出示打击乐器(铃鼓、小铃、沙锤、三角铁)，介绍乐器的音色特点并示范演奏。

(1)铃鼓：演奏时，多用左手持鼓，以右手手指或手掌击奏。摇动鼓身，可使铃鼓上的小钹同时作响。

(2)碰铃：演奏时，双手各持一个小铃，相互碰撞，发出声响。

(3)沙槌：演奏时左右手各握一把，双手交替上下晃动，奏出各种节奏音型。沙槌发音密集而略带沙沙声，多用于演奏有特殊风格的舞曲。

(4)三角铁：由于幼儿的小肌肉能力有限，因此演奏时右手持击槌轻敲三角铁底边的中心点，可发出清脆的响声。

3. 用打击乐器表现“大雨”和“小雨”。

(1)教师讲述：“每个乐器的声音都不一样，有的音量大，有的音量小，有的音色暗淡，有的音色清脆。那么，小朋友们想一想，哪些乐器可以用来模仿大雨‘哗哗哗’的声音，哪些乐器可以用来模仿小雨‘淅沥沥’的声音?”

(2)幼儿自由地试奏不同的打击乐器，并仔细听辨音色。通过互相交流、讨论，选择用不同的打击乐器分别表现大雨和小雨。

(3)教师归纳：铃鼓和沙槌发出声音的音量较大，可以用来模仿“大雨”的声音；小铃和三角铁发出声音的音量较小，音色清脆，可以用来模仿“小雨”的声音。“小草笑嘻嘻”则可以用全部的乐器一起演奏小草高兴的笑声。

(4)教师将幼儿按照乐器分成四组，并引导幼儿根据图谱进行演奏练习。

(5)教师组织幼儿根据图谱一边演唱，一边演奏歌曲。

活动延伸

1. 音乐区：引导幼儿用这四种打击乐器为《小鸭小鸡》伴奏，用铃鼓和沙槌表现小鸭，用碰铃和三角铁表现小鸡。

2. 表演区：提供不同打击乐及动物图片，不同音乐代表不同的动作，表现出动物走路的姿态。

活动评价建议

1. 关注幼儿是否对按照乐器音色和音量分类感兴趣。

2. 观察幼儿能否基本掌握乐器的演奏，在合奏活动中能否做到基本协调一致。

3. 关注幼儿在演奏活动中是否感受到快乐。

十、迷路的小花鸭

活动内容

歌曲《迷路的小花鸭》节奏舒缓，速度较慢，音色暗淡，曲调柔和。通过欣赏歌曲《迷路的小花鸭》，幼儿可以感知这种小调式音乐的显著特点。另外，幼儿在欣赏音乐的同时，培养对小动物的同情心，并体验关心他人、帮助他人的乐趣。

活动目标

1. 感受关心他人、帮助他人带来的快乐。
2. 初步感受小调式音乐音色暗淡、曲调柔和的特点。
3. 能用动作表现歌曲内容，发展想象力。

活动准备

1. 知识经验准备：

(1)教师了解幼儿音乐欣赏能力。

(2)幼儿了解小鸭的基本生活习性及动作特点。

2. 物质材料准备：

(1)录音机1台；歌曲《迷路的小花鸭》U盘1个。

(2)关于小鸭子的图片若干，“鸭妈妈”的头饰1个。

活动过程

1. 活动导入。

教师请幼儿观察相关图片，提问：“画面上的小花鸭是什么表情？”(哭得很伤心。)“这是为什么呢？”(幼儿猜测讲述。)“我们一起来听一听歌曲《迷路的小花鸭》就知道了。”

2. 音乐欣赏。

(1)教师播放歌曲，请幼儿欣赏。

(2)教师提问："小花鸭为什么伤心呢？"(幼儿自由回答。)

在幼儿回答问题的基础上，教师归纳："在一个池塘边的柳树下，有一只小花鸭玩得忘记了时间，也忘记了回家的路。这可怎么办呀？小花鸭一边伤心地哭着，一边大声地喊着'妈妈，妈妈……'"

(3)教师第二次播放歌曲，通过提问引导幼儿注意感知歌曲小调式的音乐风格，并体会小鸭子的伤心情感：

①"歌曲的速度是快速的，还是缓慢的？"(缓慢的)

②"歌曲的情绪是欢快的，还是伤感的？"(伤感的)

③"歌曲的音色是明亮的，还是暗淡的？"(暗淡的)

④"歌曲的曲调是有力的，还是柔和的？"(柔和的)

(4)教师第三次播放歌曲，引导幼儿进一步加深对音乐的理解，体验小花鸭的心情。

(5)教师与幼儿交谈："小朋友，我们怎么样才能帮帮这个伤心的小花鸭呢？"(幼儿发挥想象力，自由回答。)"我们再一次听这首歌曲，听完后一起帮小花鸭喊'妈妈，妈妈'"。

(6)教师第四次播放歌曲，在歌曲结束时带领幼儿一齐喊"妈妈，妈妈"。

3. 结束活动。

在幼儿听完歌曲，并一起帮小花鸭喊"妈妈，妈妈"后，教师头戴"鸭妈妈"的头饰，高兴地出现在小朋友面前。"鸭妈妈"亲亲这个幼儿，抱抱那个幼儿，激动地说："你们都是心地善良、乐于助人的小朋友。谢谢你们！"

活动延伸

1. 创编音乐情景剧，让幼儿随着音乐和歌曲内容，在教师的引导下分角色表现音乐。

2. 美工区：根据自己的想象，画出不同形态的小鸭子。

活动评价建议

1. 关注幼儿是否感受到歌曲小调式音乐的音乐风格。

2. 幼儿是否能积极主动地想办法帮助小花鸭，并体验到帮助他人的快乐。

十一、拍拍踏踏

活动内容

在音乐活动“拍拍踏踏”中，教师充分利用幼儿好动的特点，将歌唱与做动作有机结合起来。幼儿一边歌唱，一边做动作，不仅训练了节奏感，提高了音乐表现能力，而且还能进一步促进肢体动作的协调性。

活动目标

1. 能够较为熟练地掌握歌曲的歌唱，体会唱歌的乐趣。
2. 初步形成节奏意识，体会节奏感。
3. 通过听、唱、演的结合，提高掌控身体动作的能力。

活动准备

1. 知识准备：

(1)教师了解幼儿已经熟悉歌曲《拍拍踏踏》，并有参与律动活动的经验。

(2)幼儿欣赏过音乐《拍拍踏踏》。

2. 物质材料准备：

(1)幼儿已初步具备按照节奏击掌的能力。

(2)钢琴、录音机各1台，将歌曲《拍拍踏踏》拷在U盘里。

活动过程

1. 活动导入。

(1)教师通过做操的形式，导入活动。全班幼儿分成四组站立，教师用缓慢的速度一边朗诵歌曲《拍拍踏踏》的歌词，一边示范做动作。

(2)教师用语言提示幼儿做动作。

①教师朗诵，不做动作。

②幼儿根据教师的语言提示，一边朗诵，一边做动作。

（3）教师用动作提示幼儿朗诵并做动作。

①教师只做动作，不朗诵。

②幼儿根据教师的动作提示，一边朗诵，一边做动作。

通过反复练习，幼儿不仅已经对歌词的内容有了初步的记忆，更使得口、耳、眼、手、脚、腿等多种器官和肢体的协调配合得到有效训练。

2. 韵律活动。

（1）教师示范创编的律动动作，使幼儿对律动产生初步的印象。

（2）播放歌曲《拍拍踏踏》，教师根据音乐内容，按照节奏做相应的动作示范，幼儿则坐在小板凳上观看教师的表演。

（3）教师带领幼儿坐在板凳上练习韵律动作。

①练习第一段的韵律动作。

教师一边歌唱歌曲的第一段，一边做相应的动作，并鼓励幼儿可以跟着教师的节奏一起做。

教师用较慢的速度歌唱歌曲第一段的内容，幼儿一边跟着教师的节奏、速度歌唱，一边做相应的动作。

②练习第二段的韵律动作。

教师一边歌唱歌曲的第二段，一边做相应的动作，并要求幼儿跟着教师的节奏一起做。

教师用较慢的速度歌唱歌曲第二段的内容，幼儿一边跟着教师的节奏、速度歌唱，一边做相应的动作。

③练习第三段的韵律动作。

教师一边歌唱歌曲的第三段，一边做相应的动作，并要求幼儿跟着教师的节奏一起做。

教师用较慢的速度歌唱歌曲第三段的内容，幼儿一边跟着教师的节奏、速度歌唱，一边做相应的动作。

④在幼儿的歌唱与动作达到基本协调一致时，教师将歌曲的歌唱与动作相结合，完整地演示一遍，鼓励幼儿积极跟唱和做动作。

⑤教师带领全班幼儿，一起用歌曲要求的中速，完成“拍拍踏踏”的歌唱与表演。

⑥教师请全体幼儿起立，完成歌曲的韵律活动。

3. 结束活动。

教师用钢琴伴奏，幼儿愉快地进行韵律表演。

活动延伸

1. 艺术表演——“动感律动”。幼儿根据歌曲及创编的动作，编排一定的队形进行展示表演。

2. 在艺术角中投放多种打击乐器，引导幼儿自行选取乐器，按照歌曲的节奏进行演奏。

活动评价建议

1. 观察幼儿是否以积极的情绪参与音乐韵律活动，是否对歌曲的节奏有整体的感知。

2. 观察幼儿在韵律活动中，能否做到口、耳、眼、手、脚、腿等多种器官和肢体的协调一致。

3. 关注幼儿在活动中是否感到轻松和愉快。

十二、讲卫生

活动内容

教师用幼儿们喜爱的讲故事的方式，吸引幼儿参与音乐活动的兴趣。在音乐活动中，教师不仅帮助幼儿掌握后半拍休止符的正确唱法，能够较完整地歌唱歌曲，还可引导他们懂得应该做一个勤洗脸、勤刷牙、讲卫生的好孩子。

活动目标

1. 喜爱讲卫生，培养幼儿懂得要从小培养讲卫生的好习惯。
2. 掌握后半拍休止符的正确唱法，较完整地歌唱歌曲。
3. 能够一边歌唱，一边做动作进行表演。

活动准备

1. 知识经验准备：

(1)教师了解幼儿的歌唱能力。

(2)幼儿已经明白有哪些卫生习惯，并能主动养成这些习惯。

2. 物质材料准备：

(1)钢琴、录音机各1台；歌曲《讲卫生》的磁带1盘。

(2)张开大嘴、露出牙齿的老虎图片1张。

活动过程

1. 导入活动。

(1)教师出示老虎的图片，与幼儿交谈："大老虎厉不厉害？最厉害的是什么？"(幼儿自由回答。)"小朋友们说得很对。老虎的牙齿最厉害。可是有一只老虎的牙齿全没了，这是怎么回事呢？还是听老师给你们讲个故事吧。"

(2)教师讲述故事《没有牙齿的大老虎》，幼儿欣赏故事。

(3)教师结合故事提问："大老虎的牙齿为什么全都烂光了？"(幼儿自由表述。)

在幼儿讲述的基础上，教师归纳：“因为大老虎爱吃糖，不讲卫生、不刷牙，所以牙齿全都烂光了。”

2. 欣赏活动。

(1)第一次倾听歌曲，了解歌曲的内容。

①教师讲述：“大老虎不讲卫生，所以锋利的牙齿都烂掉了。小朋友们是不是应该讲卫生呢？”(应该)“我们现在一起来听歌曲《讲卫生》。”

②教师播放歌曲《讲卫生》，请幼儿注意听清歌曲的内容。

③教师结合歌曲提问：“歌里说应该怎样讲卫生呢？”(幼儿根据记忆交流表述。)

④教师在幼儿表述的基础上，根据歌曲内容进行归纳：小朋友们早上起床了以后，应该“手脸洗干净，刷牙不忘掉”；“饭前洗洗手，饭后不乱跳”。

(2)第二次倾听歌曲，熟悉歌曲的旋律。

①教师讲述：“小朋友已经了解了这首歌曲的内容，我们再听一听这首歌曲的曲调。”

②教师再次播放歌曲《讲卫生》，请幼儿注意感受歌曲的旋律。

③教师在幼儿欣赏歌曲的过程中，可以跟着音乐一起哼唱，以便熟悉歌曲的旋律。

(3)第三次倾听歌曲，感知休止符的唱法。

①教师讲述：“小朋友注意到没有，这首歌曲的音乐在进行的过程中，中间有停顿的地方。现在请大家再听一遍，注意音乐哪个地方有停顿。”

②教师再次播放歌曲《讲卫生》，请幼儿找出哪个乐句后面有停顿。

③教师带领幼儿逐句按节奏朗读歌词，尽可能帮助幼儿掌握后半拍休止符的节奏：

×	× |	××	× 0 |	××	×× |	×	— |
太	阳	咪咪	笑，	我们	起得	早，	
饭	前	洗洗	手，	饭后	不乱	跳，	
×	× |	××	× 0 |	××	×× |	×	— |
手	脸	洗干	净，	刷牙	不忘	掉。	
清	洁	又卫	生，	身体	长得	好。	

3. 学唱活动。

(1)教师示范清唱歌曲，请幼儿按× × | 节奏拍掌，进一步熟悉歌曲旋律和歌词。

(2)教师用钢琴伴奏，范唱歌曲。幼儿一边按× × | 节奏拍掌，一边轻声跟唱歌曲。

(3)教师播放歌曲，教师带领幼儿跟唱歌曲两三遍。

(4)教师用钢琴伴奏，幼儿集体齐唱歌曲。

4. 表演活动。

教师讲述："这首歌里的词，都可以用相应的动作来表示它的意思。我们唱歌的时候，可以根据歌词自由做动作进行表演。大家先看老师是怎么做的。"

教师播放歌曲，示范一边歌唱，一边根据歌词随意做动作，激发幼儿表演欲望。

教师播放歌曲，带领幼儿根据歌词随意做动作，进行自由表演。

活动延伸

1. 在科学区提供各种不同动物张大嘴巴的图片，幼儿自己挑选图片为各种小动物刷牙。

2. 引导父母在幼儿的日常生活中注意培养良好的卫生习惯。

活动评价建议

1. 关注幼儿是否理解歌曲的内容，是否懂得平时要讲卫生，做到早晚刷牙勤洗手。

2. 观察幼儿能否较正确地唱准休止符，能否较好地完整演唱歌曲。

十三、蚂蚁搬豆

活动内容

歌曲《蚂蚁搬豆》结构短小，内容凝练，却富有很强的故事性。教师在教唱歌曲的活动中，首先，引导幼儿熟悉歌曲内容，明白“人多力量大”的道理；其次，引导幼儿感知音高上行和下行的乐句，提高音乐的听辨能力；第三，利用歌曲故事性较强的特点，引导幼儿进行歌曲情景游戏，明白“人多力量大”的道理。

活动目标

1. 体验参与音乐游戏活动的乐趣，萌发集体荣誉感。
2. 熟悉歌曲内容，懂得“人多力量大”的道理。
3. 能够听辨音高上行和下行的乐句的区别。

活动准备

1. 知识经验准备：

(1)教师熟悉故事，熟悉游戏各环节。

(2)幼儿会唱歌曲并明白歌词意义。

2. 物质材料准备：

(1)录音机1台，歌曲《蚂蚁搬豆》的磁带1盘。

2)准备游戏道具：

①小蚂蚁的头饰若干(每个幼儿1个)。

②幼儿睡觉的枕头(当作“豆子”)若干(与幼儿人数相同)。

③红、黄、蓝色塑料袋若干(与“豆子”数相同)。

④贴有红、黄、蓝色标记的大纸箱(当作蚂蚁洞)3个。

活动过程

1. 导入活动内容。

(1)教师讲述《小蚂蚁大力》的故事，幼儿欣赏故事。

(2)教师结合故事提问："为什么力气最大的蚂蚁大力什么也没有搬回家，而力气小的蚂蚁们却搬回了堆得像小山一样的食物呢?"(幼儿根据自己的理解自由表述。)

(3)教师导语："一个人的力气再大，也是有限的；很多人的力气虽然小，但汇集起来就力量大了。有一只力气小的蚂蚁就懂得'人多力量大'的道理。我们一起来听一首歌，听一听这只蚂蚁是怎么做的。歌曲的名字就叫《蚂蚁搬豆》。"

2. 熟悉歌曲内容。

(1)教师第一次播放歌曲，请幼儿注意听清歌曲的内容。

(2)教师提问，请幼儿根据歌曲的内容回答问题：

①"一只蚂蚁在洞口找到了什么?"(一粒豆。)

②"这只蚂蚁接着怎么样?"(用尽力气搬不动，只是连连摇头。)"为什么?"(因为一只蚂蚁的力量太小了。)

③"它想出了什么好办法?"(回洞里请来小朋友，合力抬着走。)

(3)教师小结："小朋友，在我们遇到困难，一个人的力量有限的时候，应该依靠集体的力量，用团队的精神克服困难，取得成功。"

3. 感知歌曲旋律。

(1)教师第二次播放歌曲，同时用双手随着歌曲的旋律表现音高的变化。请幼儿一边观看教师的手势动作，一边倾听歌曲的旋律。

(2)教师提问："这首歌除了前奏外，哪两个乐句的音高不断向上，好像是在向上爬山坡?哪两个乐句的音高不断向下，好像是在向下溜山坡?"(幼儿根据自己的感觉自由表述。)

在幼儿表述的基础上，教师归纳："第一、第三个乐句的音高不断向上，好像是在向上爬山坡；第二、第四个乐句的音高不断向下，好像是在向下溜山坡。"

4. 歌曲游戏活动。

(1)两位教师在歌曲的播放声中，共同示范表演歌曲情景游戏：第一个乐句，教师甲表演寻找并发现了一粒"豆子"，非常高兴；第二个乐句，教师甲表演用尽力气也搬不动豆；第三乐句，教师甲表演想办法；第四乐句，教师甲表演找来小朋友(教师乙)，一起抬起"豆子"。然后两人一起按节奏发出"嗨哟"的声音，把"豆子"抬到大纸箱边，并把"豆子"放进纸箱。

(2)幼儿在歌曲的播放声中，集体进行歌曲情景游戏：

①教师将小蚂蚁的头饰分发给幼儿戴在头上，扮演小蚂蚁。

③教师把"豆子"散放在场地里。

④教师播放歌曲，幼儿按照教师的示范进行游戏。播放歌曲第二遍时，两个幼儿互换角色，继续游戏。

活动延伸

豆豆大分类：将"豆子"分别装进有红、黄、蓝三种颜色的大塑料袋中，变成三种颜色的“豆子”；在三个纸箱上分别贴上红、黄、蓝三种颜色的标记。请“小蚂蚁”把抬回的不同颜色的“豆子”按照纸箱上的颜色标记放进不同的纸箱里。

活动评价建议

1. 关注幼儿是否懂得“人多力量大”的道理。
2. 关注幼儿能否比较敏感地感知音高上行和下行的乐句。
3. 观察幼儿能否较好地通过合作，完成歌曲情景游戏。

十四、小兔子拍拍乐

活动内容

在对幼儿进行音乐教学中，帮助幼儿准确地听辨音色和掌握节奏尤为重要。“小兔子拍拍乐”正是一个以听辨音色和训练节奏为主的音乐游戏活动。在活动中，教师将乐器音色听辨和训练节奏有机地融入游戏活动中，不仅能锻炼幼儿对音乐的注意力和反应力，提高音乐素质，而且能使幼儿在游戏活动中获得快乐。

活动目标

1. 体验参与音乐游戏活动，感受使用打击乐的乐趣。
2. 能够准确地掌握 ×× × | ×× × | ×× ×× | ×× × | 的节奏。
3. 能够根据音色听辨不同的打击乐器。

活动准备

1. 知识经验准备：

(1)教师熟悉打击乐器的演奏和幼儿对乐器的了解情况。

(2)幼儿能跟着教师打出不同的节奏。

2. 物质材料准备：

(1)录音机1台，歌曲《小兔子乖乖》的磁带1盘。

(2)铃鼓、碰铃、沙槌、小鼓等打击乐器各1件。

3. 环境准备：

将一块较大的幕布摆放在活动室中间。

活动过程

1. 导入活动。

(1)教师播放歌曲《小兔子乖乖》，带领幼儿伴随着音乐蹦蹦跳跳地走进教室。

(2)教师讲述："小朋友，刚才我们听到的是什么音乐？"(《小兔子乖乖》。)"小兔子是个非常聪明的小动物。它的耳朵非常灵敏，听到一种声音，就知道是什么东西发出来的。现在我们把小兔子请出来，大家拍手欢迎。"(在幼儿的掌声中，配班教师戴着小兔子的头饰走进教室。)现在请大家看我和×老师(配班教师)一起做个游戏。

(3)两个教师演示游戏内容。

教师躲在幕帘后的隐蔽处，有节奏地敲响小鼓，并有节奏地诵唱：

XX X	XX X	XX XX	XX X
小兔 子，	告诉 我，	什么 乐器	在唱 歌？

扮演小兔子的配班教师有节奏地应答，同时前两小节按节奏拍手，后两小节按节奏拍腿：

XX X	XX X	XX XX	XX X
×老 师，	告诉 你，	小鼓 小鼓	在唱 歌。

2. 游戏活动。

(1)教师讲述："小朋友，这个游戏有趣吧。小朋友喜欢唱歌，首先要把自己的耳朵，训练得像小兔子的耳朵一样灵敏。下面请你们来扮演小兔子，和老师一起做这个游戏吧！"

(2)教师向幼儿介绍游戏的形式和内容。

(3)教师依次出示小鼓、铃鼓、碰铃、沙槌等打击乐器，并分别演奏这些乐器，让幼儿熟悉这些打击乐器的音色特点，然后交给配班教师。配班教师拿着这些打击乐器走到幕帘后面。

(4)配班教师在幕后依次演奏这些打击乐器，幕前的教师在每次听到声音后提问："这是什么打击乐器发出来的声音？"(幼儿自由回答。)

幕前的教师先观察是不是大多数幼儿能准确辨别不同打击乐器的声音，再正式进入游戏。

(5)配班教师在幕后随意演奏某一种打击乐器，幕前的教师就有节奏地诵唱：

XX X	XX X	XX XX	XX X
小兔 子，	告诉 我，	什么 乐器	在唱 歌？

然后提示幼儿有节奏地拍手、拍腿应答：

×× × | ×× × | ×× ×× | ×× × |

×老 师， 告诉 你， ○○ ○○ 在唱 歌。

在此环节，教师可根据本班幼儿对乐器音色的掌握情况，重点练习幼儿较难区分的打击乐器；教师还要根据幼儿对节奏掌握的实际情况，让幼儿多玩几遍这个游戏。

(6)教师组织幼儿分角色进行游戏。教师以打击乐器的名称，分别将小组命名为小鼓组、铃鼓组、碰铃组、沙槌组。当幕后配班教师有节奏地演奏某一种打击乐器时，相应的小组与幕前教师进行有节奏的拍手、拍腿应答游戏。

3. 结束活动。

教师播放歌曲《小兔子乖乖》，幼儿伴随着音乐蹦蹦跳跳走出教室。

活动延伸

快乐打击乐：在区域中准备其他的乐器，提供不同的节奏图谱、不同的节奏音乐，幼儿自选乐器进行演奏。

活动评价建议

1. 观察幼儿能否根据音色准确地分辨不同的打击乐器。

2. 关注幼儿是否准确地掌握了×× × | ×× × | ×× ×× | ×× × |的节奏。

3. 关注幼儿在游戏活动中是否体验到快乐。

十五、火车快飞

活动内容

开展音乐活动“火车快飞”的目的是，引导幼儿掌握附点音符的唱法，完整地歌唱歌曲，体会歌曲表达的欢快情绪。然后在幼儿表演歌曲的活动中，引导幼儿通过音乐律动的方式，训练节奏感，使幼儿较为熟练地掌握歌曲的歌唱。再就是通过音乐律动环节，进一步培养幼儿的节奏感，增强感知音乐速度与节奏变化的能力，同时获得参与音乐活动的愉悦体验。

活动目标

1. 体会歌曲表达的欢快情绪，体验参与音乐活动的乐趣。
2. 训练节奏感，增强感知音乐速度与节奏变化的能力。
3. 能够掌握附点音符的唱法，完整地歌唱歌曲。

活动准备

1. 知识经验准备：

(1)教师能熟练弹唱歌曲《火车快飞》，了解幼儿歌唱能力。

(2)幼儿已学会歌曲《拍拍踏踏》。

2. 物质材料准备：

(1)钢琴、录音机各1台；歌曲《火车快飞》的磁带1盘。

活动过程

1. 复习歌曲。

(1)教师带领幼儿复习歌曲《拍拍踏踏》。

(2)教师带领幼儿复习歌曲《拍拍踏踏》的律动活动。

2. 欣赏歌曲。

(1)教师讲述：“一个跑得很快的大家伙，有着长长的身体，能翻越高山，能跨过大河，能装很多很重的物品，并且一边跑，一边高兴‘呜呜——呜呜——呜呜——’地唱着歌。小朋友，它是什么呀?”(火车。)“今天我们学唱一首关于火车的歌曲，歌名就叫做《火车快飞》。”

(2)教师引导幼儿熟悉歌曲的内容。

①教师第一次播放歌曲，请幼儿欣赏歌曲并注意倾听歌曲的内容。

②教师请幼儿根据记忆讲述歌曲内容，以便记忆歌词。

③教师带领幼儿根据歌曲的节奏朗诵歌词。

(3)教师引导幼儿感知歌曲的旋律。

①教师第二次播放歌曲，提示幼儿注意倾听歌曲旋律。

②教师提问：“这首歌曲的节奏是欢快的，还是缓慢的?”(欢快。)“它是几拍子的歌曲?”(两拍子。)“它的强弱规律是什么?”(强、弱。)

3. 学唱歌曲。

(1)教师一边用钢琴伴奏，一边范唱歌曲，请幼儿一边打节奏，一边欣赏。

(2)教师播放歌曲，请幼儿一边打节奏，一边轻声跟唱，体会歌曲表现的欢快情绪。

(3)教师运用整体教唱法教唱歌曲，提示幼儿注意准确唱好附点音符。

(4)在幼儿基本熟练歌唱的基础上，教师用钢琴伴奏，带领幼儿齐唱歌曲。

4. 表演歌曲。

(1)教师导语：“小朋友，火车奔驰在铁轨上，我们可以用什么动作表现火车往前飞奔?”

(2)教师引导幼儿联想火车钢轮上连杆的运动方式，用屈肘画圈的动作表示火车不停地奔跑。

(3)教师播放歌曲，带领幼儿一边按节奏屈肘转动，一边跟着音乐歌唱。

(4)教师用钢琴伴奏，请幼儿跟着琴声屈肘转动并歌唱。此环节重复三次，弹奏钢琴的速度第一遍稍慢，第二遍正常，第三遍稍快，引导幼儿跟随琴声的速度，变换屈肘转动和歌唱的节奏。

活动延伸

游戏：“火车接龙”。幼儿搭成火车边听音乐边表演，当唱到“穿过高山”时，腿跟着动起来，当唱到“渡过小溪”时，身体随音乐像小船一样两边摇晃。

活动评价建议

1. 关注幼儿能否准确唱好附点音符，并完整地歌唱歌曲。

2. 观察幼儿对音乐速度变化的感知力是否敏感，能否根据音乐速度的变化把握节奏。

3. 关注幼儿是否体会歌曲表现的欢快情绪，是否体验到参与音乐活动的乐趣。

十六、Walking，Walking

活动内容

《Walking，Walking》是一首英语儿歌，歌曲节奏明快，情绪饱满，富有律动感。歌曲的旋律与中国儿歌《两只老虎》相同，幼儿可根据已有的经验顺利掌握歌曲《Walking，Walking》的旋律。教师着重帮助幼儿学会用英语歌唱，进而引导幼儿学习《Walking，Walking》的律动动作，并有机地融入舞蹈小碎步，使幼儿体验轻松参与音乐游戏活动的乐趣。

活动目标

1. 积极参与音乐活动，并感受到其中的快乐。
2. 在进一步熟悉舞蹈小碎步的基础上，学会《Walking，Walking》的律动动作。
3. 能用英语顺利地歌唱歌曲。

活动准备

1. 知识经验准备：

(1) 教师能够完成歌曲《Walking，Walking》的歌唱，掌握舞步小碎步的步法。

(2) 幼儿熟悉歌曲《两只老虎》的旋律，曾经走过舞蹈小碎步。

2. 物质材料准备：

录音机 1 台；歌曲《小蜜蜂》和《Walking，Walking》的磁带各 1 盘。

活动过程

1. 复习舞步。

(1) 教师示范讲解舞蹈的小碎步。

动作要领：前脚掌轻轻着地，两脚快速交替，碎步向前移动，步幅不要过大。先练习用小碎步前进，后练习用小碎步后退。

(2)幼儿练习舞蹈小碎步。

(3)幼儿伴随着歌曲《小蜜蜂》的音乐旋律，进行舞蹈小碎步表演。

2. 学唱歌曲。

(1)教师播放歌曲《Walking，Walking》，请幼儿欣赏。

(2)教师结合歌曲与幼儿交谈下面两个问题：

①“这首歌曲的曲调你们听过吗?”(听过。)“对，大家不仅听过，好多小朋友还会唱，因为它跟我们平常唱的儿歌《两只老虎》的旋律是一样的。”

②“这首歌曲的歌词你们听清了吗？这是一首英国儿歌，歌词是英语。它的中文意思是：走走走走，跳跳跳，跳跳跳，跑跑跑，跑跑跑，停下来，上和下。”

(3)教师带领幼儿朗诵英语歌词。

①教师示范朗诵英语歌词：

Walking walking walking walking，

Hop hop hop，hop hop hop，

Running running running，

Running running running，

Now，let’s stop，

Up and down.

②教师领读、幼儿跟读英语歌词。反复几遍，直到幼儿熟练为止。

(4)教师带领幼儿学唱歌曲。

①教师一边按“一拍一音”的节奏拍手，一边范唱歌曲《Walking，Walking》。

②师幼同唱。教师与幼儿一起按照“一拍一音”的节奏拍手，一边歌唱歌曲《Walking，Walking》。

③教师用钢琴伴奏，幼儿拍手歌唱歌曲《Walking，Walking》。

3. 学做律动。

(1)教师讲述：“老师现在做一组动作，小朋友看了以后，看谁能模仿出来。”

(2)教师播放歌曲《Walking，Walking》，做示范动作，幼儿仔细观察。

(3)教师请幼儿和自己一起伴随音乐做动作，反复练习，使每个幼儿能够比较熟练地做律动。

(4)教师用钢琴伴奏，幼儿一边歌唱歌曲《Walking，Walking》，一边做律动表演。

活动延伸

1. 引导幼儿在日常生活中恰当地运用英语单词 walk，hop，run，stop，up 和 down。

2. 创设表演区，引导幼儿在集体面前大胆展示自己。

活动评价建议

1. 观察幼儿能否熟练地用英语歌唱歌曲。
2. 观察幼儿是否较熟悉地掌握舞蹈的小碎步，能否随着音乐比较准确地做律动。
3. 观察幼儿在做律动动作时，能否保持动作协调，身体平衡。

附：

《Walking，Walking》律动动作说明

[1]~[2]小节：上身挺直，双臂按拍子前后摆动，双脚交替做走路的动作；

[3]~[4]小节：身体直立，双手叉腰，按拍子轻轻跳起；

[5]~[6]小节：两臂前后摆动，并作舞步小碎步；

[7]小节：身体直立，双手叉腰，动作停止；

[8]小节：双手叉腰，身体直立和下蹲。

十七、会唱歌的身体

活动内容

在音乐游戏活动“会唱歌的身体”中，教师通过给幼儿欣赏经典踢踏舞蹈片段《大河之舞》，调动小班幼儿学习音乐的兴趣，引发幼儿观察和思考，不断发现自己的身体可以发出各种声音，从而激发幼儿参与音乐活动的兴趣，提高音乐鉴别能力。

活动目标

1. 体验参与音乐活动的快乐与成就感。
2. 通过将身体当作乐器，掌握几种简单的节奏。
3. 提高幼儿对音乐的鉴赏能力和创造力。

活动准备

1. 知识经验准备：

(1)教师熟悉舞蹈《大河之舞》的舞蹈特点和歌曲《幸福拍拍歌》的节奏特点。

(2)幼儿知道身体的各个部位以及特点。

2. 物质材料准备：

(1)音像播放设备1套；舞蹈《大河之舞》的录像片段、歌曲《幸福拍拍歌》碟片1盘。

(2)大鼓1个。

(3)歌曲《幸福拍拍歌》相关图片。

活动过程

1. 欣赏部分。

(1)幼儿随着歌曲《幸福拍拍歌》欢快的节奏，一边拍手，一边走进教室，围成圆圈坐下。

(2)教师播放经典舞蹈《大河之舞》的录像片段，请幼儿欣赏。

教师讲述：“小朋友，今天老师给你们带来一个很好看的录像。你们看看录像里面的叔叔阿姨在干什么？他们是用什么发出声音的？声音好不好听？”

(3)教师提示幼儿认真观看录像，仔细观察演员的表演，并模仿演员用身体相应的部位和动作发出声音。

2. 游戏部分。

(1)教师引导幼儿尝试利用自己的身体发出声音。鼓励幼儿发挥想象力进行尝试，对有困难的幼儿适当给予指导或示范。

(2)教师请幼儿观察相关图片，与幼儿交流。

①请幼儿指出图片上的手，教师引导幼儿尝试用手可以怎么样发出声音？(拍手、拍身体的各部位、两手掌呈贝壳状互拍……)

②请幼儿指出图片上的嘴，教师引导幼儿尝试嘴可以怎么样发出声音？(弹舌、咬牙……)

③请幼儿指出图片上的脚，教师引导幼儿尝试脚可以怎么样发出声音？(踏步、踢地……)

④教师总结，帮助幼儿建立自信心。

(3)教师和幼儿一起进行“会唱歌的身体”的游戏。

教师和幼儿用有节奏的对话和动作进行互动。例如，

XX X | XX X | XX XX | XX X |
教师：小朋 友　告诉 我　什么 什么　在唱 歌？

XX X | XX X | XX XX | XX X |
幼儿：○老 师　告诉 你　小手 小手　在唱 歌。

XX XX | X 0 | XX XX | X X | X 0 |
教师：它在 唱什　么？　(拍掌)

XX XX | X 0 | XX XX | X X | X 0 ‖
幼儿：它在 这样　唱。　(拍掌)

此游戏中，教师给出的示范可以是手或脚，还可以是其他的声势动作，幼儿模仿。给出的节奏型一定是幼儿可以接受的。难度可以稍高于幼儿近期发展水平。教师在组织此游戏时，一方面是为了巩固身体每个部位会唱歌，另一个还可掌握不同的声势节奏，还可以通过练习声势节奏，掌握相应的节奏型。

此游戏也还可以用接龙的方式进行。例如，可以将幼儿分成几组，用不同的身体部位和动作打出同一种节奏，激发幼儿的兴趣，但是这种玩法可能有一点难，要求幼儿合作完成，要根据本班幼儿的实际情况而定。

(4)教师随歌曲《幸福拍拍歌》的节奏，在大鼓上敲打出相应的节奏，幼儿即兴用不同的声势动作发出不同的声音。

注：此环节主要是让幼儿体验不同的声势动作，将发出声音的不同音色混合在一

起，感受声响的整体效果。幼儿具体利用什么样的声势动作，教师不需要过高要求，幼儿只要能基本合上教师给出的节奏即可。

3. 结束部分。

(1)幼儿随着歌曲《幸福拍拍歌》，在教师的引导下，幼儿根据自己选择的声势动作、节奏型为音乐打节奏。在此环节中，教师应充分调动幼儿的自主性，给幼儿自由发挥的空间，而教师只需提示幼儿在拍打节奏时，一定要合拍即可。

(2)幼儿随音乐拍手，离开教室。

活动延伸

1. 在感受其他音乐时，也能主动利用声势动作为音乐伴奏。
2. 提示幼儿回到家中，可以与父母继续想象还有哪些声势动作。
3. 张贴人体图，让幼儿在区域游戏时，根据图片创编表现不同的节奏。

活动评价建议

1. 观察幼儿参与活动的兴趣如何，能否较为明显地感受到节奏中的变化。
2. 观察幼儿在活动中，是否较为熟练地掌握节奏：| ×× ×× | × × | ×× × × | × 0 ‖。

附：

几种适合小班幼儿练习的节奏型

(1) × × | × × |

(2) × × × × | × × × × |

(3) × 0 | × 0 |

(4) × × × | × × × |

(5) × × × × × × | × × × × × × |

这只是几种范例，教师可以根据本班孩子的掌握提高或降低难度，还可以将里面几种混合使用。

十八、小蜜蜂

活动内容

幼儿都知道小蜜蜂是热爱劳动的小动物，非常喜欢模仿小蜜蜂飞舞的动作。教师针对幼儿的兴趣，引导他们参与歌曲《小蜜蜂》的舞蹈活动。在教会幼儿歌唱歌曲的基础上，引导幼儿学习并掌握基本舞步小碎步的动作要领，进而学习歌曲《小蜜蜂》的舞蹈表演，体验舞蹈表演的乐趣。

活动目标

1. 知道蜜蜂是勤劳的小动物，初步建立热爱劳动的意识。
2. 初步了解小蜜蜂的生活习惯及用相应的动作表演。
3. 掌握基本舞步小碎步，并能较完整地表演舞蹈。

活动准备

1. 知识经验准备：

(1)教师掌握舞步小碎步的基本步法，了解幼儿舞蹈能力。

(2)幼儿认识小蜜蜂及了解蜜蜂的生活特点。

2. 物质材料准备：

(1)小蜜蜂的头饰或胸饰(每个幼儿1个)。

(2)钢琴、录音机各1台；歌曲《小蜜蜂》的磁带1盘。

(3)有关小蜜蜂采蜜的图片。

活动过程

1. 观察图片。

(1)教师请幼儿观察相关图片，请幼儿描述画面的内容。

(2)教师讲述："春天，百花盛开，正是蜜蜂最忙碌的季节。它们在花丛中穿梭飞舞，采蜜、酿蜜，为我们人类做贡献。我们要学习小蜜蜂勤劳的品质，大家都来做一只可爱的小蜜蜂吧!”

教师将蜜蜂的头饰或胸饰发给小朋友，并帮助他们戴好，引发幼儿参与音乐活动的兴趣。

(3)教师播放歌曲《小蜜蜂》，带领幼儿随着音乐高兴地自由舞蹈。

2. 学唱歌曲。

(1)教师播放歌曲，提示幼儿注意感知歌曲的内容和旋律。

(2)教师用自然的声音示范清唱歌曲，请幼儿跟着节奏拍手。

(3)教师运用分句教唱法引导幼儿学唱歌曲。

(4)教师播放歌曲，请幼儿一起跟唱。

(5)教师用钢琴伴奏，带领幼儿一起齐唱歌曲。

3. 学习舞步。

(1)教师播放歌曲，示范舞蹈小碎步的前进和后退的动作，提示幼儿注意观察教师的步法和身姿。

(2)教师示范讲解舞蹈小碎步的动作要领：前脚掌轻轻着地，并快速交替，碎步向前移动，步幅不要过大。

(3)教师带领幼儿先练习用小碎步前进，后练习用小碎步后退。

(4)教师播放音乐，鼓励幼儿用舞蹈小碎步在教室里自由地活动。教师注意观察，适时对个别幼儿给予必要的指导。

4. 分解学习舞蹈动作。

(1)教师一边用自然的声音清唱歌曲，一边按照相关图画的图示，示范表演动作，自然地把舞蹈小碎步融入其中。

(2)教师引导幼儿学习分解动作，并反复练习：

[1]~[2]小节：双手在身体两侧张开，向左转一圈。

[3]~[4]小节：动作同上，向反方向转一圈。

[5]~[6]小节：小碎步前进。

[7]~[8]小节：小碎步后退。

[9]~[10]小节：左腿直立，右脚向前方跨一小步，并向上勾起脚尖。同时左手叉腰，右手在胸前摇摆，做“不”的动作。

[11]~[12]小节：右腿直立，左脚向前方跨一小步，并向上勾起脚尖。同时双手掌心向上、向前摊开，表示“询问”。

[13]~[14]小节：原地做小碎步动作。

[15]小节：双腿直立，身体前倾，双手在胸前摆动。

[16]小节：双腿直立，身体前倾，双手合拢放在头的左侧，做“睡觉”的动作。

(3)教师一边歌唱歌曲，一边把分解动作连贯起来进行表演。

(4)教师带领幼儿将分解的动作连贯起来反复练习。

5. 进行舞蹈表演。

(1)教师播放歌曲，带领幼儿一边跟唱歌曲，一边尝试完整地表演舞蹈。

(2)教师用钢琴伴奏，幼儿独立地伴随音乐一边歌唱，一边完成舞蹈表演。

活动延伸

1. 在科学区，张贴不同蜜蜂动作及生活场景的图片。
2. 在艺术表演区，准备蜜蜂的小翅膀，幼儿穿戴翅膀进行巩固练习。

活动评价建议

1. 观察幼儿是否基本上掌握正确的舞步小碎步动作要领。
2. 观察幼儿是否能在大家面前自信地表演舞蹈。
3. 观察幼儿在活动中是否体验到快乐。

中班（上）

一、欢乐的农场

活动内容

幼儿喜欢动物，乐于模仿动物的动作和叫声。歌曲《在农场里》形象地把猪、牛、鸭子的叫声用音乐的形式表现出来，非常适合幼儿学习演唱。在唱歌活动中，教师通过引导幼儿学唱这首歌曲，模仿猪、牛、鸭子的叫声，体验歌曲欢快活泼的情绪，培养喜欢动物的情感。

活动目标

1. 喜欢小动物，乐意模仿小动物的叫声和动作特点。
2. 初步体验四拍子歌曲的音乐特点、学会歌唱歌曲《在农场里》。
3. 能用自然的声音歌唱，表达歌曲欢快活泼的情绪。

活动准备

1. 知识经验准备：

(1)教师了解幼儿对节拍的掌握和表现能力。

(2)幼儿会模仿小动物的叫声，对节拍有一定的了解，如：$\frac{2}{4}$，$\frac{3}{4}$。

2. 物质材料准备：

(1)猪、牛、鸭子的图片各1张。

(2)钢琴、收录机各1台；歌曲《在农场里》的磁带1盘。

活动过程

1. 导入活动。

(1)教师："小朋友们，新的学期开始了，大家成了中班的小朋友。在暑假中，你们的生活一定是丰富多彩的，肯定又增长了许多见识。现在我们一起来分享我们暑假生活中的所见所闻吧！"

教师引导幼儿交流暑期生活的所见所闻。教师认真倾听幼儿的讲述，积极肯定幼儿的表现，提高幼儿讲述的积极性(提示：教师开展此教学环节时，要格外注意在假期中没有这些社会体验的幼儿的情绪，教师要进行安抚，让他们不要产生“失落感”)。

(2)教师讲述：“小朋友们都有一个愉快的暑假，老师在暑假里过得也很快乐。你们知道老师是在哪里过的暑假吗？你们听一首歌曲就知道了。”

2. 欣赏歌曲。

(1)教师播放歌曲《在农场里》，请幼儿欣赏，并回答老师暑假到了什么地方。

教师讲述并提问：“老师是到一个美丽的农庄里去了。小朋友们再仔细听一听，农庄里有什么动物呀？”

教师第二次播放歌曲，幼儿带着问题欣赏歌曲，知道歌曲表现的是猪、牛和鸭子的叫声。

(2)教师提问：“在这首歌里，动物们是怎样唱歌的？”

通过提问，进一步启发幼儿的想象力，感受农庄的快乐。幼儿分辨和模仿家畜的叫声，初步感受歌曲的旋律，了解歌曲内容，为学唱歌曲做好铺垫。

3. 熟悉歌词。

(1)教师有感情地按照$\frac{4}{4}$节拍的音乐节奏演唱歌曲，注意准确地使用休止符。

× ×·× × × | × 0 × 0 | × ×·× × × | × 0 × 0 |
猪 儿 在 农 场 噜 噜， 猪 儿 在 农 场 噜 噜，
牛 儿 在 农 场 哞 哞， 牛 儿 在 农 场 哞 哞，
鸭 子 在 农 场 呷 呷， 鸭 子 在 农 场 呷 呷，

× ×·× × × | × × × — | × × × × | × — — — ‖
猪 儿 在 农 场 噜 噜 叫， 猪 儿 噜 噜 噜。
牛 儿 在 农 场 哞 哞 叫， 牛 儿 哞 哞 哞。
鸭 子 在 农 场 呷 呷 叫， 鸭 子 呷 呷 呷。

(2)幼儿按照节奏拍手，并有感情地跟教师一起朗读歌词。

4. 教唱歌曲。

(1)教师运用富有童趣的声音，完整地示范演唱歌曲，鼓励幼儿轻声跟唱。

(2)教师运用逐句教唱方法，完成第一段歌曲歌唱。提示幼儿注意掌握节奏，可以让幼儿用双手击拍方法，强化节奏意识。

(3)教师运用完整教学法，教唱第二段和第三段歌曲，关注幼儿是否能准确地唱出附点节奏(×·×)和休止符(| × 0 × 0 |)。必要时，可将休止符作为重点，单独反复练习。

(4)教师用钢琴进行伴奏，幼儿用自然的声音，完整地进行歌唱。提示幼儿在歌唱时要体验欢快活泼的情绪。

(5)教师组织幼儿进行歌唱表演。

将幼儿分为三组，把准备好的猪、牛、鸭的图片分发各组。当唱到哪一种动物时，哪一组幼儿根据歌词进行即兴表演。

活动延伸

1. 表演区：在表演区可提供各种小动物头饰，供小朋友模仿动物的形象和叫声。

2. 科学区：教师可引导幼儿将动物进行分类，如海洋动物、陆地动物、昆虫等，并了解其习性和特点。

3. 语言区：可提供各种有关动物的图书，供幼儿阅读。

活动评价建议

1. 观察幼儿是否完整地学会歌曲的歌唱，并正确掌握了休止符、附点节奏等音乐节奏的歌唱。

2. 观察幼儿在歌曲学习和即兴表演过程中，是否体会到歌曲欢快活泼的音乐情绪。

二、农场动物运动会

活动内容

引导幼儿根据学过的幼儿歌曲创编新的歌词，可以对幼儿多种能力培养起到积极的作用。例如，在音乐教学活动中，开展不同形式的创编活动，对幼儿进一步熟悉旋律、掌握音准起着很好的辅助作用。同时，创编活动还可以培养幼儿的发散思维能力，增强幼儿的联想、想象能力，提高幼儿综合运用词汇的能力。幼儿演唱自己创编歌词的歌曲，能够体验到创造和成功的乐趣，从而获得成就感，增强自信心。歌曲《在农场里》，音乐形象鲜明，旋律节奏明快，歌词朗朗上口，为幼儿在创编活动中发挥联想和创造力提供了较大的空间。

活动目标

1. 体验创编歌词的乐趣。
2. 在熟悉音乐旋律的基础上，进一步掌握节奏特点。
3. 能够利用动物叫声创编歌词。

活动准备

1. 知识经验准备：

(1)教师了解幼儿语言发展能力和歌词创编能力。

(2)幼儿会唱歌曲《在农场里》，幼儿对运动会有初步的经验。

2. 物质材料准备：

(1)各种家禽、家畜的图片若干张(或各种家禽、家畜的叫声的音频或视频片段)。

(2)钢琴、音响设备各1套，《在农场里》的歌曲音频。

3. 环境准备：

在活动室中张贴多种小动物的图片。

活动过程

1. 复习歌曲《在农场里》。

(1)第一遍复习歌曲。

幼儿集体复习歌曲《在农场里》。要求幼儿歌唱时要做到旋律音高准确、歌唱声音自然，情绪欢快活泼。

(2)第二遍复习歌曲。

请幼儿们进行分组、分角色演唱歌曲。在歌唱的基础上，加入动物形态模仿的游戏。例如，用憨态可掬的摇晃来模仿小猪，把大拇指竖起的拳头放在头顶上模仿牛儿，胳膊张开并上下扇动模仿鸭子。

2. 根据原作创编歌词。

(1)教师通过讲述童话故事《农场动物运动会》，引导幼儿想象动物乐园里的许多小动物参加运动会的情形。

(2)教师提问："农场里有这么多可爱的动物小朋友，我们是不是也应该给他们唱首歌呢？"

教师通过提出问题，引导幼儿积极思考。根据歌曲《欢乐的农场》的歌词，联想其他动物是怎么唱歌的，例如小羊、小马、小兔、小狗、小猫等是怎样叫的？

(3)教师将幼儿联想的动物叫声，进行整理，创编出新歌曲《欢乐的农场》的歌词。例如，

X X·X X X | X 0 X 0 | X X·X X X | X 0 X 0 |
小 羊 在 农 场 咩 咩， 小 羊 在 农 场 咩 咩，
小 马 在 农 场 咴 咴， 小 马 在 农 场 咴 咴，
公 鸡 在 农 场 喔 喔， 公 鸡 在 农 场 喔 喔，

X X·X X X | X X X — | X X X X | X — — — ‖
小 羊 在 农 场 咩 咩 叫， 小 羊 咩 咩 咩。
小 马 在 农 场 咴 咴 叫， 小 马 咴 咴 咴。
公 鸡 在 农 场 喔 喔 叫， 公 鸡 喔 喔 喔。

(4)教师和幼儿一起按照节奏，随着音乐的节拍，拍掌并朗诵歌词。

3. 演唱创编歌词的歌曲。

教师与幼儿一起用《在农场里》的旋律，演唱创编的歌曲《欢乐的农场》，使幼儿体验创造和成功的乐趣。

(1)教师用钢琴伴奏，用较慢的音乐速度，带领幼儿一起用自然、优美的声音，欢

快、活泼的情绪，齐唱创编歌曲。

(2)教师还可以用同样的办法，鼓励幼儿创编出更多的儿歌。例如儿歌《池塘里的音乐会》，小青蛙——呱呱呱，大白鹅——鹅鹅鹅，小黄鸭——呷呷呷，等等。

活动延伸

1. 在表演区，利用各种动物图片，进行歌曲创编表演。
2. 在语言区，幼儿利用动物头饰进行故事情境表演。
3. 在美工区，绘画主题为“农场运动会”，幼儿可以根据想象，自由作画。

活动评价建议

1. 观察幼儿参与创编活动的态度是否积极、热情。
2. 观察幼儿能否运用发散思维进行联想，能否根据动物叫声特点创编歌词。

三、蝴蝶

活动内容

蝴蝶身上五颜六色的图案和花丛中翩翩起舞的舞姿，一直是幼儿所喜爱的。夏天郊游的时候，一般都会遇上蝴蝶飞舞的场景，同时也会出现幼儿一同追蝶、扑蝶生动有趣的情景，这些情景都会在幼儿的小脑袋瓜里留下深刻的印象。幼儿学唱《蝴蝶》这首歌曲，就会使幼儿联想到这些美好的记忆，在他们脑海里就会再现追蝶、扑蝶的情景，从而调动幼儿参与活动的积极性。教师在引导幼儿学唱歌曲的过程中，帮助幼儿进一步体会四拍子音乐的特点，并培养幼儿热爱美好生活、热爱美丽大自然的情感。

活动目标

1. 喜欢蝴蝶，愿意用唱歌、身体律动表达对蝴蝶的喜爱。
2. 学唱歌曲《蝴蝶》，并用优美自然的声音演唱。
3. 能在集体面前大方表演，提升自信心。

活动准备

1. 知识经验准备：

(1)教师对蝴蝶的特点和习性有一定的认识。

(2)幼儿会用拍手表现歌曲节奏。

2. 物质材料准备：

(1)姿态美丽的蝴蝶图片若干张(或视频片段)。

(2)钢琴、录音机各1台；歌曲《蝴蝶》的磁带1盘。

活动过程

1. 发声练习。

教师带领幼儿用《小狗和小猫》进行练声。

教师提出练声要求：身体要坐端正，双手并排摆放在腿上，声音要自然优美；仔细听钢琴伴奏，在钢琴的伴奏声中进行歌唱。

2. 复习歌曲。

教师带领幼儿复习歌曲《在农场里》，要求幼儿在教师的钢琴伴奏声中，用优美、自然的声音歌唱。

3. 导入活动。

(1)教师讲述并提问："在美丽的春季和夏季，我们会经常看到这样一种美丽的昆虫，它有优美的身姿，轻盈的体态，它飘舞于花丛之中，溪畔泉边，被人们喻为'会飞的花朵'、'大自然的舞姬'。它以自身的斑斓色彩，点缀着如诗如画的大自然，它们是自然界中最亮丽的风景线。小朋友，我说的是什么昆虫啊？"(蝴蝶。)

(2)教师展示各种美丽蝴蝶的图片(如果条件允许，教师还可以播放一个关于"蝴蝶"视频片段)，请幼儿欣赏，加深幼儿对蝴蝶的印象，提高幼儿参与活动的积极性。

(3)教师简单介绍有关蝴蝶的知识，增强幼儿对蝴蝶的喜爱之情。

4. 学唱新歌。

(1)教师带领幼儿朗读歌词并熟悉歌词。

(2)教师播放歌曲《蝴蝶》，并带领幼儿按照歌曲速度，用双手打拍子。

(3)教师用优美的声音范唱歌曲，请幼儿轻声跟着唱。

(4)教师运用分句教唱法教唱歌曲，帮助幼儿在逐句学唱的过程中，熟悉歌曲的旋律，并记住歌词。

(5)在教师的带领下，幼儿用优美自然的声音，齐声歌唱歌曲《蝴蝶》。

(6)教师鼓励幼儿在集体面前进行歌唱表演，引导幼儿互相讲评，教师给予积极的肯定。

活动延伸

1. 请家长和幼儿一起收集资料，在餐前环节可以帮助幼儿了解更多有关蝴蝶的基本知识。

2. 在美术区，鼓励幼儿画一张自己心中的"美丽的蝴蝶"，表达对蝴蝶的喜爱之情。

3. 在科学区，可投放各种昆虫的标本，供幼儿观察，并了解昆虫的特点。

4. 在表演区，提供制作的"蝴蝶翅膀"，便于幼儿进行表演。

活动评价建议

1. 关注幼儿对蝴蝶是否有所了解，是否喜欢蝴蝶。

2. 观察幼儿在学唱歌曲过程中，态度是否积极、热情，并通过歌曲歌唱，表达对蝴蝶的喜爱之情。

四、快乐的小鸟(一)

活动内容

《快乐的小鸟》是一首旋律与歌词完美结合的幼儿歌曲。歌曲旋律发展基本上以二三度级进为主，节奏平稳却又略显变化，特别是一字一音的处理，凸显了一种欢快的情绪；歌词浅显易懂、形象生动，通过运用贴近幼儿生活语言习惯的叠词和象声词，表现了森林中小鸟无忧无虑的快乐生活。幼儿学唱这首歌曲时，能够很快了解歌曲内容和把握音乐情绪。教师在这个环节要着重对幼儿在音准和节奏方面进行训练，帮助幼儿很好地完成这首歌曲的演唱。

活动目标

1. 喜欢小鸟，感受歌曲表达的快乐情绪。
2. 把握音准和节奏，完整地演唱歌曲。
3. 能大方表现小鸟的各种形态。

活动准备

1. 知识经验准备：

(1) 幼儿学会用拍手表现不同的节奏。

(2) 幼儿对鸟类有一定的了解。

2. 物质材料准备：

(1) 钢琴、录音机各 1 台；歌曲《快乐的小鸟》音频。

(2) 节奏型卡片各 1 张。

①XX XX | X X ‖

②XX XX | XX XX | XX XX | X X ‖

活动过程

1. 歌唱练习。

(1) 教师带领幼儿用练声曲《小狗和小猫》进行练声。

教师提出练声要求：身体要坐端正，双手并排摆放在腿上，声音要自然优美；仔细听钢琴伴奏，在钢琴的伴奏声中完成歌唱。

(2)教师组织幼儿先后以分组轮唱和全班齐唱的方式，复习歌曲《理发师》。提醒幼儿注意保持正确的歌唱姿势，运用自然优美声音唱歌。

2. 学唱新歌。

(1)了解歌曲内容。

①教师播放歌曲《快乐的小鸟》，请幼儿仔细聆听，听辨歌曲内容。

教师提问："小朋友们，歌里唱的是什么小动物?"(小鸟。)"小鸟它快乐吗？为什么?"(幼儿思考并作答。)

②在幼儿交流表述的基础上，教师归纳："小鸟是快乐的。因为小鸟会唱歌、会跳舞，从早到晚无忧无虑，蹦蹦跳跳爱欢笑。"

(2)熟悉歌词和节奏。

①教师用轻快的语调，有感情、有节奏地朗诵歌词。请幼儿按照歌曲的音乐节拍，双手击掌打节奏。

②教师依次出示两张节奏型卡片，着重训练幼儿掌握以下两种节奏型：

①$\underline{××}\ \underline{××}\ |\ ×\ ×\ |$

②$\underline{××}\ \underline{××}\ |\ \underline{××}\ \underline{××}\ |\ \underline{××}\ \underline{××}\ |\ ×\ ×\ |$

③教师带领幼儿分句朗诵歌词，教会幼儿掌握节奏。请幼儿一边朗诵歌词，一边按照节奏型，双手击掌打节奏。此环节可重复2~3遍，直至大多数幼儿能够记忆歌词，掌握节奏。

④教师和幼儿一起完整地朗读歌词，并一起按照节奏型击掌打节奏。

3. 学唱歌曲。

①教师播放歌曲，请幼儿欣赏，初步熟悉歌曲的旋律。

②教师以清唱的方式范唱歌曲，请幼儿一边听教师歌唱，一边随着音乐用双手击打节奏。

③教师播放歌曲，请幼儿一边跟着哼唱，一边和教师一起随着音乐，用双手击打节奏。

④教师用分句教唱法教唱歌曲，提示幼儿注重音准，掌握节奏。

教师带领幼儿反复练唱，直至大多数幼儿基本掌握一边歌唱和一边按节奏击掌的要领。

⑤教师用钢琴伴奏并领唱，请幼儿一边按要求击掌，一边齐唱。教师提示幼儿在掌握音准和节奏的基础上，运用自然优美的歌声，表达欢快的情绪。

4. 活动结束。

(1)教师请幼儿互相商量，在唱歌的时候用什么动作，可以进一步表达歌曲欢快的情绪。

(2)教师用钢琴伴奏，请幼儿一边演唱歌曲，一边自由做动作，表达自己对歌曲的理解。

活动延伸

1. 在表演区投放小鸟的头饰，幼儿扮演小鸟进行表演。
2. 在餐前环节播放小鸟的动态视频，了解小鸟的基本常识。
3. 在科学区张贴各种小鸟的图片，幼儿观察小鸟的外形特点和种类。

活动评价建议

1. 关注幼儿是否理解歌曲的内容，是否感受到歌曲表达的欢快情绪。
2. 观察幼儿能否把握音准和节奏，较好地完成歌曲的演唱。

五、快乐的小鸟（二）

活动内容

打击乐是依据音乐的节拍、节奏，按照编配好的声部击打打击乐器，几个人相互配合共同完成的一种演奏方式。幼儿可以借助数拍子的方法，感知节奏，逐步形成较为稳定的节奏感。事实上，最易于引起幼儿兴趣的节奏练习，莫过于在乐器上敲敲打打，发出各种各样的声响。本次活动设计的意图是迁移幼儿感兴趣的敲敲打打这一经验，引导学习演奏响板和碰铃，为歌曲《快乐的小鸟》进行伴奏，使幼儿在学习中获得快乐，更使幼儿在快乐的情绪中增强节奏能力，提高演奏水平，培养幼儿参与节奏训练活动的兴趣。

活动目标

1. 喜欢打击乐的表演形式，体验合作表演的乐趣。

2. 根据$\frac{2}{4}$节拍的音乐节奏规律，合作演奏打击乐器。

3. 能和同伴合作演奏打击乐器，提升合作能力。

活动准备

1. 知识经验准备：

(1)教师了解幼儿打击乐器的能力。

(2)幼儿认识打击乐器(响铃、碰铃)，有用声势动作打节奏的经验。

2. 物质材料准备：

(1)录音机1台；歌曲《快乐的小鸟》音频。

(2)响板、碰铃等打击乐器若干。

(3)响板、碰铃等打击乐器卡片，歌曲《快乐的小鸟》的两种节奏型卡片各1张。

活动过程

1. 复习歌曲。

(1)在教师的钢琴伴奏声中，幼儿齐唱歌曲《快乐的小鸟》。

(2)播放歌曲《快乐的小鸟》，教师带领幼儿进行律动活动。

2. 导入新课。

教师讲述："小朋友，刚才唱歌、律动的时候，我们被歌曲中小鸟的快乐情绪所感染，和小鸟一起感受到了快乐。老师有一个提议，我们按照小鸟唱歌、跳舞的节奏，一起来拍掌，把整齐的掌声再送给小鸟，让小鸟更加开心。"

教师带领幼儿有节奏地一起拍掌，让幼儿增强对节奏的感受。

3. 训练节奏。

(1)教师和幼儿一起一边唱歌曲《快乐的小鸟》，一边按照$\frac{2}{4}$节拍的音乐节奏击掌。此环节可以采用集体打拍子、分组打拍子两种方式，反复进行练习。

(2)为了区分$\frac{2}{4}$节拍的音乐节奏的强弱规律，教师采用以下方法训练：第一拍——双手击掌，第二拍——双手分左右轻拍大腿。此环节可重复两三次。

(3)在教师的带领下，教师和幼儿一起按照前一环节的方法，在歌曲《快乐的小鸟》的伴奏声中进行节奏训练。

4. 学习使用打击乐器。

教师将幼儿分为两组，把准备好的响板和碰铃分发给两组幼儿，两名教师分别教幼儿如何正确使用乐器。

(1)教师出示响板、碰铃基本训练节奏卡片，帮助幼儿学习掌握基本节奏的击打方法：

	× —	× ×	×× ××	× ×	× — ‖
响板：	啪 —	啪 啪	啪啪 啪啪	啪 啪	啪 —
响板：	叮 —	叮 叮	叮叮 叮叮	叮 叮	叮 —

(2)教师出示《快乐的小鸟》节奏型卡片，引导幼儿掌握按照以下歌曲节奏型，分声部击打乐器：

	×× ××	× × ‖
响板：	啪啪 啪啪	啪 啪
碰铃：	叮叮 叮叮	叮 叮

	××　××	××　××	××　××	×　×
响板：	啪啪　啪啪	啪啪　啪啪	啪啪　啪啪	啪　啪
碰铃：	叮叮　叮叮	叮叮　叮叮	叮叮　叮叮	叮　叮

(3)教师出示歌曲《快乐的小鸟》打击乐曲谱卡片，引导幼儿根据这个曲谱进行训练。

5. 演奏打击乐器。

(1)幼儿分组根据歌曲《快乐的小鸟》打击乐曲谱卡片，在教师的带领下，全体幼儿跟着教师的节奏合奏。

(2)幼儿在教师的带领下分组演示。

(3)播放歌曲《快乐的小鸟》录音，幼儿根据音乐完成打击乐演奏。

活动延伸

1. 将打击乐器投放到表演区，幼儿可演奏歌曲《快乐的小鸟》。

2. 语言活动：请幼儿以“我与小鸟”为题，创编儿童故事。

活动评价建议

1. 观察幼儿演奏打击乐器的方法是否正确。

2. 观察幼儿是否能够根据歌曲节奏谱正确演奏打击乐器，互相之间的配合是否协调。

六、小弟弟，早早起(一)

活动内容

《小弟弟，早早起》是一首新疆维吾尔族音乐风格的儿童歌曲，歌曲曲调风趣，旋律优美，歌词通俗易懂，富有民族特色。幼儿学唱这首歌曲时，教师要引导幼儿注意掌握新疆维吾尔族音乐典型节奏型 | X·X X X |，唱好新疆维吾尔族风格的语言(亚克西)，感受歌曲显示的维吾尔族的韵味。同时帮助幼儿理解歌曲的内容，懂得“自己的事情自己做”的道理，促进幼儿自理能力的提高。

活动目标

1. 感受新疆维吾尔族歌曲的风格，喜欢中国民族音乐。
2. 初步掌握节奏型 | X·X X X |，准确唱出附点节奏。
3. 能够懂得自己的事情自己做的道理，增强自理能力。

活动准备

1. 知识经验准备：

(1)教师对新疆维吾尔族音乐有一定的认识和了解。

(2)幼儿接触过体现新疆维吾尔族文化的音乐、故事、视频等。

2. 物质材料准备：

(1)钢琴、录音机各1台，歌曲《小弟弟，早早起》的磁带一盘。

(2)节奏型卡片2张：

① | XX· | XX· ‖

② | X·X | X·X ‖

活动过程

1. 训练附点节奏。

(1)教师出示第一张节奏型卡片，带领幼儿复习附点节奏：| XX· | XX· ‖。

(2)教师出示第二张节奏型卡片，利用生活中“打喷嚏”的经验，指导幼儿学习新的附点节奏：| X · X | X · X ‖。

2. 复习歌曲《客人来了》。

(1)教师用钢琴伴奏，请幼儿分组复习歌曲。

(2)教师用钢琴伴奏，教师带领幼儿用齐唱的方式复习歌曲。

3. 导入活动。

(1)教师提问：“小朋友们，你们每天早上起床，是谁给你们穿好衣服的？你们会不会自己刷牙、洗脸呢？”(幼儿自由回答。)

(2)教师播放歌曲《小弟弟，早早起》录音，提示幼儿注意倾听歌曲表达的内容。

教师结合歌曲提问：“歌曲里的小弟弟每天早上起床后是怎么做的？”(幼儿自由表述。)

教师在幼儿自由表述的基础上，进行归纳总结：“歌曲里的小弟弟早上起床，自己穿衣服、自己叠被子、自己刷牙和洗脸，他可真棒！我们应该向他学习，做一个自己事情自己做的好孩子。”

4. 学唱新歌。

(1)教师播放歌曲录音，请幼儿欣赏，同时跟着教师的节奏一起打拍子。

(2)教师弹钢琴并范唱歌曲，引导幼儿随着教师的歌声轻声哼唱歌曲，并注意感受新疆维吾尔族歌曲的音乐风格。

(3)教师运用分句教唱法教唱歌曲，提示幼儿注意咬准字，发准音。在教唱歌曲的过程中，教师要注意对音乐速度的掌握。例如，第一遍可以用慢一点的速度，帮助幼儿唱准附点节奏；在幼儿基本掌握附点节奏后，第二遍和第三遍教唱时可以回到原速再唱。

(4)教师用钢琴伴奏，带领幼儿齐唱歌曲，再次提示幼儿注意按照附点节奏，准确歌唱。

5. 巩固提高。

(1)教师要求幼儿在唱歌时注意呼吸自然、咬字准确，并运用甜美的声音表现歌曲欢快活泼的音乐情绪。

(2)教师要求幼儿在歌唱歌词“亚克西”的时候，加强音量，表现出歌曲活跃、风趣的音乐风格。

活动延伸

1. 在午睡起床环节，有意识地培养幼儿叠被子、穿衣服的生活技能。

2. 在过渡环节，可多给幼儿欣赏新疆维吾尔族音乐，多感受新疆维吾尔族音乐特点。

3. 在表演区，准备新疆维吾尔族的服装，供幼儿表演。

活动评价建议

1. 关注幼儿是否理解歌曲内容，是否懂得“自己的事情自己做”的道理。

2. 观察幼儿是否感受到歌曲中新疆维吾尔族地域音乐风格，能否努力用声音表现这种风格。

3. 观察幼儿在唱歌的时候，是否注意控制气息，唱准附点节奏，较好地表达歌曲的情绪。

七、小弟弟，早早起(二)

活动内容

《小弟弟，早早起》是一首具有新疆维吾尔族音乐风格的儿童歌曲。表演这首歌曲，需要运用维吾尔族舞蹈的基本动作。根据这首歌曲的旋律，需要采用维吾尔族舞蹈的基本舞步——“三步一抬”，这是幼儿学习的难点。因此，教师必须在先教会幼儿掌握“三步一抬”的步法的基础上，再让幼儿学习其他舞蹈动作。通过这个歌舞表演的学习，幼儿可以初步了解新疆维吾尔族的民族风情，锻炼身体动作的协调性。

活动目标

1. 喜欢新疆维吾尔族音乐，感受新疆少数民族舞蹈的美。

2. 掌握维吾尔族舞蹈的基本舞步——“三步一抬”的动作要领，初步学会歌舞表演的连贯动作。

3. 锻炼身体动作的协调性。

活动准备

1. 知识经验准备：

(1)教师掌握新疆维吾尔族舞蹈的音乐风格特点和基本舞步。

(2)幼儿熟练歌唱歌曲《小弟弟，早早起》，具有一定的音乐欣赏能力。

2. 物质材料准备：

(1)钢琴、音频视频播放设备各1台。

(2)歌曲《小弟弟，早早起》音频，舞步“三步一抬”的教学视频。

(3)新疆维吾尔族的民族服饰。

活动过程

1. 复习歌曲。

(1)在教师的钢琴伴奏声中，幼儿齐唱歌曲《小弟弟，早早起》。

在歌唱时，教师应调动幼儿的积极性，运用优美的声音、流畅的气息进行歌唱，准确地表现歌曲中自豪的情绪。

(2)将幼儿分成男生组、女生组，按先后顺序，分别复习歌曲。在歌唱时，教师提示幼儿，要注意准确歌唱维吾尔族音乐特定节奏型 | X · X XX |，准确表达歌曲的情绪。

2. 学习基本舞步。

(1)教师播放“三步一抬”的视频片段，使幼儿对舞蹈经常使用的基本舞步“三步一抬”建立初步的感性认识。

(2)教师对“三步一抬”进行讲解和示范，使幼儿对这一舞步有更细致、更直观的了解。

①教师歌唱歌曲时，从正面、侧面做动作示范，使幼儿从多方面观察动作。

②教师示范并讲述动作要领。

(3)教师带领幼儿一起练习动作。

教师一边歌唱歌曲，一边带领幼儿学习动作。教动作可以放慢速度，让幼儿逐步学会“三步一抬”的动作要领。

3. 分解学习舞蹈动作。

(1)学习第一段舞蹈动作。

①教师逐句讲解并示范第一段舞蹈分解动作。

②幼儿坐在小椅子上准备。一边数节拍，一边跟随老师学做第一段舞蹈分解动作。

③教师带领幼儿一边数节拍，一边连贯地练习第一段舞蹈动作。

④幼儿分组自行练习第一段连贯的舞蹈动作，动员幼儿互教互学，教师适时给予辅导。

⑤播放歌曲，教师带领幼儿连贯地演示第一段舞蹈动作。

(2)学习第二段舞蹈动作，过程与学习第一段舞蹈动作相同。

(3)组合两段舞蹈动作。

①教师带领幼儿将两段舞蹈动作连接起来，组合成完整的舞蹈，连贯地进行练习。

②播放歌曲，幼儿分组轮流连贯地演示两段组合成的完整舞蹈，教师引导幼儿互相讲评。

③教师小结，对各组幼儿均给予充分的肯定和鼓励。

(4)集体表演舞蹈动作。

播放歌曲，教师带领幼儿集体连贯完整地表演舞蹈。

活动延伸

1. 在过渡环节，组织幼儿进行分组表演并奖励。

2. 在表演区准备新疆维吾尔族的民族服装，供幼儿表演。

活动评价建议

1. 关注幼儿在活动中的表现是否积极、主动。
2. 观察幼儿在舞蹈过程中身体各部位的动作是否协调。

附：

舞蹈动作说明

准备：幼儿坐在椅子上准备(表示还睡在床上)。

第一段：

[1]~[2]小节：双手交叉抱肩，头左右自然摆两次。

[3]~[4]小节：双臂体前交叉，经头部上方，手心相对向两侧打开，慢慢直立，头向上仰，表示起床之意。

[5]~[6]小节：身体转向右斜前方，双臂前斜下举，双手做上下压，提腕两次，同时双腿屈膝两次。

[7]~[8]小节：动作同[5]~[6]小节，方向相反。

[9]~[10]小节：双臂弯屈肘部，双手于头部右侧前上方，击掌三次，

节奏为 | ×× × 0 | ×× × 0 |

[11]~[12]小节：动作同[9]~[10]小节，方向相反。

[13]~[14]小节：双手叉腰起立，垫步向右原地转一周。

[15]~[16]小节：右手从腰间向体前伸出拇指，同时右脚向前做踵步，表示赞扬之意。

第二段：

[1]~[4]小节：双腿屈膝，头转向右斜前方，右手做刷牙动作。

[5]~[6]小节：双腿直立，面向正前方，双手做洗脸动作。

[7]~[8]小节：双脚八字步站立，双手在身体前做洗手动作。

[9]~[12]小节：动作同第一段[9]~[12]小节。

[13]~[14]小节：动作同第一段[13]~[14]小节。

[15]小节：双手从腰间向身体前伸拇指，右脚做前踵步。

八、小白兔跳跳跳

活动内容

《小白兔跳跳跳》的音乐结构是带引子和尾声的单三部曲式。在欣赏过程中，通过多次欣赏和对比欣赏的方式，幼儿能逐步听出音乐的第一段和第三段旋律是相同的，音乐的第二段与其他两段是不同的，并进一步感受音乐第二段旋律上行和下行的进行方式，形象地表现了两只小白兔互相追逐、嬉耍等音乐内容。

活动目标

1. 感受参与音乐欣赏活动的乐趣。
2. 了解单三部曲式乐曲的风格特点。
3. 初步建立音乐分析的能力。

活动准备

1. 知识经验准备：

(1)教师掌握音乐的曲式结构和音乐特点。

(2)幼儿接触过音乐欣赏的相关活动。

2. 物质材料准备：

(1)多媒体和音响播放设备1套，完整音乐的音频、分段乐曲的音频(第一段音乐、第二段音乐、第三段音乐)各1份。

(2)小白兔的布偶2个。

活动过程

1. 教师第一遍播放完整的音乐音频。

(1)请幼儿安静地聆听音乐，进入音乐活动的氛围之中。

(2)教师两手分别拿着两只白兔的布偶，讲述：“今天，老师和小朋友们一起听一段非常好听的音乐，音乐里讲述的是一对好伙伴——两只小白兔的故事。”

2. 教师第二遍播放完整的音乐音频。

教师要求幼儿一边听音乐，一边想象：在音乐中，两只小白兔在做什么？(在完整欣赏和分段欣赏的环节，可以不必让幼儿急于回答这个问题。)

3. 教师第三次播放完整的音乐音频。

(1)播放音乐前，教师要求幼儿注意倾听，仔细辨别各乐段的旋律。

(2)在音乐播放完后，教师引导幼儿说一说听出了什么。

教师梳理幼儿表述的内容，然后引导幼儿说出音乐的一个小秘密——音乐中有相同或相似的部分。

4. 对音乐进行分段欣赏和比较。

(1)在幼儿已经对相同的音乐有了初步印象的基础上，教师请幼儿分段欣赏音乐。教师按照乐曲的顺序，播放分段的音频，并请幼儿分析哪两段音乐是相同的。

第一段音乐：

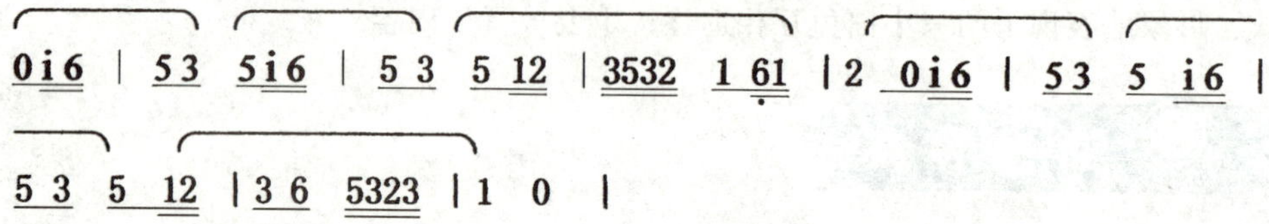

第二段音乐：

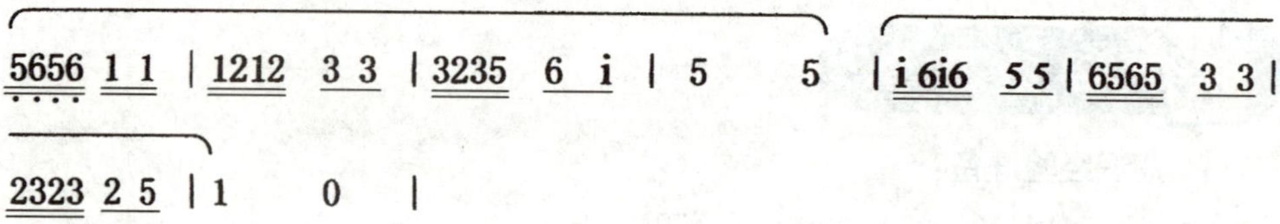

第三段音乐：

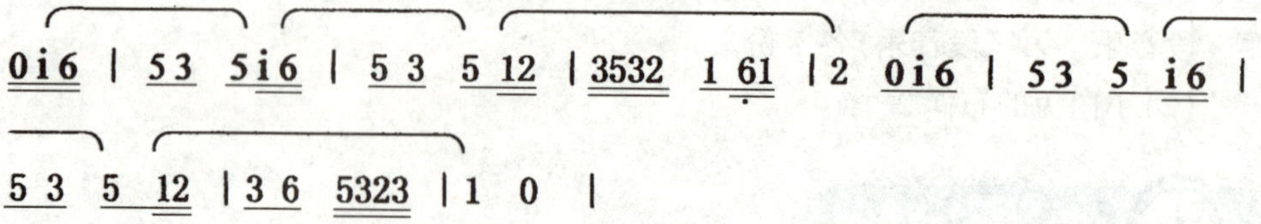

(2)教师归纳：音乐的第一段和第三段旋律是相同的，音乐第二段旋律不同于第一、第三段旋律。

5. 想象描绘音乐形象。

(1)教师引导并鼓励幼儿根据音乐，发挥想象，描述出音乐形象，并及时给予鼓励。

(2)教师归纳、举例:“音乐的第一段和第三段描述两个小白兔手拉手，蹦蹦跳;音乐的第二段描述的是两个小白兔一会儿从低到高，一会儿从高到低的追逐、嬉戏。”

6. 教师第四次播放音乐的完整音频。

全班幼儿手拉着手，带着想象和欢快的情绪，在欣赏音乐过程中欢快地做游戏。

活动延伸

1. 引导幼儿在反复欣赏后，哼唱出音乐的部分旋律。
2. 鼓励幼儿根据音乐创编简单的儿童舞蹈。
3. 在图书角放置动物类图画书，引导幼儿开展动物分类活动。

活动评价建议

1. 关注幼儿在欣赏音乐时，是否能够发现相同的音乐部分。
2. 观察幼儿在欣赏过程中，能否发挥音乐想象力，体会到音乐欢快的情绪。

九、凑数歌

活动内容

兴趣是幼儿学习知识最好的动力来源，歌曲《凑数歌》就是一首通过幼儿喜爱的小动物——“小鸭”和“大白鹅”的形象，来激发幼儿学习音乐兴趣的歌曲。通过歌曲的学习，不仅可以让幼儿感受到歌曲中美妙的音乐旋律和生动的故事情节，还可以通过有趣的动物形象对应数字这一巧妙设计，对幼儿在科学领域的学习产生一定的启发作用。

活动目标

1. 感受歌曲中的美妙旋律和生动的故事情节。
2. 理解歌词内容，并用歌声表达出来。
3. 模仿小鸭子和大白鹅走路的形态和叫声，提升模仿能力。

活动准备

1. 知识经验准备：

(1) 教师了解幼儿的歌唱能力。

(2) 幼儿会唱幼儿练声曲《小狗和小猫》，看过动物鸭和鹅的相关视频。

2. 物质材料准备：

(1) 钢琴、录音机各 1 台；歌曲《凑数歌》的磁带 1 盘。

(2) 小鸭、小鹅的图片各 1 张。

活动过程

1. 发声练习。

教师带领幼儿用练声曲《小狗和小猫》进行练声。

教师提出练声要求：身体要坐端正，双手并排摆放在腿上，声音要自然优美；仔细听钢琴伴奏，并在钢琴的伴奏中完成练声活动。

2. 复习歌曲。

(1)在教师的钢琴伴奏声中，各组幼儿分别完整地复习歌曲《蝴蝶》。

(2)幼儿配合教师的钢琴伴奏，齐声复习歌曲《蝴蝶》。

3. 导入新课。

(1)教师讲述并提问："在动物王国里，动物们各有各的本领。它们有的会飞到很高很高的天空，有的会在地面上跑得飞快，还有的则会在水里悠闲地游来游去。小朋友们能不能说出它们是谁？它们有什么本领？"(幼儿自由表述。)

在幼儿交流表述的过程中，教师适时地对幼儿给予肯定和鼓励，提高幼儿讲述的积极性。

(2)教师讲述："小朋友们刚才讲了很多有大本领的动物。在这些动物中，小鸭子和大白鹅也是有本领的(出示小鸭和小鹅的图片)，它们既能在岸上走，又能在水里游。它们之间呀，还有一段有趣的故事呢。有一首歌唱的就是它们的故事，这首歌的名字是《凑数歌》。"

4. 欣赏歌曲。

(1)教师第一遍播放歌曲《凑数歌》，请幼儿欣赏，感受歌曲的旋律，了解歌曲的内容。

教师提问："歌曲里唱了小鸭子和大白鹅什么有趣的事？"(幼儿自由回答。)

(2)教师第二遍播放歌曲，请幼儿欣赏，熟悉歌词。

教师提问："歌曲里分别有几只小鸭子和几只鹅？"(三只鸭子七只鹅。)"一共凑成了什么数？"(十。)"它们是怎样走路的？"(摇摇摆摆。)"他们是怎样唱歌的？"("呷呷呷"、"鹅鹅鹅"。)

教师鼓励幼儿模仿小鸭子和大白鹅走路的样子和叫唤的声音。

5. 学唱歌曲。

(1)教师讲述："小朋友们的问题都答出来了，说明小朋友们都很认真地听了小鸭子和大白鹅唱的歌，它们太高兴了。现在，它们还想请小朋友们一起来唱这支歌。"

(2)教师再次播放歌曲，并带领幼儿一起轻声跟唱。

(3)教师范唱歌曲。在范唱过程中，教师可放慢速度清唱，并用手拍打节奏，幼儿可以跟着教师的节奏拍起小手。

(4)教师用完整教唱法教唱歌曲，要求幼儿一要唱准音，二要掌握节奏。

(5)在教唱一遍歌曲后，教师可采取请幼儿范唱、大家一起跟唱、齐唱、分组唱的形式反复练习。

(6)教师用钢琴伴奏，请幼儿用自然的声音齐声歌唱。

活动延伸

1. 在美工区，幼儿可以将鸭和鹅比赛场景进行想象，通过画笔画下来。

2. 教师鼓励并引导幼儿根据原作创编歌词。

例如，三只小鸡七只鹅，摇摇摆摆唱起歌，叽叽叽，鹅鹅鹅，叽叽叽，鹅鹅鹅，三只小鸡去捉虫，七只白鹅下了河；三只小猫七只兔，蹦蹦跳跳去跑步，蹦蹦蹦，跳跳跳，蹦蹦蹦，跳跳跳，七只小兔蹦得高，三只小猫爬上树。

活动评价建议

1. 观察幼儿参与唱歌活动的情绪是否积极、热情。
2. 观察幼儿在唱歌的过程中，能否表达歌曲欢快的情绪。

十、理发师

活动内容

幼儿在理发的时候，围上围兜，坐在镜子面前，听着理发师手中上下飞舞的剪刀唱着美妙的歌声——“咔嚓咔嚓”、“沙沙沙沙”，看着镜子里剪头前后形象的变化，幼儿一定觉得很有意思。歌曲《理发师》把生活中的情趣带进了音乐活动中，引导幼儿愉快地参加歌唱活动，体验歌曲表达的欢快情绪。

活动目标

1. 感受歌曲营造的生活气息，体验歌曲表达的欢快情绪。
2. 学唱歌曲，并尝试分角色表演歌曲。
3. 能与同伴协调合作完成歌曲表演。

活动准备

1. 知识经验准备：

(1)教师了解幼儿歌唱基本能力。

(2)幼儿体验过理发的过程。

2. 物质材料准备：

(1)录音机 1 台，歌曲《理发师》的磁带 1 盘。

(2)表演时使用的塑料剪刀和围兜若干。

活动过程

1. 复习歌曲。

教师带领幼儿齐声复习歌曲《凑数歌》。

2. 导入活动。

(1)教师与幼儿交谈：“我们每个人都有头发，每隔一段时间都要去理发店。女孩子喜欢漂亮，把发型修一修；男孩子喜欢清爽，头发长了剪一剪。那么，到理发店是谁给我们理发呀?”(理发师。)“我们今天学唱的新歌就叫《理发师》。”

(2)教师提问:“理发师用什么给我们理发呀?”(剪刀。)“剪刀发出的是什么样的声音呢?”(教师出示剪刀操作时发出的声响。)“谁能用嘴巴学一学?”(幼儿自由模仿剪刀发出的“咔嚓咔嚓”声。)“好,我们听一听歌曲是不是这样唱的。”

3. 学唱新歌。

(1)熟悉歌曲内容。

教师播放歌曲《理发师》,请幼儿欣赏。

教师提问,帮助幼儿理解歌曲的内容:“这首歌唱的是什么?”(幼儿自由回答。)

在幼儿表述的基础上,教师归纳:“理发店的叔叔阿姨可忙了,剪刀在他们的手里也唱起了歌——咔擦咔嚓。不一会儿,给顾客的头发剪好了。顾客瞧一瞧自己的头发,对着理发师竖起大拇指,说:“头发剪得真漂亮,真漂亮!”

教师有感情地朗诵歌词,然后带领幼儿一起按照歌曲的节奏,朗诵歌词两三遍,帮助幼儿记住歌词。

(2)感知歌曲旋律。

教师再次播放歌曲,请幼儿欣赏。

教师请幼儿自行尝试哼唱歌曲的旋律,为学唱歌曲做好铺垫。

(3)跟着教师学唱。

在此环节中,教师用跟唱的方法,让幼儿学唱歌曲。

教师可以先后采用慢速、中速、快速等不同的歌唱方式,使幼儿通过多次重复感知音乐旋律,增强对歌曲旋律的记忆。

①第一遍,慢速歌唱。

教师讲述:“我是理发师——你们瞧瞧,我是这样慢慢地给顾客理发的。”(教师慢速歌唱旋律。)“小朋友们,想学就和我一起唱吧!”

幼儿跟着教师的节奏,慢速哼唱完整的歌曲旋律。

②第三遍,中速歌唱。

教师讲述:“我是理发师——你们瞧瞧,我用中等速度给顾客理发。小朋友们请跟我一起唱吧。”

教师用中速的节奏进行钢琴伴奏,并和幼儿一起用中速歌唱旋律。

③师幼一起歌唱。

教师带领幼儿一起用轻快的声音齐唱歌曲。

4. 表演歌曲。

(1)教师请幼儿自选角色(理发师和顾客)和道具(塑料剪刀和围兜)。

(2)教师让扮成“顾客”的小朋友,拿着镜子坐在椅子上,让扮演“理发师”的小朋友拿剪刀站在“顾客”身后“理发”。教师鼓励幼儿一边表演一边唱歌。

(3)幼儿互换角色进行表演。

活动延伸

1. 在“娃娃家”，教师可布置更改理发店的场景和道具，幼儿可进行角色扮演。
2. 在美工区，教师可制订有关头发的主题，幼儿根据主题自由作画。

活动评价建议

1. 关注幼儿在学习歌唱的过程中，能否感受歌曲的快乐情绪。
2. 观察幼儿在参与游戏“娃娃家”中，能否主动地与其他幼儿一起游戏。
3. 观察幼儿能否完整地歌唱歌曲《理发师》。

十一、白云飘飘

活动内容

歌曲《白云飘飘》是一首节拍为$\frac{3}{4}$拍的音乐，歌曲结构工整、节奏鲜明、旋律优美，非常适合中班的幼儿用来开展打击乐演奏活动。在活动中，通过教师的引导，幼儿不仅可以了解打击乐器——木鱼、沙球的外形和音色特点，还可以在演奏中增强对音量、速度、力度等音乐要素的表现能力。

活动目标

1. 初步学习并掌握三拍子音乐特点，体验打击乐的乐趣。
2. 认识和了解打击乐器木鱼和沙槌，并掌握乐器演奏的基础知识。
3. 在演奏中提高音量、速度、力度等音乐要素的调整能力。

活动准备

1. 知识经验准备：

(1)幼儿有参与打击乐活动的经验，了解打击乐器的相关知识。

(2)幼儿已基本掌握打击乐器三角铁的演奏方法，会唱《雪花和春雨》的歌曲。

2. 物质材料准备：

(1)打击乐器三角铁、木鱼、沙球若干(各类乐器的数量各为全班幼儿的三分之一)。

(2)放大打击乐合奏图谱。

活动过程

1. 熟悉三拍子的歌曲。

(1)教师播放歌曲《白云飘飘》，请幼儿欣赏。

(2)教师提问：“这首歌曲与《雪花和春雨》在节拍方面有什么不同?”(幼儿自由

回答。)

在幼儿回答问题的基础上，教师做简单小结：“歌曲《雪花和春雨》的节拍是$\frac{2}{4}$，而这首歌曲的节拍是$\frac{3}{4}$。”

(3)教师运用跟唱教学法教唱歌曲。教师在弹奏钢琴和范唱歌曲时，要有意识地表现出三拍子音乐“强弱弱”的特点；请幼儿在跟唱过程中，细心体会三拍子音乐“强弱弱”的特点，对三拍子音乐初步建立感性认识。

(4)教师讲解三拍子音乐的“强弱弱”特点。教师将放大的打击乐合奏谱粘贴到黑板上，请幼儿仔细对照合奏谱，检验教师的歌唱和强弱规律是否一致，并请幼儿讲述观察结果。

2. 学习三拍子音乐的强弱规律——强弱弱。

(1)教师示范讲解三拍子“强弱弱”的规律：音乐每小节第一拍，双手击掌，音乐每小节第二拍、第三拍，用一个手指轻点另一只手的手心。

(2)教师和幼儿一同用双手击打三拍子的节奏。在此环节，教师的示范和引导要遵循由慢到快、循序渐进的原则，使幼儿能逐步跟上教师的速度，并准确演示三拍子音乐“强弱弱”的节奏。

(3)幼儿进一步熟悉节奏。在此环节，教师可在钢琴的伴奏下歌唱歌曲，幼儿在教师的琴声和歌声中，准确演示节奏。

3. 学习几种打击乐器的演奏方法。

(1)教师将幼儿分为三组，并按组分别发放打击乐器：三角铁、木鱼、沙槌。

(2)教师介绍打击乐器，并讲解乐器的正确演奏方法。

①三角铁：一根弯成等边三角形的圆柱形钢条，用绳子悬挂一端，通过另一根金属棒敲击而发出声音的一种乐器。

演奏方法：左手提悬挂三角铁的绳子，右手持金属棒敲打三角铁的底边。

②木鱼：用木头刻制的、形似鱼状、中间空而头部开口的一种乐器。通过另一根木制的敲棒击打鱼头而发音。

演奏方法：左手持木鱼的尾部，右手持棒按照节奏敲打“鱼头”的顶部。

③沙槌：一种用椰壳或塑料制成的空心球体，球内装有细小的沙粒状物体，下端装有握柄，依靠手臂的抖动、摇晃而发出发音。

演奏方法：双手各持一个沙球，用手臂带动手腕上下振动。可以同时两手进行，也可以交替、轮换进行。

(3)在教师的引导下，各组幼儿按照节奏图谱，分组进行节拍训练。幼儿在训练过程中，教师要加强指导，注意控制幼儿乐器演奏的速度、力度。

4. 练习演奏打击乐器。

(1)教师按照不同乐器，分别请出演奏较好的儿童，随着播放的音乐进行示范合奏。

(2)教师播放音乐，组织全班幼儿集体练习合奏。教师强调幼儿的演奏要表现出三拍子“强弱弱”的特点，同时训练幼儿的合奏意识。

(3)教师用钢琴弹奏歌曲旋律，请幼儿随着音乐演奏打击乐器，师幼进行合奏。

活动延伸

1. 教师引导幼儿尝试用打击乐器为其他三拍子乐曲进行伴奏。
2. 将乐器投放到表演区，幼儿自由表演。
3. 观赏打击乐演奏的相关视频。

活动评价建议

1. 关注幼儿是否能够理解三拍子音乐的强弱规律并用乐器准确演奏。
2. 关注幼儿是否积极参与合奏活动，并意识到相互配合的重要性。

十二、听

活动内容

歌曲《听》是一首三拍子的外国童谣。这首歌曲在节奏特点方面，同歌曲《白云飘飘》非常相近。因此，教师在开始活动时，引导幼儿复习歌曲《白云飘飘》，不仅可以巩固幼儿对三拍子“强弱弱”规律的认知，还为幼儿学唱歌曲《听》做了很好的铺垫。在教唱歌曲《听》的过程中，教师注意引导幼儿体会悠闲、自在的音乐风格，提示幼儿用自然的声音来演唱和表现。

活动目标

1. 感受三拍子音乐韵律的节奏美。
2. 巩固加深对三拍子音乐的认识和理解，进一步感受三拍子音乐的节奏规律。
3. 初步感受歌曲悠闲、自在的音乐风格，能用自然的的声音表现这种风格。

活动准备

1. 知识经验准备：

(1)教师了解歌曲《听》的相关背景。

(2)幼儿对三拍子音乐“强弱弱”的节奏规律有一定了解。

2. 物质材料准备：

(1)钢琴、录音机各1台；歌曲《听》的磁带1盘。

(2)活动内容的相关图画。

活动过程

1. 复习三拍子“强弱弱”音乐节奏规律。

(1)教师示范，幼儿跟着做。教师和幼儿坐在凳子上，嘴里数拍子，双手跟着节拍打拍子：音乐每小节第一拍，双手击掌，音乐每小节第二拍、第三拍，用一个手指轻点另一只手的手心。教师注意引导幼儿在击打节奏时，要表现出三拍子音乐的“强弱弱”

的节奏规律。

(2)教师用钢琴伴奏，演唱歌曲《白云飘飘》，幼儿根据教师的伴奏和歌唱，一起快乐地按照三拍子强弱规律打拍子。

2. 学唱新歌。

(1)教师讲述："今天，小朋友要学唱的歌曲，同样也是三拍子的歌曲，歌曲优美动听。这首歌曲的名字就叫做《听》。"

(2)教师用优美、自然、流畅的声音范唱歌曲，并表现出悠闲、自在的音乐风格，让幼儿感知这首歌曲的情绪和风格。

(3)教师带领幼儿诵读歌词，使幼儿进一步熟悉歌曲的内容。

①教师在领读歌词时，做到速度稍慢、声情并茂，朗读的节奏要与歌曲的节奏一致。

②教师提示幼儿注意教师歌唱时的表情和声调，品味歌词抒发的情感，并学会有感情地唱诵这首歌。

(4)教师运用分句教唱法教唱歌曲。在这个过程中，教师要遵循循序渐进的原则，速度由慢到快，乐句由短到长，并引导幼儿用自然的声音进行歌唱。

第一遍：速度慢速，声音自然，逐句学习。

第二遍：速度中速，节奏准确，声音自然，逐句学习。

第三遍：速度稍快，教师引导，抒发情感。

3. 演唱歌曲。

(1)教师用钢琴伴奏，幼儿跟随琴声歌唱歌曲。教师提示幼儿在歌唱的同时，在音乐每小节的第一拍，轻轻地用双手打一下拍子。

(2)教师请幼儿再次跟随琴声，进行歌曲演唱，鼓励幼儿一边歌唱，一边自由做动作表演。

活动延伸

1. 歌词创编：鼓励幼儿根据歌曲歌词的规律，创编新的歌词并进行歌唱，如树叶在沙沙响，河水在哗哗唱，小虫在啾啾叫，等等。

2. 在表演区，教师可引导幼儿分组表演这首歌曲。

活动评价建议

1. 关注幼儿对三拍子音乐的"强弱弱"节奏规律是否能够熟记。

2. 关注幼儿是否体会到歌曲《听》的音乐风格，是否用自然的声音抒发情感。

十三、客人来了

活动内容

准确分辨和正确歌唱附点节奏，是幼儿音乐活动中的难点。在本次音乐活动中，教师可以通过列举在日常说话中常见的附点节奏，使幼儿更为直观、准确、轻松地分辨和掌握这一节奏型。在学习《客人来了》的歌唱中，教师安排适当的情景表演，不仅可以培养幼儿的想象能力，提高幼儿参与音乐学习的积极性，还可以使幼儿懂得并学会如何礼貌地招待家中来访的客人。

活动目标

1. 乐于用动作来表现歌曲，感受歌曲表达的热情、愉快的情绪。
2. 掌握附点节奏的准确唱法，完成歌曲的歌唱。
3. 懂得礼貌地对待他人的道理。

活动准备

1. 知识经验准备：

(1)教师开展过“客人来了”类型的社会课程。

(2)幼儿会简单地待人接物(基本的待客礼仪)。

2. 物质材料准备：

(1)钢琴、音频播放设备各 1 台，歌曲《客人来了》音频。

(2) × × | × × | 和 $\underline{\times}$ ×· | $\underline{\times}$ ×· | 节奏型卡片个 1 张。

(3)与讲礼貌有关的图画。

活动过程

1. 发声练习。

教师带领幼儿用《音阶练声曲》进行练声。要求幼儿保持正确的坐姿，用自然、优美的声音进行歌唱，并指导幼儿初步学习掌握气息。

音阶练声曲

1=C—D $\frac{2}{4}$

1 2 3 4 | 5 6 7 | $\dot{1}$ — | $\dot{1}$ 7 6 | 5 4 3 2 | 1 — ‖

我们 一起 来 唱 歌， 啦 啦啦 啦啦 啦啦 啦。
我们 一起 来 唱 歌， 嘛 嘛嘛 嘛嘛 嘛嘛 嘛。
我们 一起 来 唱 歌， 咪 咪咪 咪咪 咪咪 咪。

2. 导入活动。

教师提问：“小朋友们，你们的家里来过客人吗？请你们讲一讲，你在家里是怎样帮助爸爸妈妈招待客人的。”(幼儿自由表述。)“听小朋友们一讲，老师知道你们都是懂礼貌的好孩子。现在老师播放一首名叫《客人来了》的歌曲，你们听一听，歌里的这个小朋友是如何招待客人的。”

3. 欣赏歌曲。

(1)第一次播放歌曲，请幼儿听清歌曲的内容。

教师提问：“谁能说一说歌里唱的是什么内容。”(幼儿自由表述。)

在幼儿自由表述的基础上，教师归纳：家里来了客人，小朋友请客人进屋里坐，请客人喝茶；客人要走了，要做到送客人到门外，点头招手，欢迎客人下次再来。

(2)第二次播放歌曲，请幼儿轻声跟唱，熟悉歌曲的旋律。

4. 学唱歌曲。

(1)教师运用分句教唱法教唱歌曲。教师教唱时注意速度的掌握，例如第一遍可以用慢一点的速度，帮助幼儿唱准附点节奏。在幼儿基本掌握附点音符的唱法后，第二遍和第三遍歌唱时可以回原速再练习唱。

(2)为了帮助幼儿听辨附点节奏，教师可以出示两种不同节奏型的卡片，运用不同节奏的生活语言，进行对比讲解：

第一种为一般节奏：

× × | × × |

阿 姨， 你 好！

第二种为附点节奏：

× ×· | × ×· |

阿 姨， 你 好！

通过对比，幼儿就能很容易地理解附点节奏。在此基础上，教师带领幼儿重点练附点节奏的唱法。

(3)安排幼儿分组进行歌唱，提示幼儿注意掌握附点节奏的唱法。

5. 情景表演。

(1)教师请幼儿逐一观看图画，并结合画面分组讨论：家里来了客人，我们应该怎样做呢？

(2)教师引导幼儿分组选出角色，根据画面和歌曲内容进行情景表演排练。

(3)教师组织各组幼儿，在班上轮流表演，教师对幼儿的表演给予积极的肯定和鼓励。

(4)教师用钢琴伴奏，全体幼儿齐唱歌曲《客人来了》，结束活动。

活动延伸

1. 亲子活动：请家长给幼儿讲一讲礼貌待客需要注意的地方。
2. 在表演区，将歌曲中的“阿姨”更换为“叔叔”、“爷爷”、“奶奶”等，请家长与幼儿分角色表演创编歌曲。
3. 在表演区，开展“客人来了”的角色游戏。

活动评价建议

1. 关注幼儿是否理解歌曲内容，是否懂得“礼貌待客”的道理。
2. 观察幼儿能否准确分辨和掌握附点节奏，较好地完成歌曲的演唱。

十四、小猫敲门(一)

活动内容

歌曲《小猫敲门》是一首趣味性很强的儿童歌曲，其一字一音的旋律特点，方便幼儿学习演唱。另外，歌曲内容有丰富的含义，更容易调动幼儿参与音乐活动的积极性。在教学活动中，教师首先通过复习的形式，对幼儿进行对唱形式训练，使幼儿初步建立分角色歌唱的意识，为本次活动做好知识上的准备和铺垫。

活动目标

1. 乐于用对唱的形式表现歌曲。
2. 学唱歌曲《小猫敲门》，并用对唱形式演唱。
3. 能初步建立与他人合作的意识。

活动准备

1. 知识经验准备：

(1)教师熟练弹唱歌曲《小猫敲门》和《凑数歌》。

(2)幼儿在学唱歌曲《凑数歌》时，已熟悉对唱的演唱形式。

2. 物质材料准备：

(1)钢琴、录音机各1台，歌曲《小猫敲门》的磁带1盘。

(2)与歌曲内容相关的图画。

活动过程

1. 练声活动。

教师用范唱或语言讲述等手段，引导幼儿用自然流畅的声音进行练声。

练声曲(移调练习)

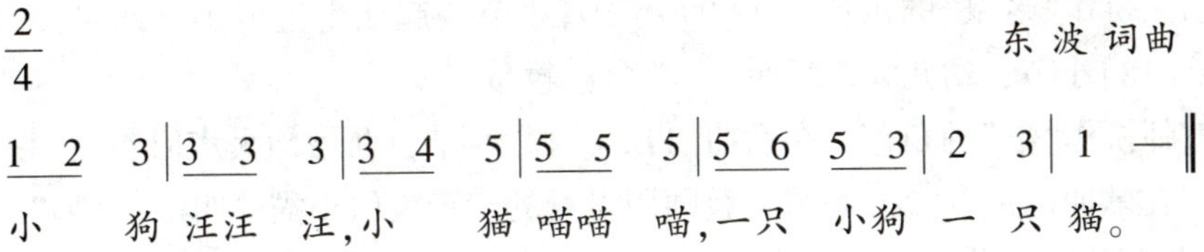

2. 复习歌曲《凑数歌》。

(1)在教师的钢琴伴奏下，幼儿齐声复习歌曲《凑数歌》。

(2)教师将幼儿平均分成两组，并引导幼儿用对唱形式进行复习。通过不同形式的歌唱，增强幼儿对歌唱的兴趣，丰富幼儿对歌唱的体验。

演唱要求：第一组幼儿饰演鸭的角色，第二组幼儿饰演鹅的角色。

演唱安排：音乐 A 部分由第一组演唱，音乐 B 部分由第二组演唱，音乐 C 部分全体幼儿一起唱。

凑数歌

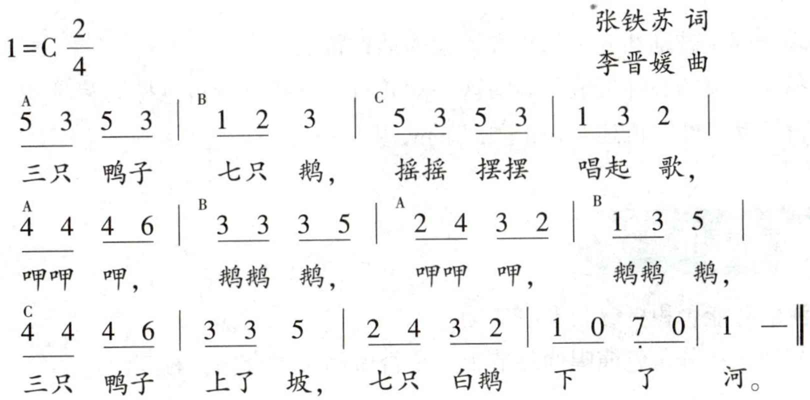

3. 学唱新歌。

(1)教师播放歌曲《小猫敲门》，请幼儿倾听，初步熟悉歌曲的内容。

(2)教师提问：“小朋友们，歌曲给我们讲了一个很有趣的故事，哪个小朋友能给我们讲一讲呢?”

请 2~3 名幼儿讲述歌曲的内容，教师归纳歌曲的歌词大意。

(3)教师带领幼儿按照歌曲节奏，一起朗读歌词。

(4)教师弹奏钢琴并范唱歌曲，幼儿按照歌曲的节拍，击掌打节奏(教师在处理歌曲的念白部分时，可适当地加入表演)。

(5)教师领唱，幼儿小声跟唱。

(6)教师伴奏，幼儿用自然的声音歌唱。

歌曲念白部分处理建议：

①幼儿扮作"老鼠"的角色，在[9]~[10]小节一起怯生生地小声询问："是谁呀?"在[17]~[18]小节，幼儿大声呼叫："救命！救命!"

②教师扮作"猫"的角色，在歌曲[11]~[12]小节，骄傲地大声回答："是我，我是猫司令。"在歌曲[19]~[20]小节，教师用得意的声音模仿小猫的叫声"喵呜"。

(7)教师将幼儿分成两组，分别饰演老鼠和小猫的角色，并演唱歌曲。

[1]~[4]小节，饰演老鼠的一组幼儿演唱。

[5]~[8]小节，饰演小猫的一组幼儿演唱。

[9]~[10]小节，饰演老鼠的一组幼儿演唱。

[11]~[12]小节，饰演小猫的一组幼儿演唱。

[13]~[18]小节，饰演老鼠的一组幼儿演唱。

[19]~[20]小节，饰演小猫的一组幼儿演唱。

(8)幼儿互换角色进行歌唱，结束活动。

活动延伸

1. 在表演区，鼓励幼儿模仿猫和老鼠的动作特征。
2. 将猫和老鼠的头饰投放到表演区，幼儿自由选择进行角色扮演游戏。
3. 语言活动：幼儿讲述"猫和老鼠"的故事。

活动评价建议

1. 关注幼儿能否积极参与歌唱活动。
2. 观察幼儿在分角色演唱的环节中，是否做到乐于合作，相互配合。

十五、小猫敲门(二)

活动内容

歌曲《小猫敲门》的内容带有明显的儿童故事情节特点，尤其是歌曲中加入旁白，使这一特点显得更为突出。在游戏活动中，幼儿根据游戏的情节和内容，模仿“猫司令”和“老鼠”的动作、神态，可以提高幼儿的音乐想象力和对音乐的领悟能力。

活动目标

1. 积极参与集体游戏，体会与他人合作的乐趣。
2. 通过参与游戏，基本掌握游戏玩法。
3. 进一步提高幼儿的音乐想象能力和肢体表现能力。

活动准备

1. 知识经验准备：

(1)教师了解幼儿参与游戏的能力。

(2)幼儿会唱歌曲《小猫敲门》，知道“猫与老鼠”的游戏。

2. 物质材料准备：

(1)猫和老鼠的头饰若干。

(2)小红花的贴纸若干。

(3)钢琴、音乐播放设备各1台。

3. 环境准备：

(1)清理活动室，便于幼儿开展游戏活动。

(2)在活动室中张贴猫捉老鼠的图画。

活动过程

1. 复习歌曲。

在教师的钢琴伴奏下，幼儿一起复习歌曲《小猫敲门》。

2. 导入游戏。

教师导语：“小朋友们，歌曲给我们讲了这样一个故事：一群老鼠正在房间里跑来跑去地偷东西，突然听到‘笃笃笃、笃笃笃’的敲门声，它们怯生生地问道：‘是谁呀？’门外的大花猫神气地回答：‘是我，是我，我是猫司令。’屋内的老鼠们一听是‘猫司令’，都吓坏了，大喊着‘救命’、‘救命’，在屋子里四处躲藏、逃窜。‘猫司令’冲进屋内，大喊着‘喵呜’——‘喵呜’，将这些偷东西的坏老鼠全部捉住。小朋友们，今天，老师就和你们一起来玩这个有趣的音乐游戏。”

3. 进行游戏。

(1)教师将幼儿分成两到三个小组，每组幼儿用自荐或推荐的方式，选一位幼儿饰演猫的角色，小组其他成员饰演老鼠的角色。

(2)教师根据音乐的层次和故事情节，分步骤、分角色教会幼儿游戏的玩法。

前奏部分，“老鼠”在房间内到处乱跑，肆无忌惮地偷东西。

[1]~[2]小节，“猫司令”举起右手做敲门状。“老鼠”在房间内轻轻移动。

[3]~[4]小节，“老鼠”停下脚步，把右手放到耳边，做倾听敲门声状。

[5]~[6]小节，“猫司令”做出神气洋洋的样子，左手叉腰，右手用力拍打门。

[7]~[8]小节，“猫司令”左手叉腰，右手伸出大拇指，并指向自己。

[9]~[10]小节，“老鼠”轻声问。

[11]~[12]小节，“猫司令”神气地回答。

[13]~[18]小节，“老鼠”四处逃窜，并大喊救命。

[19]~[20]小节，“猫司令”大叫着“喵呜”，向“老鼠”扑去。

(3)教师讲述游戏的规则：

①在唱到音乐第[19]小节时，“猫司令”才可以去捉“老鼠”；

②“老鼠”可在游戏中突然蹲下，表示钻进“老鼠洞”，成功躲避“猫”的追捕；

③被“猫”捉住的“老鼠”只能站在指定的地方，停止游戏一次。

(4)教师用钢琴伴奏，幼儿分组歌唱并进行游戏活动。

4. 结束游戏。

(1)教师点评游戏的进行情况，并给表演好的一组成员贴上小红花。

(2)幼儿齐唱歌曲，结束活动。

活动延伸

1. 表演区：在游戏表演区投入小猫和老鼠的头饰，使幼儿自主进行游戏。
2. 语言区：在语言区准备不同的猫和老鼠的挂图，使幼儿能够根据图片创编故事。

活动评价建议

1. 关注幼儿是否有兴趣参与音乐游戏，是否乐意与同伴合作游戏。
2. 观察幼儿在参与音乐游戏的过程中，是否能够按照音乐和动作的要求完成游戏。

十六、火车舞

活动内容

儿童舞蹈《火车舞》是集体邀请舞。该类型舞蹈是幼儿比较喜爱的一种舞蹈形式，在表演时，通常由一部分幼儿作为邀请者，与被邀请者跳完一遍以后，交换角色再继续跳舞。《火车舞》先以圆圈舞的形式开始，然后以形成一列长长的“火车“结束。在集体舞蹈的过程中，这种队形的自然变化，可以引发幼儿的联想和想象，同时又能培养幼儿的合作意识，知道在集体舞蹈中，既要积极表现自己，又要互相配合协作，才能圆满地完成舞蹈表演。

活动目标

1. 感受集体参与这一舞蹈形式所带来的乐趣。
2. 了解“集体邀请舞”的形式，知道集体舞蹈的特点。
3. 能够动作协调并且连贯地合作完成集体舞蹈的表演。

活动准备

1. 知识经验准备：

(1)教师熟悉这种舞蹈表演，了解幼儿舞蹈表演能力。

(2)幼儿听过音乐《火车舞》，熟悉《火车舞》的相关律动。

2. 物质材料准备：

录音机 1 台；《火车舞》音乐磁带 1 盘。

3. 环境准备：

清理活动室，便于幼儿开展舞蹈表演活动。

活动过程

1. 导入活动。

教师与幼儿交谈：“小朋友，你们在假期中，跟随爸爸妈妈外出旅游的时候，乘坐的什么交通工具?”(汽车、火车、飞机。)“有的小朋友乘坐的是火车，火车是怎么叫的?谁能学一学?”(幼儿模仿火车鸣笛的声音。)“今天我们学习一个舞蹈，舞蹈的名称就叫作《火车舞》。”

2. 熟悉舞蹈音乐。

教师播放《火车舞》的音乐，请幼儿欣赏。

3. 了解舞蹈形式。

(1)教师讲述:《火车舞》是一种集体邀请舞。参加舞蹈的人数不限，大家围站成一个圆圈，面向圈心。几个小朋友站在内圈作为舞蹈的邀请者，其余小朋友作为舞蹈的被邀请者站在外圈。在音乐响起后，邀请人通过动作邀请外圈的小朋友一起跳舞。

(2)请小朋友围站成一个圆圈，面向圈心。教师站在圈内示范邀请人的动作，同时进行动作讲解，让幼儿直观地了解集体邀请舞的形式。

4. 学习舞蹈动作。

(1)教师先示范邀请者的分解动作，同时用清楚明白的语言讲解动作要领，然后请幼儿按照节奏模仿教师，学习分解动作。

(2)教师示范被邀请者的分解动作，同时用清楚明白的语言讲解动作要领，然后请幼儿按照节奏模仿教师，学习分解动作。

(3)播放第一遍音乐，教师带领幼儿一起连贯地做邀请者的舞蹈动作。

(4)播放第二遍音乐，教师带领幼儿一起连贯地做被邀请者的舞蹈动作。

(5)教师先将幼儿分成两组，少数幼儿站在内圈作为舞蹈的邀请者，其他多数幼儿站在外圈，作为舞蹈的被邀请者(二者人数的比例约为1∶6)。然后播放第三遍音乐，教师指导两组幼儿配合练习连贯的舞蹈动作。

5. 集体表演舞蹈。

教师反复播放音乐，带领幼儿配合表演集体邀请舞，直至外圈的每个被邀请者都被邀请，一起参与舞蹈表演，邀请者后面形成一列“火车”，舞蹈结束。

活动延伸

1. 亲子活动：与家人一起完成游戏。

2. 户外活动：将游戏拓展到户外的小花园，让幼儿走进自然，增强集体舞蹈的游戏性和趣味性。

3. 表演区：准备各种不同的动作头饰，幼儿扮演不同的动物参与游戏。

活动评价建议

1. 关注幼儿在活动中的情绪是否积极、热情，是否体验到参与集体邀请舞的乐趣。

2. 观察幼儿是否能合着音乐的节拍进行舞蹈。

3. 幼儿跳舞时动作是否协调。

附：

舞蹈动作说明

1. 第一遍音乐

[1]小节：邀请者，双手叉腰，逆时针方向走。第一拍，前半拍左脚原地跳一次，同时右腿屈膝，脚离地，后半拍右脚落地。第二拍，左脚向前走一步。被邀请者在圆圈上两拍拍一次手。

[2]~[5]小节：邀请者动作同[1]小节。

[1]~[5]小节：反复，动作同[1]~[5]小节，最后两拍面对一个被邀请者。

[6]小节：邀请者与被邀请者动作相同，第一拍，右脚原地踏一步，同时右手后背(或叉腰)。第二拍，左侧踵步，左臂由下经过体前向左侧打开，手心向上，以示邀请友好之意。其他幼儿继续两拍拍手一次。

[7]小节：动作同[6]小节，方向相反。

[6]~[7]小节：反复：动作同[6]~[7]小节。

[8]小节：圆圈内邀请者蹦跳步右转180°，面向圆心，同时圆上被邀请的幼儿，双手搭在对方的肩上(或扶在腰的两侧)。

2. 第二遍音乐

[1]~[5]小节：反复，圆内排头的幼儿双手叉腰当火车头，后边小朋友可左手搭前面幼儿的肩膀，右臂屈肘与腰间，从身体前经下方向后方画圆(模仿火车轮转动)，画圆两拍一次，步法同第一遍音乐[1]~[5]小节，圆圈上小朋友继续两拍拍手一次。以下相同，略。

[6]~[7]小节：反复，从第一个邀请人动作同第一遍音乐[6]~[7]小节，只是后面的幼儿双手搭前面幼儿的肩，只随排头幼儿出脚，身体微侧。

[8]小节：动作同第一遍[8]小节。

后面的舞蹈动作不断重复前面的动作，反复进行，直至各个队越跳越长，参加舞蹈的人全部被邀请完时，舞蹈结束。

十七、白龙马

活动内容

歌曲《白龙马》是深受我国儿童喜爱的大型儿童动画片——《西游记》的片尾曲。歌词高度概括了小说《西游记》的大致内容，音乐风格诙谐有趣，旋律简单易学。幼儿在欣赏音乐《白龙马》的活动中，不仅可以受到唐僧师徒四人同心协力、不畏艰难险阻的意志品质的影响，还可以感受到鲜明的中国民族音乐的风格特色。

活动目标

1. 体验诙谐有趣的风格音乐。
2. 认识、了解乐器编磬，感受中国民族音乐特色。
3. 能掌握不同形式的歌曲演唱。

活动准备

1. 知识经验准备：

(1)教师了解打击乐器编磬，了解幼儿音乐欣赏能力。

(2)幼儿了解《西游记》中相关的人物形象及人物特点。

2. 物质材料准备：

(1)影碟机 1 台；《白龙马》的碟片 1 盘。

(2)有关白龙马的影像片段。

(3)打击乐器编磬的图片。

活动过程

1. 导入活动。

教师提问："小朋友，有一部动画片你们都喜欢看。动画片讲述的是一个师傅带着三个徒弟，勇敢面对各种困难，最终完成任务的故事。小朋友们，你们猜一猜，这部动画片的名字是什么呀？"(《西游记》。)"这个动画片每集快完的时候播放的歌曲叫什么名字？”(《白龙马》。)“现在老师播放这首歌曲，请小朋友安静地听，认真地欣赏。”

2. 欣赏音乐。

(1)教师第一遍播放歌曲，引导幼儿了解歌曲内容。

教师与幼儿交谈下列问题：

①歌曲中，除了白龙马，还有什么人物？

②师徒四人准备干什么去？

③他们在取经的路上，碰到了什么样的困难？

④在困难面前，他们是怎么做的？结果如何？

(2)教师第二遍播放歌曲，引导幼儿感知歌曲的演唱形式、曲调的情绪。

教师与幼儿交谈下列问题：

①歌曲的演唱形式是独唱还是齐唱？

②歌曲的情绪是欢快的还是低沉的？

③歌曲的速度是快速、中速还是慢速？

(3)教师反复播放歌曲的前奏部分，引导幼儿听辨编磬的声音。

教师与幼儿交谈下列问题：

①前奏中有一种很清脆的声音，听出来了吗？

②这种声音是什么乐器发出来的？

③听了这种声音有什么感觉？

(4)教师请幼儿观看编磬的图片，并作简单介绍，让幼儿了解编磬的形状、质地、演奏方法，知道编磬是中国古代打击乐器，可以演奏非常动听的旋律。

3. 感受快乐。

教师播放音乐，同幼儿一起按照音乐的节拍拍手，并鼓励幼儿跟着音乐哼唱歌曲，感受音乐带来的快乐。

活动延伸

1. 表演区：在艺术表演区投入各种不同人物的头饰，让幼儿主动大胆戴头饰进行表演。

2. 语言区：语言区投入《西游记》场景的不同图画，让幼儿利用不同图画进行故事讲解。

十八、小星星

活动内容

引导幼儿积极参与音乐活动，进一步培养幼儿的音乐节奏感，对中班上学期的幼儿来说是非常重要的。歌曲《小星星》是一个$\frac{4}{4}$节拍的歌曲，通过该歌曲的歌唱活动，积极鼓励幼儿尝试玩乐器，让幼儿自由创编舞蹈，进一步体会$\frac{4}{4}$节拍的音乐效果。本活动的教学难点是，幼儿能根据音乐旋律勇于表现音乐的美、表现欢快的节奏，从而体验音乐活动的魅力。随着歌曲《小星星》优美动听旋律的进行，幼儿脑海中呈现出一幅满天星星在黑幕般的天空中熠熠闪烁的美景。

活动目标

1. 体验音乐带来的美的享受，萌发幼儿在活动中大胆表现自己的勇气。
2. 通过节奏练习，初步理解音乐$\frac{4}{4}$节拍的音乐节奏感。
3. 能够主动参与创编活动，增强幼儿的创编能力。

活动准备

1. 知识经验准备：

(1)教师了解幼儿参与打击乐活动的能力，熟知打击乐器的正确演奏方法。

(2)幼儿接触过相关的打击乐器。

2. 物质材料准备：

(1)录音机、歌曲《小星星》磁带。

(2)碰铃、铃鼓、三角铁、响板等打击乐器若干。

(3)多种舞蹈道具。

活动过程

1. 导入活动。

教师讲述："小朋友，我们上次在学会唱《快乐的小鸟》这首歌以后，又学习了用响板和碰铃为歌曲伴奏。今天，我们还要学习用更多的打击乐器为歌曲伴奏。"

2. 训练节奏。

教师讲述："今天我们学习用打击乐器伴奏的歌曲，名字叫做《小星星》，这是一首四拍子的歌曲，我们先要熟悉四拍子的基本节奏。"

(1)教师启发幼儿迁移生活语言的经验，理解四拍子的概念。帮助幼儿意识到在日常生活中，我们经常不知不觉地运用四拍子的节奏说话，表达意思。比如：

X	—	—	—	|	X	—	—	—	|
喂——					哎——				
X	—	X	—	|	X	—	X	—	|
来——		啰——			好——		啰——		
X	X	X	X	|	X	X	X	—	|
我	们	一	起		来	唱	歌。		
X	X	X	X	|	X	X	X	X	|
老	师	您	早！		老	师	您	好！	
XX	XX	X	X	|	XX	XX	X	X	|
我们	都是	朋	友，		一起	来做	游	戏。	
XX	XX	XX	X0	|	XX	XX	XX	X0	|
我们	都是	好朋	友，		大家	一起	做游	戏。	

(2)教师出示$\frac{4}{4}$节拍的四种节奏型卡片，引导幼儿借助数拍子和拍巴掌的方法，掌握以下四种节奏型：

一音四拍节奏	X	—	—	—	|	X	—	—	—	|
一音二拍节奏	X	—	X	—	|	X	—	X	—	|
一音一拍节奏	X	X	X	X	|	X	X	X	X	|
两音一拍节奏	XX	XX	XX	XX	|	XX	XX	XX	XX	|

教师通过不同节奏变化所带来不同的节奏感受，给幼儿以魔术般的体验，提高幼儿

参与节奏练习的积极性，并使幼儿在掌握不同节奏的过程中，感受成功和愉悦。

3. 熟悉歌曲。

(1)教师第一次播放歌曲《小星星》，请幼儿倾听，了解歌曲的内容。

教师与幼儿交谈："小朋友，这首歌曲唱的是什么?"(小星星。)"小星星在干什么?"(一闪一闪眨眼睛。)

(2)教师第二次播放歌曲，请幼儿一边欣赏，一边轻声跟唱，熟悉歌曲旋律。

(3)教师第三次播放歌曲，请幼儿一边轻声跟唱，一边用手击打节奏。

4. 认识并学习使用乐器。

(1)教师讲述："小朋友刚开始上幼儿园的时候，就认识了铃鼓，在为歌曲《小星星》伴奏的时候，我们又认识了响板和碰铃两种打击乐器，现在我们再认识一种新的打击乐器。"(教师出示三角铁)"它的名称叫做三角铁，是用细钢条弯成三角形的打击乐器，我们用金属棒敲击，它会发出清脆悦耳的声音。"

(2)教师演示三角铁的演奏方法，并将三角铁分发给幼儿轮流尝试敲击。

5. 训练演奏打击乐器。

(1)教师出示歌曲《小星星》打击乐器伴奏谱卡片，分别讲解碰铃、铃鼓、三角铁、响板的伴奏方法。

(2)教师将幼儿分成四组，把碰铃、铃鼓、三角铁、响板分发给各组分别训练。

(3)教师组织碰铃组和铃鼓组配合训练，三角铁组和响板组配合训练。

(4)教师将四个组合起来一起配合训练。

在训练过程中，教师不要急于求成，尤其要关注节奏不稳的幼儿。当幼儿出现节奏不稳的情况，教师可走到幼儿身边，手把手地教，或按照节奏轻拍幼儿肩部，引导幼儿掌握演奏乐器的要领。

6. 完成打击乐器合奏。

播放歌曲录音，教师指挥幼儿分别用各自的打击乐器为歌曲《小星星》伴奏，让幼儿体验合作成功的乐趣。

活动延伸

1. 表演区：将不同的打击乐器投放到艺术表演区，将请幼儿大胆主动表演，打出不同节奏。

2. 亲子活动：请家长与幼儿在生活中，寻找不同的材料，如在瓶子里放入少量沙子，制作不同的乐器。

活动评价建议

1. 关注幼儿参与打击乐学习是否积极、热情。

2. 观察幼儿是否初步掌握四拍子歌曲的基本节奏。

3. 观察幼儿是否能够根据歌曲节奏谱正确演奏打击乐器，互相之间的配合是否协调。

十九、雪花和春雨(一)

活动内容

歌曲《雪花和春雨》是一首形象地表现“冬季”和“春季”自然现象的歌曲，在冬去春来的季节，幼儿可以根据季节的变化，更好地理解歌曲的内容。歌曲《雪花和春雨》具有音域较窄、音区较低、旋律流畅的特点。因此，在幼儿学唱环节，教师可以根据幼儿实际的能力和水平，选择通过移调的方式，组织歌曲学习。幼儿通过学习歌曲内容，不仅可以提高歌唱水平，还可以培养仔细观察生活的良好习惯。

活动目标

1. 培养幼儿仔细观察生活的良好习惯和热爱生活的美好情感。
2. 初步掌握歌曲节奏“$\overset{\frown}{\times\ \ \times}$”的正确歌唱方法。
3. 能较完整地歌唱歌曲《雪花和春雨》。

活动准备

1. 知识经验准备：

(1)教师能完整完成歌曲的弹唱，了解幼儿歌唱能力。

(2)幼儿对冬天和春天已有相关的知识和生活经验。

2. 物质材料准备：

(1)关于冬天和春天的挂图各 1 幅或视频各 1 段。

(2)多媒体音响 1 套，歌曲磁带 1 盘。

活动过程

1. 导入活动：通过谈话及图片引出幼儿参与活动的兴趣。

(1)教师提出问题：“小朋友们，现在是什么季节?”(冬天。)“冬季会有一些什么样的天气现象?”(幼儿自由回答。)“冬季过后是什么季节?”(春天。)

(2)教师展示挂图或播放视频，并归纳讲述："冬季里，天气会变得很冷，水会结冰，还有美丽、洁白的小雪花从天上飘下来，非常好看。春季里，天气变得暖和起来，冰融化了，草儿变绿了，花儿盛开了，小鸟飞回来了。今天我们就来学唱《雪花和春雨》。"

2. 欣赏歌曲，感受歌曲中的情境。

(1)教师播放歌曲《雪花和春雨》，使幼儿初步感知歌曲的旋律和内容。

(2)教师请幼儿讲述歌曲的内容。教师可在幼儿讲述时，适当给予提醒和补充，使幼儿对歌曲内容有更完整的了解。

(3)在教师的带领下，幼儿集体朗读歌词。

3. 学唱歌曲，能够用正确的方式演唱。

(1)教师以清唱的形式，用自然动听的声音进行范唱。(教师通过规范的范唱，可以潜移默化地培养幼儿正确的歌唱意识，培养幼儿对美好大自然的热爱之情。)

(2)教师用钢琴伴奏，并领唱歌曲，幼儿轻声跟唱。

(3)教师逐句教唱。教师在教唱时，要时刻提醒幼儿用自然的声音演唱。

活动重点：准确歌唱节奏"$\overset{\frown}{\times\ \times}$"。

4. 趣味游戏，巩固歌曲内容。

(1)教师将幼儿分成"问"和"答"两个组，采用一问一答的对唱形式进行演唱。

规则：A组唱歌曲第一个乐句，B组唱歌曲第二个乐句，后两个乐句两组一起唱。(这个环节一两遍后，将A、B两组的歌唱内容进行对调。)

(2)幼儿用自然的声音，完整地演唱歌曲。

5. 自由演唱。

教师请全体幼儿起立，一边歌唱，一边原地自由地用形体表演歌曲内容，表达内心喜悦的心情。

活动拓展

1. 美工区：鼓励幼儿根据自己的想象，画一幅题为《雪花》或《春雨》的画。

2. 语言区：鼓励幼儿根据图片的内容，分享"雪花"与"春雨"的特点。

活动评价建议

1. 关注幼儿是否掌握了节奏"$\overset{\frown}{\times\ \times}$"的准确唱法。

2. 关注幼儿在活动中是否感受到歌曲展现出的美。

二十、雪花和春雨(二)

活动内容

《雪花和春雨》的歌词具有一个很明显的季节特征。教师根据季节特征设计了幼儿对歌词进行创编的音乐活动。在活动过程中，教师引导幼儿通过不同的视角，仔细观察身边的世界随着季节的变化有哪些不同。通过该活动，可以进一步培养幼儿参与创编的兴趣，增强幼儿创编意识，培养幼儿的发散性思维。

活动目标

1. 乐于参与创编活动，体验合作创造的快乐。
2. 了解四季的季节特点。
3. 能够大胆想象创编歌词。

活动准备

1. 知识经验准备：

(1)教师了解幼儿歌曲创编能力。

(2)幼儿会唱歌曲《雪花和春雨》。

2. 物质材料准备：

(1)具有四个季节特征的图片各1张。

(2)录音机1台；歌曲《雪花和春雨》的磁带1盘。

活动过程

1. 集体复习歌曲。

(1)教师播放歌曲《雪花和春雨》，让幼儿的情绪尽快进入音乐营造的情景中。

(2)教师用钢琴伴奏，幼儿站立，并齐声复习歌曲的歌唱。要求：①双脚并拢，身体站直，双手自然下垂，并放在身体的两侧；②用自然的声音、甜美的情感歌唱。

(3)幼儿分组轮换歌唱。教师适时给予一定的提示和指导，让幼儿的歌唱能力逐步得到提高。

2. 尝试创编歌词。

(1)教师依次出示四季图片，启发幼儿："小朋友们，一年之中有四个季节，每个季节都有美丽迷人的画面。可是歌曲《雪花和春雨》只唱出了冬天和春天的美丽，我们能不能把夏季和秋季的内容也编出来，唱给大家听?"

(2)幼儿分组活动，讨论如何创编歌曲的歌词。

(3)教师引导幼儿进行联想。教师轮流参与幼儿的讨论，引导幼儿根据歌曲原有歌词联想："冬天有雪花敲着窗户，春天有春雨敲着窗户，那么，夏天有什么敲着窗户呢? 秋天又有什么敲着窗户呢?"

在教师的提示下，幼儿结合已有的经验，开启了想象的闸门，说出许多有夏天和秋天特征的事物，为创编歌词打开了思路。

(4)组织幼儿交流。各组派一名代表朗诵本组创编的歌词。教师引导幼儿进行简单评价。教师充分肯定幼儿作品，同时给予指导，提出修改意见。

(5)在教师的引导和帮助下，各组幼儿将本组创编的歌词填入歌曲。对歌词与旋律不合适的地方，进行第二次创编和修改，并轻声练习创编后的歌曲。

3. 演唱创编歌曲。

(1)教师请幼儿分组表演创编后的歌曲，从而获得成就感。

(2)教师在征求幼儿同意的基础上，将各组幼儿创编的歌词进行归纳、提炼，变成全班幼儿共同创编的歌词，填入歌曲中。

(3)教师带领幼儿齐唱全班统一的创编歌曲，鼓励幼儿随着音乐旋律自由做动作，进一步感受集体创作的乐趣。

活动延伸

1. 科学探索：能够通过自己的方法，在成人的引导下去查阅雪花和春雨的形成及相关特点，并将找到的结果用其他方式记录下来，与同伴分享。

2. 表演区：将录音机和歌曲《雪花和春雨》的伴奏磁带投放音乐角，鼓励幼儿演唱创编歌曲。

活动评价建议

1. 关注幼儿是否积极参与创编活动，是否敢于提出自己的创意。

2. 关注幼儿能否运用发散性思维，进行想象创编歌词。

3. 观察幼儿是否乐于和同伴合作，是否体验到合作成功的乐趣。

附:

歌词创编示例

(一)

是谁敲着窗户,
呱呱呱呱呱?
是我,是我,
我是小青蛙,
我从池塘里跳上来,
告诉你,告诉他,
夏天来到了。

(二)

是谁敲着窗户,
沙沙沙沙沙?
是我,是我,
我是落叶呀,
我从大树上飘下来,
告诉你,告诉他,
秋天来到了。

中班(下)

一、小小升旗手

活动内容

国旗是国家的神圣象征。在每周一举行的升旗仪式上，小小升旗手们庄重的表情俨然是个真正的升旗手了，他们为自己是中国人而感到无比的自豪！歌曲《小小升旗手》的歌词运用了贴近幼儿生活的语言，表现了孩子们升国旗时的那种喜悦、自豪的心情，通过歌曲的演唱，激发孩子们对国旗的热爱及对祖国的热爱。在幼儿学唱这首歌曲时，教师要引导幼儿感受三拍子歌曲活泼、轻快的优美旋律，体会和把握歌曲所表达的内容和情绪。

活动目标

1. 乐于倾听歌曲，愿意积极参与歌唱活动。
2. 体验三拍子歌曲的强弱规律，了解歌曲活泼、欢快的情绪。
3. 能用活泼、欢快的歌声演唱歌曲，表达自豪的情感。

活动准备

1. 知识经验准备：

(1)教师能优美地歌唱歌曲，了解幼儿歌唱能力。

(2)幼儿参加过升旗仪式，了解三拍子音乐的强弱规律。

2. 物质材料准备：

(1)音频视频播放设备1台；将歌曲《小小升旗手》拷在U盘里。

(2)关于升国旗的视频和PPT。

3. 环境准备：

将活动室的板凳呈半圆形摆放在活动室中间。

活动过程

1. 准备活动。

(1)发声练习。

教师带领幼儿用《小公鸡来唱歌》的练声曲，进行师幼对唱练声。要求幼儿身体要坐端正，声音要自然优美；仔细听钢琴伴奏，伴随钢琴的节拍进行歌唱。

小公鸡来唱歌

1=C—D $\frac{3}{4}$　　　　佚名　词曲

| 5 5 5 | 6 6 5 | 1 5 0 | 1 5 0 | 6 — 5 | 1̇ — — ‖

(师)小公鸡　高声唱,(幼)喔喔　喔喔　喔　喔　喔。

(师)小公鸡　轻声唱,(幼)喔喔　喔喔　喔　喔　喔。

(师)小公鸡　来唱歌,(幼)喔喔　喔喔　喔　喔　喔。

(2)复习歌曲。

教师组织幼儿以分组领唱、齐唱的方式复习歌曲《五个手指头》。提醒幼儿注意保持正确的歌唱姿势，运用自然优美的声音唱歌。

(3)观看画面。

请幼儿观看升国旗的画面，提问：“当国歌奏响、五星红旗徐徐升起的时候你的心情是怎样的？你想当升旗手吗？”(幼儿交流表述。)

在幼儿交流表述的基础上，教师讲述：“当国歌奏响、五星红旗徐徐升起的时候，我们都感到非常庄严、神圣，内心十分激动。每一个小朋友都愿意当升旗手，亲自把心爱的五星红旗升到空中。今天我们一起来学唱歌曲《小小升旗手》。”

2. 欣赏活动。

(1)感知歌曲的旋律。

①教师第一次播放歌曲，提问：“这是一首几拍子的歌曲？”(引导幼儿说出“三拍子”。)“三拍子歌曲节奏的强弱规律是怎样的？”(幼儿根据已有的经验回答。)

②教师第二次播放歌曲，带领幼儿用手部动作表现三拍子“强弱弱”的节奏：第一拍双手拍掌，第二、三拍用右手指点左手手心。

(2)了解歌曲内容。

①教师第三次播放歌曲，提问：“歌曲一共有几段？分别唱了什么？”(幼儿根据听辨回答。)

②按照歌曲的节奏，教师用轻快的语调、有感情地示范朗诵歌词，请幼儿跟着教师的朗诵击掌打节奏。

XX X X | XX X — | XX X X | XX X — |

幼儿 园 里　歌声 起，　朵朵 花 儿　笑眯 眯。

幼儿 园 里　歌声 起，　人人 心 中　甜蜜 蜜。

×× ×× ×	×× × ×	×× × ×	× 0 × ×	× — —‖
双双 眼睛 都	望着 我 呀，	今天 是 我	升 国	旗。
五星 红旗 她	多美 丽 呀，	国旗 国 旗	我 爱	你。

③教师带领幼儿分句朗诵歌词，同时用手部动作表现节奏(此环节可重复2~3遍，直至大多数幼儿能够记忆歌词，掌握节奏)。

④教师和幼儿一起完整地朗读歌词，并一起按照歌曲节奏击打节拍。

3. 学唱活动。

①教师播放歌曲，请幼儿欣赏，进一步熟悉歌曲的旋律。

②教师以清唱的方式范唱歌曲，请幼儿一边听教师唱，一边用双手打节奏。

③教师播放歌曲，请幼儿一边跟着哼唱，一边和教师一起用双手打节奏。

④教师用分句教唱法教唱歌曲，提示幼儿唱准句首重音，掌握节奏。

⑤教师带领幼儿反复练唱，直至大多数幼儿基本掌握一边歌唱和一边按节奏击掌的要领。

⑥教师用钢琴伴奏并领唱，请幼儿一边按要求击掌，一边齐唱。教师提示幼儿在掌握音准和节奏的基础上，唱歌的声音要自然和优美。

4. 活动结束。

(1)教师请幼儿互相商量，在唱歌的时候可以用什么动作，表达欢快和自豪的情绪。

(2)教师用钢琴伴奏，请幼儿一边演唱歌曲，一边做自己创编的动作，表达自己对歌曲的理解。

活动延伸

1. 美工区：鼓励幼儿按照自己的观察和想象画一幅升旗时的图画，并涂上自己喜欢的颜色。

2. 亲子活动：请家长给幼儿讲解一些有关升旗时的注意事项。

活动评价建议

1. 关注幼儿是否理解歌曲的内容，是否感受到歌曲表达的欢快情绪。

2. 观察幼儿能否把握音准和节奏，较好地完成歌曲的演唱。

二、小燕子

活动内容

《小燕子》是一首曲式结构为 ABA′结构的独唱曲，歌曲抒情而亲切。这首歌告诉幼儿，小燕子是益鸟，我们大家要爱护它、保护它。教师引导幼儿欣赏这首歌曲，听辨曲调的变化反复，感知歌曲第一部分音乐的旋律优美，第二部分音乐的节奏鲜明，第三部分音乐是第一部分音乐的变化再现，从而了解歌曲 ABA′的曲式结构。

活动目标

1. 乐于倾听歌曲，体验歌曲中时而优美、抒情，时而跳跃、活泼的音乐情绪。
2. 加深对三拍子音乐特点的认知，初步了解音乐为 ABA′的曲式结构。
3. 能用表情和动作表现对歌曲的理解。

活动准备

1. 知识经验准备：

(1)教师了解幼儿的歌唱能力和对三拍子音乐特点的认知情况。

(2)幼儿对三拍子音乐特点有一定认知。

2. 物质材料准备：

(1)音频视频播放设备 1 台、歌曲《小燕子》磁带 1 盘。

(2)与活动内容有关的小燕子的图片若干张。

3. 环境准备：

将幼儿的板凳呈半圆形摆放在活动室中间。

活动过程

1. 准备活动。

(1)教师播放歌曲《小燕子》，带领幼儿随着音乐像燕子一样“飞”进活动室。

(2)教师带领幼儿用《小青蛙唱歌》的练声曲进行师幼对唱练声。要求幼儿身体要坐端正，声音要自然优美；仔细听钢琴伴奏，伴随钢琴的节拍进行歌唱。

小小歌唱家

1=C-F $\frac{2}{4}$　　　　　　　　　　　　　　佚名　词曲

5 5 5 | 5 5 5 | 3 5 6 5 3 | 2 3 5 | 1 2 3 4 | 5 — |
啦啦 啦　啦啦 啦，我是 小小的　歌唱 家。啊，

5 4 3 2 | 1 — ‖
啊。

（3）进行猜谜游戏。教师说出谜面：“小小姑娘黑又黑，秋天走了春天回，带着一把小剪刀，半天空里飞呀飞。”（引导幼儿猜出谜底：燕子。）

（4）教师出示小燕子的图片，与幼儿交谈：“你们喜欢小燕子吗？”（喜欢。）“小燕子有什么本领？”（除害虫、保庄稼。）“小燕子是益鸟，我们应该爱护它们。”

2. 欣赏活动。

（1）教师讲述：“今天我们一起来欣赏一首歌曲，歌曲的名字叫《小燕子》，待会儿你们在听的时候，可要认真地听，听听歌里唱了些什么。”

（2）教师第一遍播放歌曲，引导幼儿了解歌曲的内容。

教师提问：“你听到了什么？”（教师引导幼儿说出歌词内容。）

（3）教师第二遍播放歌曲，引导幼儿了解音乐 ABA′的曲式结构。

教师提问：“这是一首几拍子的歌曲？歌曲的曲调前后都不一样吗？有没有一样的乐句？”（引导幼儿听辨感知这是一首三拍子的歌曲，并找出歌曲中旋律相同的两个部分。）

（4）教师请幼儿观看燕子的图片，观察图画的异同。

教师讲解：“第一个图表现了第一部分的音乐形象——我们大家都很爱小燕子；第二个图表现了第二部分的音乐形象——小燕子在除害虫，保庄稼；第三个图与第一个图大致相同，表现了第三部分的音乐形象——我们大家都很爱小燕子。”

（5）教师第三次播放歌曲，进一步分段辨听比较。

第一段：

5 6 3 | 5 — — | 1̇ 6 6 | 5 — — | 5 6 1̇ | 6 — — | 5 3 2 | 1 — — |
小 燕　子，　真 美　丽，　我 们 大 家　都 爱　你。

第二段：

3 5 5 5 0 | 6 1̇ 1̇ 1̇ 0 | 6 1̇ 6 5 | 3 3 2 — |
除害 虫 呀，保庄 稼 呀，你为 丰 收 出力 气。

第三段：

5 6 3 | 5 — — | i 6 6 | 5 — — | 5 6 i | 6 — — | 6 5 6 |

小燕　子，　真美　丽，　我们大家　都爱

1 — — | | 1— — ‖

你。

教师通过引导幼儿听辨音乐、比较音乐，使幼儿知道这首歌曲的曲调可以分为三个部分。歌曲的第一部分旋律优美，第二部分节奏鲜明，第三部分是第一部分变化的再现。由于第一部分与第三部分旋律大致相同，我们称这样的乐曲为 ABA′的音乐结构。

3. 表达活动。

教师播放歌曲，请幼儿一边欣赏歌曲，一边自由用动作和表情表现音乐形象。教师巡回指导，重点引导幼儿要表现出歌曲 ABA′的曲式结构。

4. 演唱活动。

(1)用整体教唱法教幼儿演唱歌曲《小燕子》，在教唱的过程中，教师要用歌声表现歌曲的情绪。

(2)幼儿跟随教师的伴奏完整演唱歌曲。

(3)分组进行演唱。

(4)教师请全体幼儿起立，一边歌唱，一边自由地创编动作表演歌曲，表达对歌曲的理解。

活动延伸

1. 美工区：教师提供绘画工具，鼓励幼儿画“可爱的燕子”。
2. 科学区：了解燕子的形态特点和燕子的生活习性。

活动评价建议

1. 观察幼儿在欣赏音乐时，能否能体验歌曲的情绪及其变化。
2. 观察幼儿在欣赏过程中，能否听辨音乐 ABA′的曲式结构。
3. 观察幼儿在欣赏过程中，能否用表情和动作表现对歌曲的理解。

三、小鸟醒来了(一)

活动内容

小鸟是人类的好朋友，在春暖花开的时节，每天早上我们都可以听到小鸟们欢快的歌唱。孩子们也许会问：“它们在唱些什么呢?”《小鸟醒来了》这首歌曲的歌词以拟人的手法，告诉了我们答案，并引导幼儿懂得“自己的事情自己做”的道理。教师在教唱这首歌曲时，引导幼儿注意掌握音乐中切分音的节奏，感受歌曲优美舒缓的情绪。

活动目标

1. 乐意参加歌唱活动，体验歌曲优美舒缓的情绪。
2. 熟悉并理解歌词，懂得“自己的事情自己做”的道理。
3. 初步掌握切分音的唱法，完整正确地演唱歌曲。

活动准备

1. 知识经验准备：

(1)教师能够优美地歌唱歌曲，了解幼儿的歌唱情况。

(2)幼儿对 | X XX | 的节奏型有所了解。

2. 物质材料准备：

(1)录音机1台、歌曲《小鸟醒来了》的磁带1盘。

(2) | X X X | 和 | X XX | 节奏型卡片各1张。

(3)有关小鸟的图画若干张。

3. 活动准备：

将小鸟的图画放在幼儿的桌子上。

活动过程

1. 播放歌曲《小鸟醒来了》，带领幼儿听音乐做“小鸟飞”进活动室。

2. 带领幼儿用《音阶歌》进行发声练习。

音阶歌

1=C—D $\frac{2}{4}$　　　　　　　　　　　　　　　　佚名　词曲

1 3 5 | 6 6 5 | i i 7 6 | 5 — | 1 3 5 | 6 6 5 |

(师)小朋 友　来唱 歌，(幼) do do si la　so，(师)你也　唱，我也　唱，

4 4 3 3 | 2 — | 1 3 5 | i 7 6 5 | 1 3 5 | 4 3 2 1 |

(幼) fa fa mi mi re。(师)唱什 么(幼)do si la　so，(师)唱什 么(幼)fa mi re do。

1. 2 3 4 | 5 6 7 i | i 7 6 5 4 | 3 2 | 1 — ‖

do re mi fa　so la　si　do，do si　la　so fa　mi　re　　do。

3. 运用比较法帮助幼儿掌握切分音的节奏。

(1)教师出示第一张节奏型卡片，带领幼儿学习节奏：

| × × × | × × × |

妈 妈 呀　妈 妈 呀

(2)教师出示第二张节奏型卡片，带领幼儿学习新的切分音的节奏：

| × × × | × × × |

妈 妈 呀　妈 妈 呀

(3)引导幼儿比较两种节奏的不同，运用击掌的方法练习第二种节奏型。

4. 引导幼儿观察相关图画，运用提问的方式帮助幼儿理解歌词。

(1)引导幼儿学习第一段歌词。

①教师提问："早晨小鸟醒来了，它在干什么?"(引导幼儿说出"小鸟醒来了，叽叽喳喳叫"。)

②教师提问："叫什么呢?"(引导幼儿说出"妈妈，您早"。)

③教师带领幼儿有节奏、有表情地朗读第一段歌词，重点练习切分音 | 妈 妈 呀 |。

(2)引导幼儿学习第二段歌词。

①教师提问："小鸟向妈妈问好后，它又在干什么?"(引导幼儿说出"小鸟醒来了，理理羽毛"。)

②教师提问："叫什么呢?"(引导幼儿说出"脸儿已洗好"。)

③教师带领幼儿有节奏、有感情地朗读第二段歌词，重点练习切分音|脸 儿 已|。

(3)引导幼儿学习第三段歌词。

①教师提问："小鸟洗完脸后，它又在干什么呢?"(引导幼儿说出"小鸟醒来了，翅膀振得高"。)

②教师提问："叫什么呢?"(引导幼儿说出"我去做早操"。)

③教师带领幼儿有节奏、有表情地朗读第三段歌词，重点练习切分音|我 去 做|。

(4)带领幼儿完整地朗诵歌词两遍。

(5)请幼儿说一说对歌词的理解，鼓励幼儿要像小鸟学习，自己的事情自己做。

5. 引导幼儿学唱歌曲。

(1)教师播放歌曲录音，请幼儿欣赏，同时跟着教师按节奏一起打拍子。

(2)教师用钢琴伴奏并范唱歌曲，提示幼儿随着教师的歌声轻声哼唱，并注意感受歌曲优美、舒缓的音乐风格。

(3)教师运用分句教唱法教唱歌曲，提示幼儿注意咬准字，发准音。在教唱歌曲的过程中，教师要注意速度的掌握。如第一遍可以用慢一点的速度，帮助幼儿唱准切分音节奏。在幼儿基本掌握切分音节奏后，第二遍和第三遍教唱时可以回原速再唱。

(4)教师用钢琴伴奏，带领幼儿齐唱歌曲，提示幼儿注意按照切分音节奏准确歌唱。

(5)教师鼓励幼儿集体一边唱歌，一边随着音乐自由舞蹈。

活动延伸

1. 社会领域：组织幼儿以"像小鸟学习"为话题进行谈话活动，帮助幼儿提高"自我服务"的意识。

2. 社区服务：组织去社区宣传保护小鸟。

3. 科学活动：观察身边小鸟的特征。

活动评价建议

1. 关注幼儿是否理解歌曲内容，是否懂得"自己的事情自己做"的道理。

2. 观察幼儿是否感受到了歌曲优美舒缓的音乐情绪。

3. 观察幼儿在唱歌的时候，是否掌握切分音节奏"|× × ×|"的唱法。

四、小鸟醒来了(二)

活动内容

在幼儿学唱《小鸟醒来了》的基础上，教师引导幼儿根据歌词内容，充分发挥想象，自由地创编表演动作。幼儿在创编表演动作的过程中，可以进一步理解歌曲的内容，感受歌曲所表达的优美舒缓的情绪和音乐特点。

活动目标

1. 乐意参与歌曲《小鸟醒来了》表演动作的创编活动，体验成功的乐趣。
2. 进一步理解歌曲的内容，了解歌曲所表达的优美舒缓的情绪。
3. 能够根据歌词创编简单的表演动作，并完整、连贯地进行表演。

活动准备

1. 知识经验准备：

(1)教师了解幼儿的动作创编能力。

(2)幼儿熟练歌唱歌曲《小鸟醒来了》，有过动作创编的经验。

2. 物质材料准备：

录音机 1 台、歌曲《小鸟醒来了》的磁带 1 盘。

3. 环境准备：

清理活动室，便于幼儿进行歌表演。

活动过程

1. 教师播放歌曲《小鸟醒来了》，带领幼儿听音乐做“小鸟飞”进活动室。

2. 教师带领幼儿复习歌曲《小鸟醒来了》。

在歌唱时，教师调动幼儿的积极性，运用优美的声音、流畅的气息进行歌唱，注意准确歌唱切分音的唱法，准确表现歌曲的情绪。

3. 教师引导幼儿创编表演动作。

(1)创编第一部分表演动作。

①教师提问："我们可以用一个什么动作表示小鸟睡醒了？叽叽喳喳地叫又可以用什么动作呢？你们平时向人问好时会做什么动作？"

②幼儿根据教师的提问自由创编表演动作。

③教师收集每组幼儿创编的单个表演动作，请幼儿通过投票表决，选出其中最佳的表演动作，教师表演给幼儿看，幼儿跟着老师一起学做动作。

③教师带领幼儿听音乐，将单个表演动作连成一个完整的表演。

(2)创编第二部分表演动作。

①教师提问："你见过小鸟理羽毛吗？它们是怎样理的？我们平时是怎样洗脸的？"

②幼儿根据教师的提问自由创编表演动作。

③教师收集每组幼儿创编的单个表演动作，请幼儿通过投票表决，选出其中最佳的单个表演动作，教师表演给幼儿看，幼儿跟着老师一起学做动作。

③教师带领幼儿听音乐，将单个的表演动作连成一个完整的表演。

(3)创编第三部分表演动作。

①教师提问："小鸟是怎样振翅膀的？我们平时是怎样做操的？"

②幼儿根据教师的提问自由创编表演动作。

③教师收集每组幼儿创编的单个动作，请幼儿通过投票表决，选出其中最佳的单个表演动作，教师表演给幼儿看，幼儿跟着老师一起学做。

③教师带领幼儿听音乐将单个表演动作连成一个完整的表演。

(4)教师将三个部分表演动作连接起来，组合成完整的表演，并表演给幼儿看。

(5)教师教幼儿学习歌舞表演。

①第一遍，教师带领幼儿边哼唱歌曲，边学习表演动作。

②第二遍，教师对幼儿难以掌握的表演动作重点讲解、示范、纠正。

③第三遍，播放音乐，教师和幼儿共同表演。

④第四遍，请个别能力强的幼儿带领幼儿听音乐表演。

⑤第五遍，分组表演，教师引导幼儿互相讲评，评出最佳表演组。

(6)教师播放歌曲，带领幼儿集体连贯完整地表演。

活动延伸

1. 家园共育：鼓励幼儿回家给家长进行歌舞表演，并邀请家长同自己一起表演。

2. 美工区：鼓励幼儿绘画"可爱的小鸟"。

活动评价建议

1. 观察幼儿能否根据歌词创编相应的表演动作。
2. 观察幼儿在表演过程中身体动作是否协调。

附:

舞蹈动作说明

准备：幼儿坐在椅子上准备(表示还睡在床上)。

第一段

[1]~[2]小节：手臂由两侧至头上扣手腕，手背相对。然后双手从头至两侧平举，手指向上，手心向外。

[3]~[4]小节：手势不动，点头两次。

[5]~[6]小节：左手左斜下举，右手手指向上，手心向前放至嘴边。然后双手交换动作。

[7]~[10]小节：做敬礼动作两次。

第二段：

[1]~[2]小节：手臂由两侧至头上扣手腕，手背相对。然后双手从头至两侧平举，手指向上，手心向外。

[3]~[4]小节：左手前平举，右手从左手臂向手指方向推动一次后，双手交换动作一次。

[5]~[6]小节：左手左斜下举，右手手指向上，手心向前放至嘴边。然后双手交换动作。

[7]~[10]小节：做洗脸动作两次。

第三段：

[1]~[2]小节：手臂由两侧至头上扣手腕，手背相对。然后双手从头至两侧平举，手指向上，手心向外。

[3]~[4]小节：双手向上振动手臂两次。

[5]~[6]小节：左手左斜下举，右手手指向上，手心向前放至嘴边。然后双手交换动作。

[7]~[10]小节：做双手平举至斜上举，手心相对两次。

五、画妈妈

活动内容

孩子对妈妈的爱是天然的。歌曲《画妈妈》充分体现了孩子对妈妈浓浓的依恋之情。准确唱好八分休止符和衬词，是幼儿学习歌曲的难点。在本次音乐活动中，教师可以通过列举在日常说话中常见的休止符节奏，使幼儿更为直观、准确、轻松地分辨和掌握这一节奏型。

活动目标

1. 乐于参加《画妈妈》唱歌活动，感受歌曲表达的欢快情绪。
2. 理解歌曲内容，体验衬词的唱法。
3. 能用声音的强弱变化表达幼儿爱妈妈的情感。

活动准备

1. 知识经验准备：

(1)教师能够优美地歌唱歌曲，了解幼儿的歌唱能力。

(2)幼儿对用声音的强弱表达情感有一定的经验。

2. 物质材料准备：

(1)歌曲《画妈妈》的形象图画若干张。

(2)录音机 1 台；歌曲《画妈妈》的磁带 1 盘。

活动过程

1. 发声练习。

教师带领幼儿用《音阶歌》进行练声。要求幼儿坐姿正确，用自然优美的声音进行歌唱，并指导幼儿初步学习掌握气息。

音阶歌

1=C—D $\frac{2}{4}$　　　　佚名　词曲

1 3 5 | 6 6 5 | i i 7 6 | 5 — | 1 3 5 | 6 6 5 |

(师)小朋友　来唱歌，(幼) do do si la　so，(师)你也　唱，我也　唱，

4 4 3 3 | 2 — | 1 3 5 | i 7 6 5 | 1 3 5 | 4 3 2 1 |

(幼) fa fa mi mi re。(师)　唱什　么(幼) do si la　so，(师)　唱什　么(幼) fa mi re do。

1. 2 3 4 | 5 6 7 i | i 7 6 5 4 | 3 2 | 1 — ‖

do re mi fa　so la si do，do si la so fa　mi re　do。

2. 导入活动。

(1)教师讲述《画妈妈》的故事。

(2)教师与幼儿交谈："小朋友，你们像小花一样爱自己的妈妈吗？为什么？"(幼儿自由表述。)

(3)教师讲述："你们说得真好，今天老师要教你们学唱一首爱妈妈的歌。我们一起来听听吧！"

3. 欣赏歌曲。

(1)第一次播放歌曲，提示幼儿听清歌曲的内容。

①教师提问："谁能说一说歌里唱了些什么？"(幼儿自由表述。)

②教师引导幼儿按歌曲的节奏，有表情地朗诵歌词。

(2)第二次播放歌曲的旋律，提示幼儿注意熟悉歌曲的旋律。

4. 学唱歌曲。

(1)教师完整地示范演唱歌曲第一段。提问："这是一首几拍子的歌曲？二拍子的节奏是怎样拍打的？"

幼儿根据已有的经验回答问题，并演示打拍子的动作。

(2)教师出示几种二拍子的节奏型，训练幼儿练习打节奏，体验衬词：

①在打击× × × | × × × 0 | 这一节奏型时，教师带领幼儿清唱：

3 5 5 | 1 3 3 0 |

小蜡　笔，咪里　咪，

②在打击× × | × × 0 | 这一节奏型时，教师带领幼儿清唱：

5 3 0 | 5 3 0 |

咪 里，　咪 里，

(3)教师运用整体教唱法，引导幼儿学唱歌曲，并帮助幼儿掌握衬词。

(4)教师播放歌曲，请幼儿集体跟唱。

(5)教师用钢琴伴奏，请幼儿用自然、柔和的声音演唱歌曲。

5. 演唱歌曲。

(1)先请第一组幼儿表演歌曲。教师引导第二组幼儿评价，重点评价衬词的掌握情况。

(2)再请第二组幼儿表演歌曲。教师引导第一组幼儿评价，重点评价衬词的掌握情况。

(3)教师用钢琴伴奏，全体齐唱歌曲。

活动延伸

1. 手工活动：教师引导幼儿制作大红花，献给妈妈。

2. 社会活动：开展“我是妈妈的小帮手”活动，鼓励幼儿在家做一些力所能及的事情。

3. 美术活动：请幼儿在画板上画出“我的妈妈”。

活动评价建议

1. 关注幼儿是否理解歌曲内容，是否感受到歌曲表达的欢快情绪。

2. 观察幼儿能否准确演唱衬词，较好地完成歌曲的演唱。

六、蝴蝶找花

活动内容

蝴蝶一直是幼儿喜欢的昆虫，女孩子喜欢模仿蝴蝶翩翩起舞的舞姿，男孩子喜欢手舞足蹈地随着花蝴蝶跑来跑去。春天里的蝴蝶在花丛中漫天飞舞，张开五彩的翅膀去寻找花朵。歌曲《蝴蝶找花》是一首节拍为$\frac{6}{8}$拍的音乐，乐曲优美、抒情，歌词以蝴蝶找花为线索，让幼儿在音乐游戏中感受蝴蝶飞舞的意境，体验与同伴合作的快乐。教师引导幼儿学唱这首歌曲，感知音乐的流畅美、韵律美，体会$\frac{6}{8}$拍音乐的特点。在游戏过程中，教师引导幼儿创编蝴蝶和花的动作，发展幼儿的创编能力和表演能力。

活动目标

1. 愿意与同伴合作游戏，从中获得快乐的体验。
2. 理解乐曲优美、抒情的音乐情绪，感受音乐节拍为$\frac{6}{8}$拍的音乐特点。
3. 尝试创编蝴蝶和花的动作，能随着音乐协调地做动作。

活动准备

1. 知识经验准备：

(1)教师了解幼儿动作创编能力。

(2)幼儿基本熟悉歌曲内容。

2. 物质材料准备：

(1)蝴蝶头饰若干；用松紧带系好的彩纸小花圈；蝴蝶图片 1 张。

(2)录音机 1 台；歌曲《蝴蝶找花》的磁带 1 盘。

3. 环境准备：

将幼儿的板凳在场地上摆成圆形。

活动过程

1. 准备活动。

(1)教师播放歌曲《蝴蝶找花》，带领幼儿随着音乐“飞”进教室。

(2)教师带领幼儿用练声曲《小小歌唱家》进行发声练习。

小小歌唱家

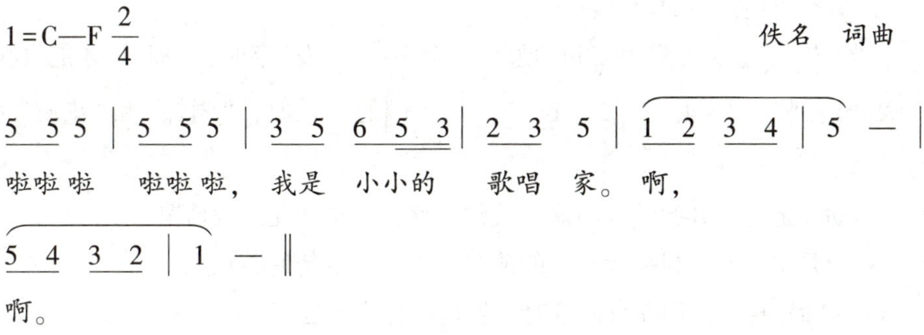

(3)教师出示蝴蝶找花的图片，提问：“蝴蝶有什么本领?”(会飞。)“它在花朵上干什么?”(采花粉，同时传播花粉，有利于植物的繁殖。)

(4)引导幼儿自由做出蝴蝶飞的各种动作。

2. 复习歌曲。

(1)教师播放歌曲，提示幼儿跟着音乐进一步熟悉歌词。

①教师提问：“这首歌曲唱了些什么?”(引导幼儿记住歌词里的几个关键词：飞、草地、河边、花朵、翅膀、鲜花。)

②教师带领幼儿朗诵歌词，进一步熟悉歌词。

(2)教师第二次播放歌曲，提示幼儿注意倾听歌曲的旋律和节奏。

①教师提问：“你们知道这首歌曲是几拍子的音乐吗?”(幼儿推测表述。)“听了这首乐曲，你感觉歌曲的情绪是怎样的?”(优美、抒情。)

3. 创编动作。

(1)教师根据歌词引导幼儿创编相应的动作。

(2)教师根据幼儿创编的动作进行提炼、组合。

(3)教师播放歌曲，带领幼儿随着音乐尝试完整地表演动作。

4. 音乐游戏。

(1)教师介绍游戏玩法：

①将每6个幼儿分为一组，每组推选一个代表戴上蝴蝶的头饰，扮演蝴蝶，其他幼

儿扮演花瓣，面向圆心站立，组成一朵花。

②音乐响起时，扮演蝴蝶、花瓣的幼儿分别做相应的动作。

③音乐结束后，扮演花瓣的幼儿一起念儿歌："蝴蝶、蝴蝶快来和我做朋友；蝴蝶、蝴蝶快来和我做朋友。"儿歌念完后，音乐再次响起，扮演蝴蝶的幼儿就去找朋友。当音乐进行到5 6 6 6 | 6 4 6 5 3 0 | 时，"蝴蝶"找到一朵"花"做朋友，便钻进"花朵"中间。当音乐进行到2 2 4 3 | 2 1 2 1 · ‖时，"蝴蝶"取下自己的头饰，戴在所面对的"花瓣"头上，交换位子和角色。游戏重新开始。

(2)教师讲述游戏的规则：

①当"花朵"念到儿歌第二句的最后一个字——"友"字时，"蝴蝶"才能去找朋友。

②当听到2 2 4 3 | 2 1 2 1 · ‖的音乐时，"蝴蝶"和"花瓣"才能交换位子。

(3)幼儿随音乐开始游戏两遍，教师观察、记录幼儿游戏情况。

(4)教师引导幼儿根据玩游戏的情况，尝试制定新的游戏规则：

①教师提问："你们在玩游戏时，发现了什么问题?"

②幼儿轮流发表自己的看法，教师记录幼儿的意见。

③教师根据幼儿的意见进行梳理，归纳提出解决问题的办法。

(5)幼儿根据协商的新游戏规则开始游戏，教师继续观察、记录游戏情况。

(6)教师引导幼儿评价游戏，并结束游戏。

活动延伸

1. 游戏区：鼓励幼儿在自由活动时间和同伴一起继续合作进行这个音乐游戏。
2. 美工区：幼儿画蝴蝶。

活动评价建议

1. 关注幼儿能否感受$\frac{6}{8}$拍节奏的音乐，体验乐曲优美、抒情的音乐情绪。
2. 关注幼儿对于参与音乐游戏是否有兴趣，是否乐意与同伴合作游戏。
3. 观察幼儿在参与音乐游戏的过程中，是否遵守游戏规则。

附：

游戏动作说明

蝴蝶的动作：

[1]~[14]小节：伴随着音乐伸开双臂做蝴蝶飞动作，在“花朵“的周围自由穿梭，飞来飞去。

花的动作：

[1]小节：两手靠拢做成花状放在下巴下，听音乐有节律地左右点头。

[2]小节：做成花状的双手随音乐慢慢向上，似向上长状。

[3]小节：动作同[1]小节。

[4]小节：前三拍双手随音乐慢慢向上长，后三拍双手打开，左右手分别紧贴自己的左右耳，做花瓣开放状。

[5]~[8]小节：动作同[1]~[4]小节。

[9]~[14]小节：随音乐双手自由左右摆动。

七、小小公鸡

活动内容

《小小公鸡》是一首活泼、有趣的儿童歌曲。教师在教唱这首歌曲时，要求幼儿唱得生动、有趣。特别是衬词“赛洛里，赛洛，赛洛赛……”要唱得轻巧，咬字吐字要清楚，附点音符要唱准确，要表现出歌曲愉快的情绪。在唱熟歌曲的基础上，教师引导幼儿根据歌词，发挥想象创编表演动作，并用声音和动作表达歌曲愉快的情绪。

活动目标

1. 乐于参加创编活动，体验表演成功的乐趣。
2. 理解歌曲内容，知道用不同的动作表达歌曲的情绪。
3. 能用歌声和动作表现歌曲活泼、有趣的情绪。

活动准备

1. 知识经验准备：

(1)教师了解幼儿歌唱能力和动作创编能力。

(2)幼儿有表演的经验。

2. 物质材料准备：

(1)小公鸡的图片若干张。

(2)录音机 1 台；歌曲《小小公鸡》的磁带 1 盘。

3. 环境准备：

清理活动室，方便幼儿进行歌表演。

活动过程

1. 发声练习。

教师带领幼儿用《小公鸡来唱歌》的练声曲进行师幼对唱练声。要求幼儿身体坐端正，声音自然优美；仔细听钢琴伴奏，伴随钢琴的节拍进行歌唱。

小公鸡来唱歌

1=C—D $\frac{3}{4}$　　　　　　　　佚名　词曲

5 5 5	6 6 5	1 5 0	1 5 0	6 — 5	$\dot{1}$ — — ‖
(师)小 公 鸡	高 声 唱,(幼)	喔 喔	喔 喔	喔　喔	喔。
(师)小 公 鸡	轻 声 唱,(幼)	喔 喔	喔 喔	喔　喔	喔。
(师)小 公 鸡	来 唱 歌,(幼)	喔 喔	喔 喔	喔　喔	喔。

2. 导入活动。

(1)猜谜活动。教师说出谜面:“头戴红红帽,身穿花花衣,尾巴高高翘,叫人早早起。”引导幼儿猜出谜底——“公鸡”。

(2)出示公鸡的图片,与幼儿交谈:“公鸡每天早早起来后,首先干什么?”(叫人们起床。)“它是怎么叫醒人们的?”(喔喔喔。)“我们一起学一下公鸡的叫声。”(幼儿模仿公鸡的叫声。)

3. 欣赏歌曲。

(1)教师导语:“今天老师带来了一首与公鸡有关的歌曲,我们一起来听听,歌曲里唱了些什么?”

(2)教师播放歌曲《小小公鸡》,请幼儿欣赏。

(3)教师提问:“歌曲里唱了些什么?小公鸡叫醒了谁?妈妈起床后干什么去了?爸爸起床又干什么去了呢?”(幼儿自由讲述。)

(4)教师带领幼儿朗诵歌词,帮助孩子记住歌词内容。

4. 学唱歌曲。

(1)教师用优美的声音范唱歌曲,请幼儿轻声跟着唱。

(2)教师提问:“这首歌曲你最喜欢唱哪一句?”(幼儿自由表述。)“老师是怎样唱‘赛洛里,赛洛,赛洛赛’?”(幼儿模仿。)

(3)教师带领幼儿边打节奏,边学唱“赛洛里,赛洛,赛洛赛”这一句歌词。

(4)教师运用分句教唱法教唱歌曲,帮助幼儿在逐句学唱的过程中熟悉歌曲的旋律,唱准附点音符。

(5)教师用钢琴伴奏,幼儿用优美自然的声音齐声歌唱歌曲。

5. 创编动作。

(1)引导幼儿创编第一段表演动作。

①教师提问:“歌里的‘小小公鸡喔喔啼’和‘叫声妈妈早早起’这两句歌词你觉得可以用什么动作来表现?”(幼儿自由创编动作。)

请创编出不同动作的幼儿分别上台表演,并说说为什么这样编。

②教师提问:“‘妈妈起床去种田’可以用什么动作表现?”

请创编出不同动作的幼儿分别上台表演，并说说为什么这样编。

③教师提问："'赛洛里，赛洛，赛洛赛'这一句歌词你们想用什么动作来表现呢？"

请创编出不同动作的幼儿分别上台表演，并说说为什么这样编。

④引导幼儿以举手表决的方式选用他们自己创编的动作。

⑤教师将幼儿选择的动作连成完整的表演，请幼儿欣赏。

⑥教师逐句讲解并示范第一段分解动作。

⑦教师带领幼儿连贯地练习第一段表演动作。

⑧幼儿分组自行练习第一段动作，教师巡回指导。

⑨播放第一段歌曲，幼儿连贯地表演第一段动作。

（2）引导幼儿创编第二段表演动作。

①教师提问："第二段的歌词有很多与第一段歌词是一样的，只有两句不一样，是哪两句？"（叫声爸爸早早起，爸爸起来工厂去。）"这两句你们觉得可以用什么动作表演？"

请创编出不同动作的幼儿分别上台表演，并说说为什么这样编。

②教师引导幼儿以举手表决的方式选用他们自己创编的表演动作。

③教师将幼儿选择的动作连成完整的表演，请幼儿欣赏。

④教师逐句讲解并示范第二段分解动作。

⑤教师带领幼儿连贯地练习第二段表演动作。

⑥幼儿分组自行练习第二段动作，教师巡回指导。

⑦播放第二段歌曲，幼儿连贯地表演第二段动作。

（3）教师放音乐，带领幼儿完整地进行表演。

（4）教师小结，对幼儿给予充分的肯定和鼓励。

活动延伸

1. 家园共育：鼓励幼儿回家表演给爸爸妈妈看，并邀请家长同自己一起表演。

2. 表演区：鼓励幼儿在表演区自由表演。

活动评价建议

1. 关注幼儿能否正确地唱好附点音符，并用优美自然的声音完整地歌唱歌曲。

2. 观察幼儿能否大胆地根据歌词创编表演动作。

3. 观察幼儿在进行表演的过程中，能否用歌声和动作表现歌曲活泼、有趣的情绪。

附：

表演动作说明

前奏：两手手心相对合拢，放在头上做鸡冠状，用弹簧步学小公鸡走路状，一拍一步出场。

第一段：

[1]~[2]小节：先将两手手心相对合拢，放在头上做鸡冠状，再两手放在嘴两边，面向正前方作“啼叫”状。

[3]~[4]小节：面向左前方拍手两下，右手从胸前向右侧打开。

[5]~[6]小节：双手做握锄头把锄地状，每小节一下。

[7]~[8]小节：两手伸出食指放在嘴角两边，左右各摇头两次。

[9]~[10]小节：随音乐节奏做踏点步，每小节一下。

[11]~[12]小节：同[7]~[8]小节。

第二段：

[1]~[2]小节：同第一段[1]~[2]小节。

[3]~[4]小节：面向右前方拍手两下，左手从胸前向左侧打开。

[5]~[6]小节：左脚开始原地踏步，一拍一步，同时双手摆动。

[7]~[8]小节：同第一段[7]~[8]小节。

[9]~[10]小节：同第一段[9]~[10]小节。

[11]~[12]小节：同第一段[11]~[12]小节。

八、小蝌蚪

活动内容

歌曲《小蝌蚪》的曲调活泼欢快和简洁，描绘了小蝌蚪是怎样发育成为小青蛙的过程。幼儿在学唱这首歌曲时，会勾起他们对春天美好的向往，在他们的脑海里就会出现小蝌蚪在水里游来游去的样子和小蝌蚪生长的过程，从而激发幼儿参与活动的积极性。教师在引导幼儿学唱歌曲的过程中，帮助幼儿进一步体会三拍子音乐的特点，并培养幼儿热爱大自然、爱护小动物的情感。

活动目标

1. 乐于参与歌唱活动，体验歌曲活泼、欢快的情绪。
2. 理解歌曲内容，知道用声音强弱来表现歌曲的情感。
3. 能用活泼、欢快的歌声演唱歌曲，表达自豪的情感。

活动准备

1. 知识经验准备：

(1)教师了解小蝌蚪成长的相关知识，了解幼儿的歌唱能力。

(2)幼儿对《小蝌蚪找妈妈》的故事比较熟悉。

2. 物质材料准备：

(1)录音机1台；歌曲《听》和《小蝌蚪》的磁带各1盘。

(2)《小蝌蚪》相关图画若干张。

活动过程

1. 发声练习。

教师带领幼儿用《小青蛙来唱歌》的练声曲进行师幼对唱练声。要求幼儿身体坐端正，声音自然优美；仔细听钢琴伴奏，伴随钢琴进行练声。

小青蛙来唱歌

1=C—D $\frac{3}{4}$　　　　佚名　词曲

5 5 5 | 6 6 5 | 1 5 0 | 1 5 0 | 6 — 5 | $\dot{1}$ — — ‖

(师)小 青 蛙 高 声 唱，(幼)呱 呱　呱 呱　呱　呱。

(师)小 青 蛙 轻 声 唱，(幼)呱 呱　呱 呱　呱　呱。

(师)小 青 蛙 来 唱 歌，(幼)呱 呱　呱 呱　呱　呱。

2. 导入活动。

(1)教师请幼儿猜谜：妈妈有腿没有尾，儿子有尾没有腿，儿子长成妈妈样，断掉尾巴长出腿(打一动物)。

教师和幼儿一起分析谜面，引导幼儿猜出谜底“小蝌蚪”。

(2)教师导语：“今天我们要学唱的歌曲就是《小蝌蚪》。小蝌蚪有大大的脑袋、黑灰色的身子，甩着长长的尾巴，在水中游来游去，挺逗人喜爱的。它们和青蛙妈妈住在一个美丽的池塘边，慢慢地，小蝌蚪长成了青蛙。青蛙可是我们人类的好朋友，它消灭害虫，保护庄稼，所以我们一定要保护小蝌蚪。

3. 复习歌曲。

(1)教师播放歌曲《听》，请幼儿跟唱，帮助幼儿回忆三拍子音乐“强弱弱”的音乐规律。

(2)教师带领幼儿嘴里数拍子，双手跟着节拍打拍子：音乐每小节第一拍，双手击掌，音乐每小节第二拍、第三拍，用右手的一个手指轻点自己左手的手心。教师注意引导幼儿在击打节奏时，要表现出三拍子音乐的“强弱弱”的规律。

(3)教师用钢琴伴奏，演唱歌曲《听》，幼儿一边跟唱，一起快乐地按照三拍子强弱规律边打拍子。

4. 欣赏歌曲。

(1)教师第一次播放歌曲《小蝌蚪》，请幼儿在欣赏歌曲的同时，观察相关图画中小蝌蚪在水里自由嬉戏的情景。

教师与幼儿交谈：“你喜欢画面中的小蝌蚪吗?”(喜欢。)“为什么?”(引导幼儿说出“活泼可爱”。)“你听了这首歌曲又有什么感受呢?”(引导幼儿说出“活泼欢快”。)“歌曲和画面一样，都表现了小蝌蚪惹人喜爱的形象。”

(2)教师第二次播放歌曲，请幼儿注意了解歌曲内容。提问：“歌曲里唱了些什么?”(引导幼儿根据歌词回答问题。)

(3)教师带领幼儿按照歌曲的节奏诵读歌词，帮助幼儿进一步熟悉歌曲的内容。

①教师在领读歌词时，做到速度稍慢，声情并茂，朗读的节奏要与歌曲的节奏一致。

②教师提示幼儿注意教师的表情和声调，体会歌词抒发的情感，为演唱歌曲做好铺垫。

5. 学唱歌曲。

(1)教师运用整体法教唱歌曲，提示幼儿用自然的声音进行歌唱，并注意后半拍休止符的唱法。

(2)在教唱歌曲的过程中，教师要遵循循序渐进的原则，速度由慢到快，乐句由短到长。第一遍用较慢的速度教唱，着重要求用自然的声音唱歌；第二遍用中速教唱，着重要求注意节奏准确；第三遍用稍快的速度教唱，着重要求有感情地唱歌。

6. 演唱歌曲。

(1)教师用钢琴伴奏，幼儿跟随琴声歌唱歌曲，要求幼儿在歌唱的同时，在音乐每小节的第一拍，轻轻地用双手打一下拍子。

(2)教师请幼儿再次跟随琴声演唱歌曲，鼓励幼儿一边歌唱，一边自由做动作表演，表现出活泼、欢快的情绪。

活动延伸

1. 亲子活动：鼓励幼儿回家讲《小蝌蚪找妈妈》的故事。

2. 表演区：鼓励幼儿自由表演歌曲《小蝌蚪》。

活动评价建议

1. 关注幼儿是否熟记三拍子音乐的“强弱弱”的规律，能否准确唱好后半拍的休止符。

2. 关注幼儿是否体会到歌曲《小蝌蚪》的音乐风格，是否用自然的声音抒发情感。

九、兰巴达

活动内容

打击乐不仅可以培养幼儿对音乐的兴趣，还能有效地培养幼儿的音乐节奏感。音乐《兰巴达》是一首热烈、明快、旋律动听的$\frac{2}{4}$节拍的南美桑巴舞曲。本次活动通过引导幼儿学习运用铃鼓、木鱼、碰铃为歌曲伴奏，让幼儿在敲敲打打中获得音乐的快乐，从中掌握节奏，进而培养幼儿参与节奏训练的兴趣。

活动目标

1. 积极参与奏乐活动，感受乐曲欢快、热烈的音乐气氛。
2. 理解铃鼓、木鱼、碰铃的演奏方法，知道用不同的节奏为《兰巴达》伴奏。
3. 能够按照$\frac{2}{4}$拍的节奏规律，用乐器演奏出正确的音乐节奏。

活动准备

1. 知识经验准备：

(1)教师能够熟练掌握打击乐器的演奏，熟悉乐曲《兰巴达》。

(2)幼儿有参加打击乐演奏的经验。

2. 物资材料准备：

(1)录音机1台，乐曲《兰巴达》磁带1盘。

(2)铃鼓、木鱼、碰铃若干(各为幼儿人数的三分之一)。

(3)铃鼓、木鱼、碰铃节奏卡片各1张。

3. 环境准备：

在活动室里，将幼儿的板凳摆放成三组。

活动过程

1. 发声练习。

教师带领幼儿用《鸭呷呷》进行练声。要求幼儿坐姿端正，用自然优美的声音进行歌唱，并提示幼儿注意强音和弱音的音量。

鸭呷呷

$1=C—F\ \frac{4}{4}$

佚名　词曲

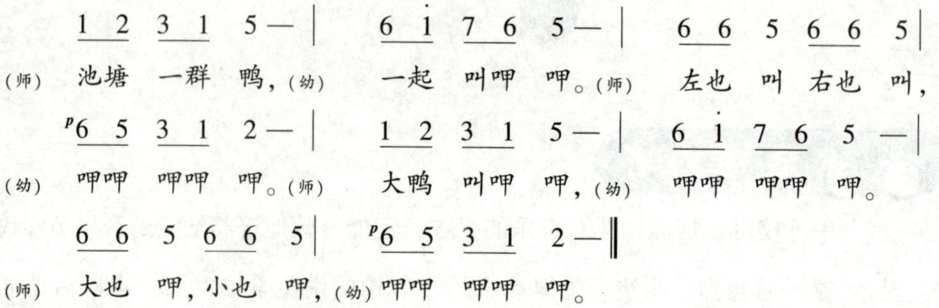

2. 欣赏乐曲。

(1)教师讲述：“今天老师带来了一首非常好听的音乐，这首乐曲的名字叫《兰巴达》，这是一首来自南美洲的舞曲，我们一起来欣赏吧！”

(2)教师播放音乐，请幼儿认真倾听。

(3)教师提问：“这是一首几拍子的乐曲？”(幼儿根据已有经验回答。)“你听了这首乐曲后，你能感受到音乐情绪是怎样的？”(幼儿根据自己的感悟回答。)

教师在幼儿回答问题的基础上归纳：“这是一首$\frac{2}{4}$拍子的乐曲，它充满了南美桑巴舞蹈的音乐风格，特别是附点音符在节奏中的运用，更加突出地表现了活泼、欢快的情绪。”

(3)教师再次播放音乐，请幼儿自由用动作来表达乐曲所表现的节拍和情绪。

3. 训练节奏。

(1)教师和幼儿一起一边听乐曲《兰巴达》，一边按照$\frac{2}{4}$的节拍击掌。

(2)为了区分$\frac{2}{4}$拍节奏的强弱规律，教师引导幼儿采用第一拍双手击掌，第二拍轻点手心的方法进行训练。

(3)在教师的带领下，教师和幼儿一起随着《兰巴达》的乐曲，按照前一环节的方法进行节奏训练。

4. 认识乐器。

(1)教师出示铃鼓、木鱼、碰铃，并分别介绍这三种打击乐器的名称及演奏方法。

(2)请个别幼儿分别尝试运用这三种乐器，自由演奏节奏。

(3)将幼儿分成三组，每组选择一种打击乐器，尝试使用打击乐器打节奏。

①教师出示“铃鼓”节奏卡，请选择铃鼓的小组尝试运用铃鼓打击节奏：

× × | × × | × × | × × | × — | × —‖

铃鼓：咚 咚　咚 咚　咚 咚　咚 咚　咚　　咚

②教师出示“木鱼”节奏卡，请选择木鱼的小组尝试运用木鱼打击节奏：

×× ×× | ×× ×× | ×× ×× | × — | × —‖

木鱼：笃　笃　笃　笃　笃　笃　笃　笃

③教师出示“碰铃”节奏卡，请选择碰铃的小组尝试运用碰铃打击节奏：

× — | × — | × — | × — | × — | × — | × — | × —‖

碰铃：叮　叮　叮　叮　叮　叮　叮　叮

(4)幼儿相互间交换打击乐器，教师引导幼儿学习看节奏卡，练习使用打击乐器打节奏。

5. 熟悉乐谱。

(1)教师根据节奏乐谱，讲解节奏乐谱上的图形应该用什么打击乐器：

○——铃鼓　∪——碰铃　♀——木鱼

(2)教师带领幼儿集体唱谱，明确每种乐器的任务。

(3)请幼儿集体看节奏谱初步尝试合奏乐曲。

(4)教师针对合奏中出现的问题，例如合奏时不够整齐，有的小朋友没有看节奏谱、没有听指挥等，引导幼儿商讨对策。

(5)教师指导幼儿分段练习节奏型，强调每个幼儿明确自己手中乐器的任务，按照以下乐曲节奏型击打乐器：

× × | × × | × × | × × | × — | × — |

○ ○　○ ○　○ ○　○ ○　∪　　∪

× × | × × | × × | × × | × — | × — |

○ ○　○ ○　○ ○　○ ○　∪　　∪

× × | × × | × × | × × | × × | × × | × × | × × |
♀ ♀ ∪ ♀ ○ ♀ ○ ♀ ○ ∪ ○ ∪ ○ ∪ ○ ∪
× × | × × | × × | × × | × × | × × | × × ‖
○ ♀ ○ ♀ ○ ♀ ○ ♀ ○ ∪ ○ ∪ ○ ∪

(6)教师指导幼儿反复练习，提示幼儿注意打击乐器变换的地方，要准确地衔接。例如，[5]小节由铃鼓变为碰铃，[11]小节由铃鼓变为碰铃，[13]小节由碰铃变为木鱼，以及[21]小节等处的变化。

(7)在教师指挥下，幼儿听乐曲看节奏乐谱，分组练习打节奏，提醒幼儿注意听前奏(即鼓声，共8小节)。

6. 合奏乐曲。

(1)教师播放音乐，指挥各组幼儿听乐曲看节奏乐谱，分组演示。

(2)教师播放音乐，指挥全体幼儿听乐曲看节奏乐谱，集体齐奏。

活动延伸

1. 音乐角：各组幼儿相互间交换打击乐器，尝试看节奏乐谱演奏。

2. 美工区：自制打击乐器。教师或家长指导幼儿利用废旧材料，制作打击乐器，如用饮料的瓶子制作沙锤，用薯片盒子制作木鱼等。

活动评价建议

1. 关注幼儿是否有兴趣参与节奏训练。

2. 观察幼儿演奏打击乐器的方法是否正确。

3. 观察幼儿是否能够根据节奏乐谱正确演奏打击乐器，互相之间的配合是否协调。

十、劳动最光荣

活动内容

《劳动最光荣》是美术电影动画片《小猫钓鱼》的主题曲，这首歌曲的情绪活泼、欢快，歌词生动形象。幼儿可以通过欣赏这首歌曲，体会到劳动的快乐和光荣，懂得劳动可以让人得到幸福的道理。教师引导幼儿在欣赏歌曲的过程中，根据歌词自由创编动作以表达对歌曲的理解。

活动目标

1. 乐于参与音乐欣赏活动，体验歌曲的活泼、欢快的情绪。
2. 熟悉歌曲、曲调，理解歌词表达的内容，知道幸福要靠劳动来创造。
3. 能用动作表达对歌曲的理解。

活动准备

1. 知识经验准备：

(1)幼儿听过《小猫钓鱼》的故事。

(2)幼儿知道5月1日是劳动节。

2. 物质材料准备：

(1)录音机1台；歌曲《劳动最光荣》的磁带1盘。

(2)相关图画。

活动过程

1. 发声练习。

教师带领幼儿用《音阶歌》以对唱的形式进行练声。要求幼儿准确接唱，使乐句行进流畅。

音阶歌

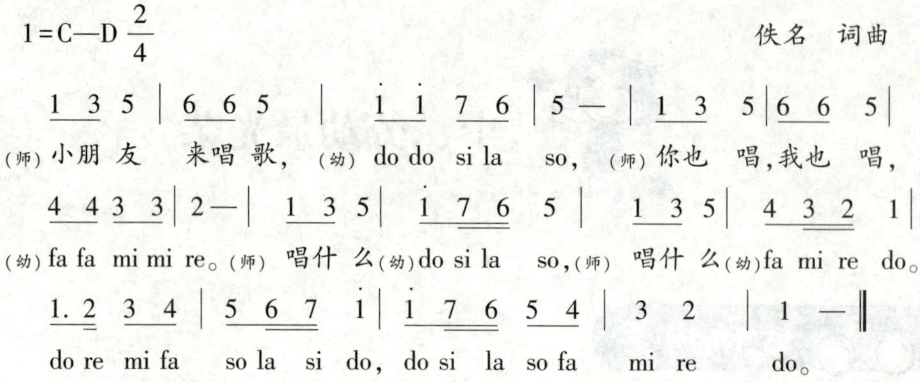

2. 导入活动。

(1)教师提问：“小朋友，你们知道五月一日是什么节日吗?”(幼儿自由回答。)

教师讲解：“每年的五月一日是国际劳动节，简称‘五一节、劳动节’。这个节日是全世界劳动人民共同的节日。”

(2)教师提问：“你们觉得劳动光荣吗？为什么?”(幼儿根据自己的理解交流表述。)教师对能说出道理的幼儿给予积极的肯定。

(3)教师请幼儿观看相关画页，教师根据画面内容讲述《太阳出来以后》的故事，帮助幼儿了解歌曲内容，激发参与欣赏活动的兴趣。

(4)教师结合故事提问：“你们喜欢这只小蝴蝶吗？为什么？这个故事里你们喜欢谁？为什么?”(幼儿根据自己的理解交流表述。)

教师参与幼儿的交流，培养幼儿要热爱劳动的情感。

3. 欣赏歌曲。

(1)教师讲述：“今天老师带来了这个故事的歌曲，我们一起来听听吧!”

(2)教师第一遍播放歌曲，提示幼儿听清歌曲内容。教师带领幼儿按照歌曲的节奏诵读歌词。

(3)教师第二遍播放歌曲，引导幼儿感知歌曲活泼、欢快的情绪。

(4)教师第三遍播放歌曲，引导幼儿用动作表现歌曲。

教师讲述：“歌曲里的小动物是怎样劳动的？我们一起边听歌曲，边模仿这些小动物是如何劳动的吧!”

教师引导幼儿在欣赏歌曲的过程中自由做动作，表现小动物劳动的情景。

(5)教师第四遍播放歌曲，引导幼儿做出自己参加劳动的动作。

教师讲述：“我知道你们在家里也是一个爱劳动的好孩子！你能不能说说你在家帮爸爸妈妈做些什么呢？请你一边听音乐，一边用动作表现出来吧!”

教师引导幼儿在欣赏歌曲的过程中，自由用动作来表现自己参加劳动的情景。

活动延伸

1. 家园共育：鼓励幼儿回家和家长一起表演。
2. 美工区：绘画——“劳动快乐”。

活动评价建议

1. 关注幼儿在欣赏音乐的过程中，是否能体验歌曲活泼、欢快的情绪。
2. 观察幼儿在欣赏音乐的过程中，能否用动作表达对歌曲的理解。

十一、快乐的修鞋匠

活动内容

《快乐的修鞋匠》是一首非常欢快、有趣的儿童歌曲，歌词运用了一些非常形象、具体的动词来表现鞋匠修鞋时的一些动作。幼儿在学习这个歌曲表演的时候，教师可以引导幼儿根据这些动词，发挥自己的想象去创编表演动作。通过让幼儿学习鞋匠绕线、拉线、敲钉、锥针等动作，激发幼儿尊重修鞋匠辛勤劳动的感情。

活动目标

1. 乐于参与歌唱活动，感受歌曲表达的欢快情绪。
2. 理解歌曲内容，知道根据歌词创编表演动作。
3. 能用创编的动作积极表演，表达鞋匠在劳动时的快乐心情。

活动准备

1. 知识经验准备：

(1)教师了解鞋匠工作的情景，熟悉歌曲。

(2)幼儿有一定的表演经验。

2. 物质材料准备：

(1)录音机 1 台；歌曲《快乐的修鞋匠》的磁带 1 盘。

(2)相关图画。

活动过程

1. 进行发声练习。

教师带领幼儿用《音阶歌》进行练声。要求幼儿坐姿端正，用自然优美的声音进行歌唱，并提示幼儿注意掌握气息。

音阶歌

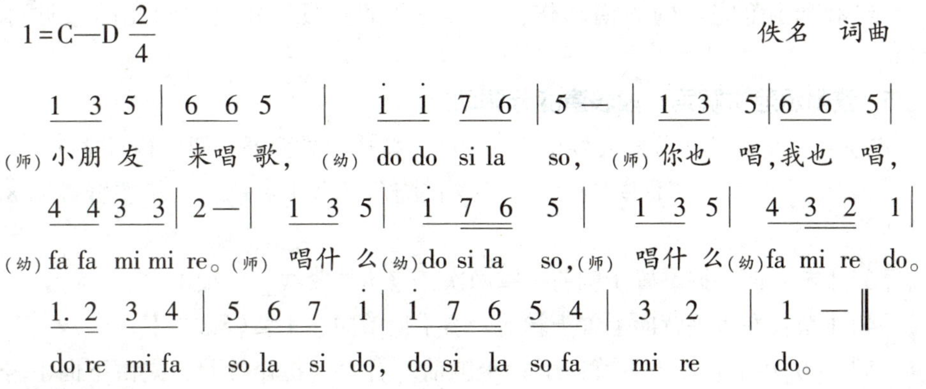

2. 导入活动内容。

(1)引导幼儿了解鞋匠的工作。

①教师提问：“我们的鞋子破了怎么办？”(幼儿自由讲述。)

②教师请幼儿观察相关画页，提问：“他们是谁？在干什么？他们是怎样修鞋的？”(幼儿根据观察交流表述。)

③教师引导幼儿逐一学习鞋匠修鞋的几个动作：修鞋针线穿上又穿下、拉线、钉鞋。

(2)教师讲述：“小朋友真聪明，模仿的动作都很形象。今天我们要学唱的歌曲就是《快乐的修鞋匠》，还要学习用舞蹈动作表演这首歌曲。”

3. 学习演唱歌曲。

(1)教师第一次播放歌曲，提示幼儿注意听清歌词的内容。

①教师提问：“歌曲里唱了些什么？修鞋匠都做了些什么？”(幼儿根据听辨交流表述。)

②教师带领幼儿朗诵歌词，帮助幼儿记住歌词内容。

(2)教师第二次播放歌曲，提示幼儿注意了解歌曲的旋律。

①教师提问：“听了这首歌曲，你感觉修鞋匠干活时是怎样的心情？”(幼儿根据感受交流表述。)

②教师用优美、欢快的声音范唱歌曲，请幼儿轻声跟着唱，体会歌曲表达的快乐情绪。

(2)教师运用分句教唱法教唱歌曲，帮助幼儿在逐句学唱的过程中熟悉歌曲的旋律，并记住歌词。

(3)在教师的带领下，幼儿用优美自然的声音齐声歌唱歌曲。

4. 创编表演动作。

(1)教师引导幼儿分组活动，各组分别创编一句歌词的表演动作。

(2)教师请各组派代表依次上台表演本组创编的表演动作。

(3)教师引导幼儿对各组代表表演的动作进行评价，提出修改意见。

(4)教师根据各组代表的表演和幼儿提出的修改意见，组合成一套完整的表演动作。

(5)教师示范完整的表演动作，征求幼儿的意见，并根据幼儿的意见再次修改动作。

5. 教师示范讲解第一段表演的分解动作。

准备：将全班幼儿分成人数相等的两队，排成内外两圈，两两相对站立。

[1]~[2]小节：左手握拳，屈肘横放在胸前，右手握拳，环绕左臂绕圈 8 次，半拍 1 圈。

[3]小节：两手握拳置于胸前扩胸两次，表示拉紧线，一拍 1 次。

[4]小节：左手手背向上置于胸前，右手握拳向左手背轻敲 3 下。

[5]~[6]小节：左手手背向上置于胸前。右手食指作针状，先由下向上轻点左手手心作进针状，接着右手握拳在左手手背面上往上拽，作拉线状；然后右手食指再作针状，先由上往下轻点左手手背作进针状，接着右手握拳在左手手心下往下拽，作拉线状。

[7]~[8]小节：双手手心向上(当作新鞋)往前伸，然后握拳伸出大拇指点 3 下。

教师带领幼儿连贯地练习第一段舞蹈动作。

①幼儿分组自行练习第一段连贯的表演动作，教师巡回指导。

②教师播放歌曲，请幼儿连贯地演示第一段表演动作。

6. 教师示范讲解第二段表演的分解动作：

[1]~[4]小节：同第一段[1]~[4]小节。

[5]~[6]小节：内外圈幼儿同时向右转，在圆圈上向前移动一个位置。

[7]~[8]小节：内外圈幼儿同时向左转，面对一个新的对子。

①教师带领幼儿连贯地练习第二段表演动作。

②教师播放歌曲，幼儿连贯地演示第二段表演动作。

7. 集体表演动作。

教师播放歌曲，带领幼儿集体完整地进行歌曲创编动作的表演。

活动延伸

1. 家园共育：鼓励幼儿回家将舞蹈表演给家长看，并邀请家长同自己一起表演。
2. 表演区：鼓励幼儿自由表演《快乐的修鞋匠》。

活动评价建议

1. 关注幼儿在活动中的表现是否积极、主动。
2. 观察幼儿能否大胆地根据歌词创编舞蹈动作。

十二、五个手指头

活动内容

孩子们每天在和自己的小手做游戏，玩玩具，写写画画，还要做自己需要做的事情。歌曲《五个手指头》形象地反映了手指头的作用。通过学唱这首歌曲，孩子们很快明白了：我们有这么能干的五个手指头，以后自己的事情一定要自己做！

活动目标

1. 乐于参与歌唱活动，体验歌曲欢快活泼的情绪。
2. 理解歌曲内容，感受四拍子歌曲的音乐特点。
3. 能用领唱、齐唱的形式演唱歌曲。

活动准备

1. 知识经验准备：

(1)教师了解幼儿的歌唱能力。

(2)幼儿对领唱、齐唱的演唱形式有过体验。

2. 物质材料准备：

(1)收录机 1 台，歌曲《五个手指头》的磁带 1 盘。

(2)与歌曲内容有关的图画。

活动过程

1. 发声练习。

教师带领幼儿以《我唱 Do Re Mi》对唱的形式进行练声。要求幼儿准确接唱，使乐句行进流畅。

我唱 Do Re Mi

1=C—D $\frac{2}{4}$　　　　佚名　词曲

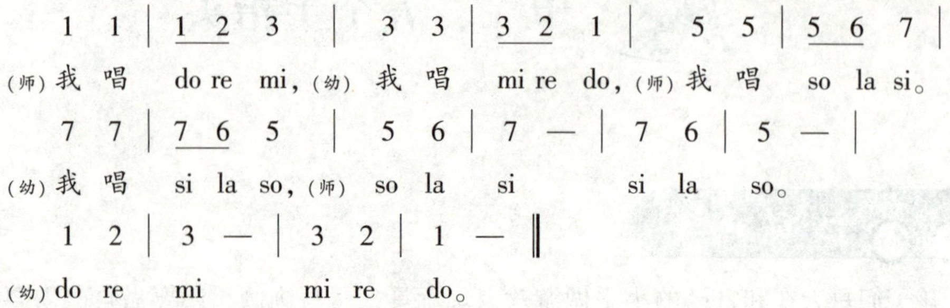

2. 导入活动。

(1)教师与幼儿玩游戏，培养孩子的学习兴趣。

教师讲述："小朋友，今天老师和大家一起玩一个很好玩的游戏，游戏的名称叫'听我说，跟我做'。"教师带领幼儿一边念儿歌、一边玩做动作：

小手小手拍一拍，我把小手举起来。

小手小手拍一拍，我把小手放下来。

小手小手拍一拍，我把小手往前伸。

小手小手拍一拍，我把小手往后伸。

小手小手拍一拍，我把小手抱起来。

小手小手拍一拍，我把小手藏起来。

3. 熟悉歌词。

(1)教师与幼儿交谈："刚才我们小朋友和自己的小手做了游戏，现在请数一数你有几只手？"(两只手。)"每只手有几个手指头？"(5个。)"它们分别叫什么？"(拇指、食指、中指、无名指、小指。)"你们的小手能干什么？你的小手会干什么？"(幼儿自由表述。)

(2)教师根据歌词讲述故事，帮助幼儿熟悉歌词："小红的妈妈工作非常辛苦，小红是一个懂事的好孩子，她总是用自己能干的小手帮妈妈干活，减轻妈妈的负担。瞧，小红的手帕脏了，她自己洗；鞋带散了，她自己系；早上起床后，也不叫妈妈帮她穿衣服，而是自己把衣服穿好，然后把自己的床铺好。你们说小红的小手能干吗？"(能干。)"所以妈妈夸小红：你真是妈妈的小帮手！"

(3)教师带领幼儿按照歌曲的节奏有感情地朗读第一、二段歌词，同时做出相应的动作。教师提示幼儿注意歌曲中的顿音。

(4)幼儿按照节奏拍手掌，并有感情地跟教师一起朗读歌词。

4. 感知旋律。

教师播放歌曲《五个手指头》，请幼儿欣赏、熟悉歌曲的旋律，为学唱歌曲做好铺垫。

教师提问："听了这首歌曲后，你感受到音乐的情绪是怎样的？"（引导幼儿体验歌曲欢快活泼的情绪。）"你最喜欢哪一句？为什么？"（引导幼儿根据自己的感受进行表述，并能够哼唱自己喜欢的乐句。）

5. 学唱歌曲。

（1）教师运用富有童趣的表情完整地演唱歌曲，鼓励幼儿轻声跟唱。

（2）教师运用逐句教唱法，教唱第一段歌曲。提示幼儿注意掌握节奏，可以让幼儿用双手击拍的方法，强化节奏意识。

（3）教师运用整体教唱法，教幼儿学唱歌曲的第二段。关注幼儿是否能唱准歌曲中的顿音和休止符，根据幼儿学习情况，必要时可以进行重点练习。

（4）教师用钢琴进行伴奏，幼儿用自然的声音完整地进行歌唱。提示幼儿在歌唱时要表达出欢快、活泼的情绪。

6. 演唱歌曲。

（1）教师组织幼儿运用领唱、齐唱的形式进行演唱。引导幼儿分析歌曲结构，讨论什么地方要领唱，什么地方要齐唱。

（2）教师指导幼儿练习用领唱、齐唱的方式演唱歌曲。安排每个小组轮流领唱，其他小组合起来齐唱。

活动延伸

1. 亲子活动：和家长说一说小手的其他用途，尝试将其创编到歌曲中去。
2. 表演区：鼓励幼儿用不同的演唱形式表演歌曲。
3. 美术手工：画出自己的小手或者生活小物品。
4. 在"一日活动"中，自己清洗小茶杯或者小手绢。

活动评价建议

1. 观察幼儿是否完整地学会歌曲的歌唱，并基本正确唱准了歌曲中的顿音。
2. 观察幼儿在演唱歌曲的过程中，是否体会到歌曲欢快活泼的音乐情绪。
3. 观察幼儿运用领唱、齐唱的形式演唱歌曲时配合是否默契。

十三、大馒头

活动内容

歌曲《大馒头》采用一问一答的演唱形式，让孩子们大致了解了馒头的制作过程，明白粮食来之不易的道理，同时调动了他们演唱歌曲的兴趣。教师在教唱歌曲的过程中，引导幼儿注意附点音符的准确唱法，进一步了解歌曲“对唱”的演唱形式，感受参与音乐活动带来的乐趣。

活动目标

1. 乐于参与歌唱活动，感受歌曲活泼欢快的情绪。
2. 理解歌词内容，进一步了解歌曲“对唱”的演唱形式。
3. 能用问答的句式仿编歌词。

活动准备

1. 知识经验准备：

(1)教师知道馒头的制作过程，了解幼儿的歌唱水平。

(2)幼儿知道馒头是由面粉做成的。

2. 物质材料准备：

(1)录音机 1 台；歌曲《大馒头》的磁带 1 盘。

(2)馒头 1 个；稻米、高粱米、玉米和面粉各 1 小碗。

(3)活动内容相关图画若干张。

3. 环境准备：

在活动室的桌子上摆放馒头、饺子、米饭等食物的模型。

活动过程

1. 发声练习。

教师带领幼儿用《音阶练声曲》进行练声：

音阶练声曲

1＝C—D $\frac{2}{4}$　　　　　　　　佚　名　词曲

1 2 3 4 | 5 6 7 | i — | i 7 6 | 5 4 3 2 | 1 — ‖

我们　一起　来　唱　歌，　啦　啦啦　啦啦　啦啦　啦。

我们　一起　来　唱　歌，　嘛　嘛嘛　嘛嘛　嘛嘛　嘛。

我们　一起　来　唱　歌，　咪　咪咪　咪咪　咪咪　咪。

2. 导入活动。

(1)教师出示馒头以及稻米、高粱米、玉米、面粉，提问：“馒头是用什么粮食做出来的?”(幼儿自由发言。)

(2)教师再次提问：“面粉又是从哪里来的呢?”(幼儿猜测讨论。)

(3)教师出示麦穗的图片，讲解小麦的种植及把小麦磨成面粉，再把面粉做成馒头的过程，让幼儿知道农民种植小麦的辛苦，馒头制作的复杂，教育幼儿要爱惜粮食。

3. 欣赏歌曲。

(1)教师第一次播放歌曲《大馒头》，请幼儿注意听清歌曲的内容。

(2)教师请幼儿观察图画，熟悉并理解歌词。

(3)教师用对话的形式引导幼儿记住歌词：

①大大的馒头哪里来？——白白的面粉做出来。

②白白的面粉哪里来？——黄黄的小麦磨出来。

③黄黄的小麦哪里来？——农民伯伯种出来。

④大大的馒头做得好——小朋友吃了身体好。

(4)教师带领幼儿有节奏地朗诵歌词。

(5)教师第二次播放歌曲，请幼儿轻声歌唱，熟悉歌曲的旋律。

4. 学唱歌曲。

(1)教师运用分句教唱法教唱歌曲。教师教唱时注意速度的掌握，如第一遍可以用慢一点的速度，帮助幼儿唱准附点节奏。在幼儿基本掌握附点音符的唱法后，第二遍和第三遍歌唱时可以回原速再唱。

(2)为了帮助幼儿听辨附点节奏，教师可以出示两种不同的节奏型卡片，运用不同节奏进行对比讲解：

第一种节奏：| X X　X |

第二种节奏：| X · X　X |

通过对比，幼儿就能很容易地理解附点节奏。在此基础上，教师带领幼儿重点练习，幼儿很快就能掌握附点节奏的唱法。

(3)教师组织幼儿分组进行试唱，提示幼儿注意掌握附点节奏的唱法。

(4)在幼儿正确歌唱的基础上，教师引导用对唱的方式进行演唱。

①教师与幼儿进行对唱练习。

②小朋友分组进行对唱表演。

(5)教师将幼儿对唱的歌曲录下来，并将录制后的音乐播放给幼儿听，提高他们练习的兴趣。

5. 仿编歌词。

(1)教师出示一盘饺子，请幼儿以“饺子”为关键词自由仿编歌词，并请幼儿尝试用仿编的歌词演唱。

(2)教师然后分别以“米饭”、“饽饽”为关键词，鼓励幼儿自由创编歌词。

(3)教师引导幼儿用仿编的歌词进行对唱。

活动延伸

1. 语言活动：引导幼儿欣赏古诗《悯农》，进一步理解农民伯伯种粮的辛苦，懂得一定要珍惜粮食的道理。

2. 社会活动：展开以“保护粮食”为主题的话题讨论活动。

3. 手工区：尝试用橡皮泥做出馒头、饺子等。

活动评价建议

1. 关注幼儿是否积极参加音乐活动，是否感受歌曲活泼欢快的情绪。

2. 观察幼儿能否运用对唱的方式演唱。

3. 关注幼儿能否在学会歌曲的基础上学习仿编歌词。

4. 观察幼儿能否明白“粮食来之不易，要珍惜粮食”的道理。

十四、卖报歌

活动内容

《卖报歌》是一首耳熟能详、脍炙人口的经典儿童歌曲，是我国著名音乐家聂耳先生在20世纪30年代创作的。这首歌曲音乐节拍为$\frac{2}{4}$拍，是四乐句组成的一段体结构，调式为五声F宫调式。《卖报歌》曲调明快、流畅，以朴实生动的语言、诙谐的笔调，深刻地描述了旧社会报童的苦难生活及对光明的渴望。教师可以引导幼儿通过欣赏歌曲的旋律、歌词，感受和体验歌曲的情绪及力度变化，理解其音乐形象。

活动目标

1. 乐于倾听，积极参与音乐欣赏活动。
2. 理解歌曲内容，体验歌曲的情绪及力度变化。
3. 能用表情和动作表现歌曲的情感。

活动准备

1. 知识经验准备：

(1)教师熟悉歌曲创作的历史背景，了解幼儿的认知水平。

(2)幼儿对歌曲背景有所了解。

2. 物质材料准备：

(1)音频视频设备1台；将歌曲《卖报歌》拷在U盘里。

(2)报纸若干份；相关历史图片若干。

(3)相关历史的视频资料。

活动过程

1. 发声练习。

教师带领幼儿用《小小歌唱家》练声曲进行练声。要求幼儿坐姿端正，用自然优美的声音进行歌唱，并指导幼儿注意掌握气息。

小小歌唱家

1=C—F $\frac{2}{4}$

佚名　词曲

5 5 5 | 5 5 5 | 3 5 6 5 3 | 2 3 5 | 1 2 3 4 | 5 — |

啦啦啦　啦啦啦，我是　小小　的　歌唱　家。啊，

5 4 3 2 | 1 — ‖

啊。

2. 导入活动。

(1)出示报纸，引发幼儿兴趣。

教师出示几份报纸，与幼儿交谈：“小朋友，老师手里的几张报纸是从哪里来的?”(引导幼儿说出是在报摊、报亭买来的。)“卖报的人是大人还是小孩?”(大人。)“在60多年以前，卖报的是哪些人呢?”(幼儿推测。)“现在卖报的人一般坐在报摊边、报亭里卖报，不是很劳累。可是，在很早以前，中华人民共和国还没有成立的时候，卖报的人大多是小孩，人们都叫他们报童。当时他们为了多卖报，经常是风里来雨里去，到处奔波，挨冻受饿。”

(2)出示照片，介绍歌曲作者。

教师出示聂耳的照片，提问：“你们知道他是谁吗?”(幼儿推测讲述。)

教师介绍：“他的名字叫聂耳，是我们中国很早的一位人民音乐家。我们在升国旗时听到的《中华人民共和国国歌》的乐曲就是他写的。今天我们要欣赏的歌曲《卖报歌》也是他作曲的。提到《卖报歌》，还有一个故事呢!”

(3)讲述故事，介绍歌曲背景。

教师讲述《为卖报的孩子写歌》的故事。教师请幼儿一边观看相关视频，一边欣赏故事，从中了解词曲作者创作歌曲的经过。

3. 欣赏歌曲。

(1)引导幼儿完整地欣赏《卖报歌》一遍，初步感知歌曲的内容和旋律。

(2)引导幼儿分段欣赏《卖报歌》，重点了解歌词。

①欣赏第一段。

教师提问：“卖报的小姑娘什么时候去卖报?卖报的时候，她会怎样叫卖?多少钱可以买两份报?你们模仿一下吧!”(幼儿根据歌词交流表述，借助想象模仿卖报小姑娘卖报的声音。)

教师带领幼儿按照歌曲的节奏，有表情地朗诵第一段歌词。

②欣赏第二段。

教师提问：“小姑娘刮风、下雨时出去卖报吗?在这么不好的天气里去卖报会怎样?”(幼儿根据歌词和想象交流表述。)

教师带领幼儿按照歌曲的节奏，有感情地朗诵第二段歌词。

③欣赏第三段。

教师提问："小姑娘出去卖报时是高兴还是痛苦？你从哪儿知道的？"（幼儿根据歌词和自己的理解交流表述。）

教师带领幼儿按照歌曲的节奏有感情地朗诵第三段歌词。

(3)引导幼儿再次完整地欣赏《卖报歌》，重点了解歌曲的曲调。

①教师弹奏歌曲曲调，请幼儿伴随歌曲的旋律打节奏。

教师提问："这首歌曲是几拍子的？"（幼儿根据已有经验回答问题。）

②教师哼唱歌曲，引导幼儿用身体动作（拍手、拍腿、跺脚等）表现歌曲的节拍节奏。

(4)教师引导幼儿欣赏《卖报歌》，体验歌曲的情感。

①教师有感情地演唱歌曲第一段，提问："你听到了什么？你的心情又是怎样的？"（幼儿自由讲述。）

教师小结："第一段表现了小姑娘的天真和活泼。"

②教师有感情地演唱歌曲第二段，提问："你听到了什么？你的心情又是怎样的？"（幼儿自由讲述。）

教师小结："第二段表现了小姑娘卖报时的痛苦和难受。"

③教师有感情地演唱歌曲第三段，提问："你听到了什么？你的心情又是怎样的？"（幼儿自由讲述。）

教师小结："第三段表现了小姑娘的勇敢和坚强。"

④教师再次清唱歌曲，幼儿跟着老师一起用动作表现自己对歌曲的感受。

4. 学唱歌曲。

(1)在教唱过程中，教师要用歌声表现歌曲的情绪。

(2)幼儿跟随教师的伴奏完整演唱歌曲。

(3)教师组织分组进行演唱。

(4)教师用钢琴伴奏，请全体幼儿起立，一边歌唱，一边自由地创编动作表演歌曲，表达对歌曲的理解。

活动延伸

1. 表演区：鼓励幼儿根据歌词创编简单的游戏。
2. 亲子活动：与家长共同表演歌曲。

活动评价建议

1. 关注幼儿在欣赏音乐时，是否能体验歌曲的情绪及力度变化。
2. 观察幼儿在欣赏过程中，能否发挥音乐想象力，体会歌曲的情感。
3. 观察幼儿在欣赏过程中，能否用歌声、面部表情和动作表现歌曲的情感。

十五、好孩子要诚实

活动内容

诚实守信是中华民族的传统美德。从小培养孩子做一个诚实守信的人，是我们家长、教师和社会义不容辞的责任。歌曲《好孩子要诚实》讲述了一个孩子在无人知道的情况下打碎了花瓶，而后自己主动承认错误的故事。教师可以通过这首歌曲来对孩子们进行诚信教育，这样既可以激发孩子学习的主动性和积极性，又能避免教师在诚信教育上枯燥说教，提高教育效果。

活动目标

1. 乐于参加音乐活动，体验歌曲的意境。
2. 理解歌曲，会看 $\left|\ \underline{\times}\ \times\cdot\ \right|$ 的节奏卡，体验节奏。
3. 能用领唱和齐唱的方法演唱。

活动准备

1. 知识经验准备：

(1) 教师了解幼儿歌唱能力和对歌曲内容的理解能力。

(2) 幼儿理解“诚实”这个词的意思。

2. 物质材料准备：

(1) 录音机 1 台；歌曲《好孩子要诚实》的磁带 1 盘。

(2) $\left|\ \underline{\times}\ \times\cdot\ \right|\ \underline{\times}\ \times\cdot\ \right|$ 和 $\left|\ \times\ \times\ \right|\ \times\ \times\ \right|$ 的节奏型卡片各 1 张。

(3) 歌曲相关图画。

活动过程

1. 发声练习。

教师带领幼儿用《音阶练声曲》进行练声。要求幼儿坐姿端正，用自然优美的声音进行歌唱，并请幼儿注意学习掌握气息。

音阶练声曲

1＝C—D $\frac{2}{4}$　　　　　　　　佚　名　词曲

1 2 3 4 | 5 6 7 | i — | i 7 6 | 5 4 3 2 | 1 — ‖

我们　一起　来　唱　歌，　啦　啦啦　啦啦　啦啦　啦。

我们　一起　来　唱　歌，　嘛　嘛嘛　嘛嘛　嘛嘛　嘛。

我们　一起　来　唱　歌，　咪　咪咪　咪咪　咪咪　咪。

2. 听讲故事。

(1)教师请幼儿观看相关图画，同时听教师讲述《小猫对着小明叫》的故事，以便理解歌词大意。

(2)教师结合故事提问：“你们觉得小明是一个诚实的孩子吗？为什么？”(幼儿根据自己的理解交流表述。)

在幼儿交流表述的基础上，教师根据歌词进行归纳，让幼儿理解犯了错误不要紧，只要诚实地承认错误，勇于改正错误，就是一个好孩子。

3. 学唱歌曲。

(1)教师播放歌曲，请幼儿认真倾听，感知歌曲的内容和旋律。

(2)教师带领幼儿按照歌曲的节奏朗诵歌词。

(3)教师运用分句教唱法教唱歌曲。教师教唱时注意速度的掌握，如第一遍可以用慢一点的速度，帮助幼儿唱准附点节奏。在幼儿基本掌握附点音符的唱法后，第二遍和第三遍歌唱时可以回原速再唱。

(4)为了帮助幼儿听辨附点节奏，教师可以出示两种不同的节奏型卡片，运用不同节奏进行对比讲解：

第一种为一般节奏：| × × | × × |

小 猫　小 猫

第二种为附点节奏：| × ×· | × ×· |

小 猫　小 猫

通过对比，幼儿就能很容易地理解附点节奏。在此基础上，教师带领幼儿重点练习，幼儿很快就能掌握附点节奏的唱法。

(3)教师用钢琴伴奏，请幼儿分组进行歌唱，提示幼儿注意掌握附点节奏的唱法。

(4)教师用钢琴伴奏，请幼儿用自然的声音完整地歌唱。

4. 演唱歌曲。

引导幼儿学习领唱、齐唱的形式。

(1)教师讲述:“刚才我们一起演唱了这首歌曲,现在请你们想一想,还可以用什么方法来演唱这首歌曲?”

(2)教师参与幼儿的交流讨论,适时地提出用领唱、齐唱的形式演唱这首歌曲。

教师讲解领唱、齐唱的演唱形式:“在唱一首歌曲时,歌曲有一部分安排一个人单独唱,有一部分安排大家一起唱,这种演唱的方式就叫领唱和齐唱。”

(3)教师安排歌曲领唱和齐唱的部分:

每段[1]~[8]小节为领唱,[9]~[18]小节为齐唱。

(4)教师指导幼儿排练领唱和齐唱:

①由一个幼儿(女孩、男孩均可)领唱,全班幼儿齐唱。

②由两个幼儿(一个女孩和一个男孩)分别领唱,全班幼儿齐唱。

(5)教师将幼儿按领唱、齐唱的方式演唱的歌曲进行录音,并将录制后的音乐播放给大家听,以提高幼儿对新演唱形式的兴趣。

5. 情景表演。

(1)教师提问:“如果你把花瓶摔碎了,你会怎么做呢?请小朋友互相商量,把这个情景表演出来吧。”

(2)幼儿分组讨论教师提出的问题,商量表演的情节和对话,选出角色,根据画面和歌曲内容进行情景表演排练。

(3)教师组织各组在班上轮流表演,教师给予积极的肯定和鼓励。

活动延伸

1. 亲子活动:鼓励幼儿回家和家长一起将歌曲中的“小猫”更换为其他小动物的称谓,把“摔坏花瓶”的事情更换为其他的事情,邀请家长和自己一起分角色表演创编歌曲。

2. 表演区:幼儿用学过的演唱形式表演歌曲。

活动评价建议

1. 关注幼儿是否理解歌曲内容,是否掌握了 $\left|\ \underline{X}\ \ X\cdot\ \right|$ 的节奏型。

2. 观察幼儿是否乐于用领唱和齐唱的形式演唱,能否在演唱的过程中表现出合作的精神。

3. 关注幼儿通过本次音乐活动是否明白好孩子要诚实守信的道理。

十六、小黑猪

活动内容

游戏是孩子们成长过程中最重要的“伙伴”，每个孩子都喜欢做游戏。歌曲《小黑猪》的乐曲活泼欢快，歌词赋予了小猪可爱的外形特征，吸引着孩子们参与游戏的积极性。在游戏活动中，幼儿根据音乐交换角色是这一音乐游戏的关键，因此，教师可以引导幼儿学会听辨歌词来交换角色，从而提高幼儿对音乐的领悟能力。

活动目标

1. 乐于参加音乐游戏，感受听音乐调换角色的快乐。
2. 理解游戏玩法，听歌词与同伴交换位置开展游戏。
3. 能与同伴协商制定游戏规则。

活动准备

1. 知识经验准备：

(1)教师了解幼儿对游戏的理解能力和活动能力。

(2)幼儿有运用角色扮演游戏的经验。

2. 物质材料准备：

(1)小黑猪图片1张；小黑猪头饰若干(幼儿人数的一半)。

(2)录音机1台；歌曲《小黑猪》的磁带1盘。

3. 环境准备：

清理活动室，便于幼儿表演游戏。

活动过程

1. 发声练习。

教师带领幼儿用《音阶歌》以对唱的形式进行练声。要求幼儿准确接唱，乐句行进流畅。

音阶歌

1＝C—D $\frac{2}{4}$ 佚名 词曲

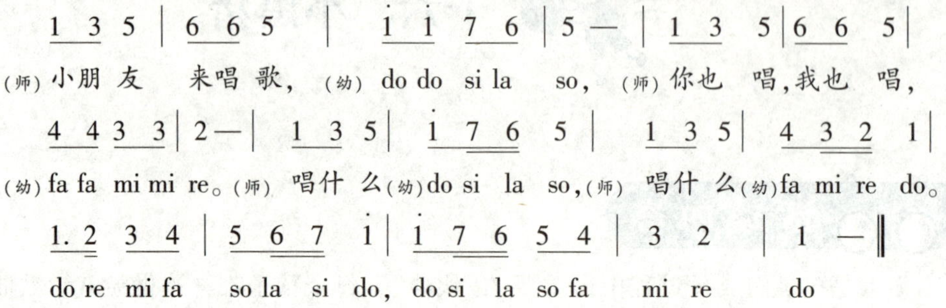

2. 欣赏歌曲。

(1)教师出示小猪图片提问："它是谁呀？"(小黑猪。)"小黑猪长得什么样？"(大耳朵、翘鼻子。)

(2)教师设疑，激发幼儿兴趣："今天小黑猪来请你们去它家做客，它们家有什么高兴的事呢？我们一起来听听。"

(3)教师用钢琴伴奏，示范演唱歌曲《小黑猪》。

(4)教师提问："小黑猪有什么高兴的事情？"(住进了新楼房了。)"它是怎么表现高兴的呀？"(咕噜噜地唱歌。)

(5)教师播放歌曲，引导幼儿再次欣赏歌曲，进一步熟悉歌曲的旋律。

3. 学唱歌曲。

(1)教师带领幼儿跟着音乐学唱歌曲。

教师播放歌曲，带领幼儿跟唱。提示幼儿如果不记得歌词，就看教师是怎么做动作的。幼儿不记得的歌词部分，教师一边用动作提示幼儿，一边带唱，帮助幼儿基本唱会歌曲。

(2)教师带领幼儿用动作表演歌曲。

教师播放歌曲，带领幼儿一边跟唱，一边做相应的动作，表达歌曲的意思。

4. 进行游戏。

(1)教师讲解游戏玩法：

①准备。全班小朋友围站成圆圈，面向圆心站立。教师指定一名幼儿开始"一、二、三"报数，一、二、三号小朋友按顺序轮流当小黑猪。

②前奏。全班小朋友按逆时针方向站立，前奏前四小节大家做同样的动作：两手大拇指按在头部两边的太阳穴旁，向前伸开手掌做猪的大耳朵状，随音乐节奏上下扇动。当听到前奏[5]小节 | 5432 1 3 | 时，一号小朋友进入圈内，捡起地上的小黑猪的头饰戴在头上，扮演小黑猪；其他幼儿仍做原来的动作。

③第一遍音乐。圈上的二号、三号小朋友两两相对，两手向上互相抵住，搭成屋顶状，表示新楼房。“小黑猪”跟随音乐做自己的动作：

[1]~[2]小节：同前奏前四小节的动作。

[3]~[4]小节：左手依旧做耳朵扇动的动作，右手握空拳，大拇指按在鼻尖上，做猪的翘鼻状，按节奏上下晃动。

[5]~[6]小节：钻进二号、三号小朋友搭的屋顶下面蹲着，表示住进了楼房。

[7]~[12]小节：两手握空拳，拳眼相对重叠，做翘鼻状，身体按节奏左右晃动。

④第二遍音乐。

圈上的二号、三号小朋友[1]~[4]小节不动，从第5小节开始面向圆心站立，一边唱歌一边拍手踏步。“小黑猪”跟随音乐做自己的动作：

[1]~[4]小节：同第一遍音乐的[1]~[4]小节。

[5]~[6]小节：走出“楼房”。

[7]~[12]小节：取下自己的头饰，戴在二号小朋友的头上，并与二号小朋友交换位置。二号幼儿扮演小黑猪，游戏继续进行。

⑤第二次游戏第二遍音乐唱到第7小节“唱歌咕噜”时，扮演小黑猪的二号小朋友取下自己的头饰，戴在三号小朋友的头上，并与三号小朋友交换位置。三号幼儿扮演小黑猪，游戏继续进行。

(2)幼儿尝试游戏的玩法。幼儿自由站成圆圈，随着音乐开始游戏。教师观察、记录幼儿游戏情况。

(3)教师引导幼儿发现并提出游戏出现的问题，在交流协商的基础上，制定游戏的规则。

(4)幼儿根据协商的游戏规则，开始游戏，教师继续观察、记录游戏情况。

(5)游戏三遍后，教师点评游戏的进行情况，并对表演好的幼儿用一定的形式给予鼓励。

活动延伸

1. 表演区：鼓励幼儿根据歌曲的内容创编有关《小黑猪住新房》的童话故事。
2. 美术区：画出开心的小猪。
3. 亲子活动：幼儿与家长表演游戏。

活动评价建议

1. 关注幼儿对于参与音乐游戏是否有兴趣，是否乐意与同伴合作游戏。
2. 观察幼儿在参与音乐游戏的过程中，能否按照要求完成游戏。

十七、小老鼠打电话

活动内容

猫和老鼠是一对冤家，而歌曲《小老鼠打电话》中的小老鼠在找朋友过家家时，居然拨错了电话号码，请来了猫。歌曲内容生动幽默，旋律朗朗上口，其诙谐的情趣能带给孩子们很强的感染力。歌曲中老鼠与猫打电话的对白，对于幼儿而言也是很熟悉的，方便他们模仿、表演。幼儿可以在轻松愉快的氛围里学唱并表演歌曲，获得快乐的体验。

活动目标

1. 乐于参加唱歌表演活动，体验歌曲诙谐幽默的情趣。
2. 理解歌曲内容，知道对前奏和间奏的处理方法。
3. 在学会唱歌的基础上学习创编动作，进行歌曲表演。

活动准备

1. 知识经验准备：

(1)教师能优美地歌唱歌曲，正确掌握休止符、延音符等音乐符号和前奏、间奏。

(2)幼儿比较了解猫和老鼠的特征，能够按照要求歌唱。

2. 物质材料准备：

(1)猫和老鼠头饰各 1 个；电话 2 个。

(2)音频视频播放设备 1 台；将歌曲《小老鼠打电话》的音频存入 U 盘。

(3)猫和老鼠的相关图片和视频。

3. 环境准备：

创设小猫及老鼠家情景。

活动过程

1. 发声练习。

教师带领幼儿用《音阶歌》进行练声。要求幼儿用正确的坐姿，自然优美的声音进行歌唱，并提示幼儿注意掌握气息。

音阶歌

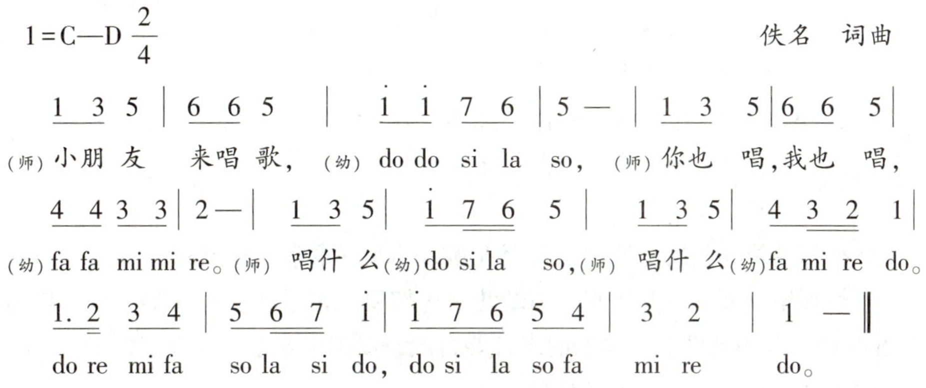

2. 导入活动。

(1)教师讲述《小老鼠打电话》的故事。

(2)教师结合故事提问："故事里有谁？小老鼠准备给谁打电话？结果它把电话打给谁了？"(幼儿根据故事内容回答问题。)

(3)教师导语："这个故事有趣吧？今天我们还要学唱一首有趣的歌曲，歌曲的名字就叫《小老鼠打电话》。"

3. 欣赏歌曲。

(1)教师出示猫和老鼠的头饰，边戴头饰表演，边演唱歌曲。

(2)教师结合歌曲提问："歌里唱了些什么？"(老鼠打电话，拨错了号码，打给猫了。)"这首歌有趣吗？为什么？"(滑稽，搞笑。)

4. 学唱歌曲。

(1)请观看相关图片和视频，并学习歌谱。在这个环节中，提示幼儿注意休止符、延音符等音乐符号和前奏、间奏。

①教师提问："歌谱中的'0'是什么意思？"(幼儿根据自己的理解回答。)

教师讲解："这个'0'是休止符，告诉我们唱到这个地方要停止，不能有声音。"

②教师提问："歌谱中的圆弧线是什么意思？"(幼儿根据自己的理解回答。)

教师讲解："这条圆弧线是连音符，告诉我们圆弧下面的几个音要唱得连贯圆滑。"

③教师提问："歌谱中带括弧符号的音符是什么意思？"(幼儿根据自己的理解回答。)

教师讲解："歌曲前面带括弧符号的音符是前奏。前奏是帮助我们在唱歌之前调整情绪，提示我们唱什么音调。前奏完了我们才可以开口唱歌。歌曲中间带括弧符号的音符是间奏，间奏是告诉我们唱到这里要等待，为唱下面的部分做准备。"

(2)教师教唱歌曲前四句，提示幼儿注意在前奏结束之后开口唱歌，在间奏的时候学会等待，进行相应的调整。

（3）教师引导幼儿学习按照节奏，朗读猫和老鼠打电话的对白。

教师出示两个玩具电话，与幼儿有节奏地模仿小老鼠与小猫打电话的对白。

× × | × ×　× | × ×　× × | × ×　× |

（鼠）喂 喂　你 好　吗？请 你　快 到　我 的　家。

（猫）好 好　知 道　了，马 上　就 到　你 的　家。

（4）教师带领幼儿反复练唱，直至大多数幼儿基本掌握歌唱和对白。

（5）教师用钢琴伴奏并领唱，请幼儿一边按要求击掌，一边齐唱。教师提示幼儿在掌握音准和节奏的基础上，唱歌的声音要自然，要唱出欢快、诙谐的样子。

（6）教师引导幼儿分角色进行演唱。

5. 创编动作。

（1）教师播放歌曲，请幼儿一边跟唱，一边自编动作。

（2）教师观察、收集、整理幼儿创编的动作。

（3）幼儿跟着老师一起学习动作：

①唱第一句——大家用手做打电话的样子。

②第一个间奏——大家按节奏拍手。

③唱第二句——大家两手握拳，大拇指相对弯曲四下。

④第二个间奏——大家按节奏拍手。

⑤唱第三、第四句——大家左手摊开手掌，右手食指点左手手心，一拍点一下，表示按电话号码。

⑥第三个间奏——“猫”随节奏走到电话机旁接电话。

⑦第三个间奏过后——“鼠”和“猫”按节奏对白。

⑧第四个间奏——“猫”做出放下电话出门的样子。“鼠”发出害怕的“吱吱”声。听到“猫”来到“鼠”门口，“喵”地叫了一声，“鼠”听见“猫”的叫声，迅速“嘭”地关门。

⑨唱第五句——大家都手指着猫。

⑩唱第六句——大家摊手做无奈状，“鼠”瘫软在椅子上。

6. 表演歌曲。

（1）大家推选两名幼儿分别扮演“鼠”和“猫”（各自戴上相应的头饰）。

（2）幼儿集体按照刚才学习的动作进行歌曲表演。

活动延伸

1. 亲子活动：鼓励幼儿回家和爸爸妈妈一起进行这首歌曲的表演。

2. 表演区：幼儿分角色扮演故事。
3. 语言区：请幼儿讲一讲其他小动物的故事。
4. 画一画：请幼儿在艺术区画一画。

活动评价建议

1. 关注幼儿在活动中的情绪是否积极、热情，是否体验了歌曲的诙谐和幽默。
2. 观察幼儿是否能唱准歌曲中连音符号及休止符号，能否正确接唱前奏和间奏。

十八、鼓上的小米粒

活动内容

对于鼓，孩子们并不陌生。在音乐区角里，孩子们经常会试着用小槌去敲打几下，细心的孩子们会发现：当你敲打得重的时候，鼓声就大；当你敲得轻的时候，鼓声就小。歌曲《鼓上的小米粒》，借助小鼓和米粒做游戏，让幼儿直观感受音的轻重的变化，重点理解大鼓敲得响，米粒跳得高；大鼓敲得轻，米粒跳得低。通过这个音乐游戏活动，引导幼儿体会乐曲中的强弱变化，并能用身体动作表现音乐的力度变化。

活动目标

1. 乐于参与音乐游戏活动，体验玩音乐游戏的快乐。
2. 感知乐曲中的强弱变化，理解游戏规则。
3. 能用身体动作表现音乐的力度变化。

活动准备

1. 知识经验准备：

(1)教师有较强的游戏组织能力，掌握音量变化的知识。

(2)幼儿玩过音乐游戏。

2. 物质材料准备：

(1)大鼓 1 面，鼓槌 1 对，将米染上各种颜色。

(2)录音机 1 台；歌曲《鼓上的小米粒》的磁带 1 盘。

3. 环境准备：

将幼儿的板凳在活动室呈半圆形摆放，把大鼓和鼓槌摆放在活动室中间。

活动过程

1. 发声练习。

教师带领幼儿用儿歌《鸭呷呷》进行练声。要求幼儿坐姿正确，用自然优美的声音进行歌唱，并提示幼儿注意强音和弱音的音量。

鸭呷呷

1＝C—F $\frac{4}{4}$　　　　佚名　词曲

1 2　3 1　5 — |　6 $\dot{1}$　7 6　5 — |　6 6　5　6 6　5 |

（师）池塘　一群　鸭，（幼）一起　叫呷　呷。（师）左也　叫　右也　叫，

^{p}6 5　3 1　2 — |　1 2　3 1　5 — |　^{f}6 $\dot{1}$　7 6　5 — |

（幼）呷呷　呷呷　呷。（师）大鸭　叫呷　呷，（幼）呷呷　呷呷　呷。

6 6　5　6 6　5 |　^{p}6 5　3 1　2 — ‖

（师）大也　呷，小也　呷，（幼）呷呷　呷呷　呷。

2. 打鼓游戏。

（1）教师出示大鼓提问：“你们能让大鼓响起来吗？”（请个别幼儿到鼓前敲打。）

（2）教师敲打大鼓两次，引导幼儿初步感受鼓声的强弱变化。

①强音一次：| 咚 · 咚 | 咚咚　咚 | 咚咚　咚咚 | 咚　— |

②弱音一次：| 咚 · 咚 | 咚咚　咚 | 咚咚　咚咚 | 咚　— |

（3）引导幼儿区分重音、弱音。

教师提问：“老师刚才敲打了两次鼓，你们发现有什么不同？”（幼儿自由发言。）

（4）请个别幼儿到大鼓前来，尝试用重音、弱音敲打大鼓。

（5）教师用力敲打大鼓，鼓励幼儿用身体动作表现重音。

（6）请个别幼儿在集体面前用身体动作表现重音。

（7）教师很轻地敲打大鼓，鼓励幼儿用身体动作表现弱音。

（8）请个别幼儿在集体面前用身体动作表现弱音。

3. 观察米粒。

（1）教师出示各种颜色的小米粒：“今天我们班上来了一群小客人，你们看是谁？”（小米粒。）“它们想跳舞给我们看，你们想看吗？你们知道它们将在哪里跳舞？”

（2）教师将小米粒放到大鼓上，提问：“小米粒怎样才能跳起来？”（击鼓。）

（3）请幼儿观察米粒的状态，请幼儿想一想：“如果小米粒想跳得高一点，我们在击鼓的时候可以怎么击打？”（用力击鼓。）“如果小米粒想跳得低一点，我们又可以怎么击鼓？”（轻轻击鼓。）

（4）请个别幼儿尝试运用以上的方法击鼓，验证猜想：“像不像你们说的那样呢？谁愿意上来击鼓？”

（5）教师介绍游戏名称：“其实刚才是小米粒在跟大鼓玩一个好玩的游戏呢，我们

就给它们的游戏取个好听的名字吧！就叫‘鼓上的小米粒’好吗？有一位作曲家将小米粒与大鼓做游戏的事情写成了一首歌，我们一起来听听吧！”

4. 欣赏歌曲。

(1)教师第一次播放歌曲，请幼儿听清歌词的内容。

教师提问：“歌曲里唱了些什么？”(引导幼儿运用歌词来回答。)

教师带领幼儿有感情、有节奏地朗诵歌词两遍。

(2)教师第二次播放歌曲，请幼儿熟悉歌曲的旋律。

教师提问：“这是一首几拍子的歌曲？它的节奏强弱规律是怎样的？”(幼儿根据已有的经验回答。)

5. 学唱歌曲。

(1)教师运用分句教唱法，教幼儿学习演唱歌曲(重点引导孩子感受音量的轻重)。

教师提问：“我们可以怎样用声音来表现米粒跳得高和米粒跳得低？”(幼儿根据刚才获得的经验回答。)

(2)教师带领幼儿运用对唱的方式演唱歌曲(老师演唱前半句，幼儿接唱下半句)。

(3)教师将幼儿分成两组，学习运用对唱的方式演唱歌曲(一组演唱前半句，另一组接唱下半句。)

(4)教师用钢琴伴奏，幼儿完整地演唱歌曲。

6. 创编动作。

(1)教师演唱“咚咚咚，咚咚咚，小鼓在唱歌”后，提问：“你们觉得我们可以用什么动作来表现？”

(2)幼儿自由创编动作，教师收集幼儿的动作，选出幼儿认为最好的动作，大家集体学习。

(3)歌曲后面也运用以上方法，引导幼儿创编动作。

(4)重点引导幼儿用动作表现“小鼓唱得响，米粒跳得高”和“小鼓敲得轻，米粒跳得低”。(例如，唱到“米粒跳得高”，幼儿可以用跳的动作；唱到“米粒跳得低”，幼儿用蹲下轻轻走的动作。)

(5)教师播放歌曲，幼儿随着音乐，完整地用动作表现歌词内容。

7. 音乐游戏。

(1)教师组织幼儿拿起小板凳自由围成一个大圆形，然后坐下。

(2)教师介绍游戏玩法：

①请一个人当敲鼓者，其他幼儿扮演小米粒(敲鼓者先可由教师扮演，等幼儿熟悉游戏玩法后再选幼儿扮演鼓手)。

②当幼儿听到鼓声响三声后起立，随着音乐伴奏边唱歌，边做动作。特别是在“跳得高”处时，幼儿可用跺脚、跳、在头上拍手等动作表现。在“跳得低”处时，可用拍肩、轻跳、蹲着轻轻走、在身体下方拍手等动作表现。

③在播放到[25]小节处，幼儿要迅速坐下。

(3)教师讲述游戏的规则：

幼儿要根据鼓声的轻重变化，用身体动作反应。

(4)幼儿随音乐开始游戏两遍，教师观察、记录幼儿游戏情况。

(5)教师引导幼儿根据玩的情况尝试制定新的游戏规则：

①教师提问："你们在玩游戏时，发现了什么问题？"

②幼儿轮流发表自己的看法，教师记录幼儿的问题。

③教师引导幼儿根据游戏中出现的问题讨论解决的办法。

④幼儿根据协商的新游戏规则开始游戏，教师继续观察、记录游戏情况。

(6)教师引导幼儿评价游戏情况，结束游戏。

活动延伸

1. 音乐角：鼓励幼儿自由尝试用打击乐演奏《鼓上的小米粒》。
2. 表演区：鼓励幼儿表演歌曲《鼓上的小米粒》。

活动评价建议

1. 关注幼儿参加音乐游戏的情绪是否积极、热情。
2. 观察幼儿在参与音乐游戏的过程中，是否遵守游戏规则。
3. 观察幼儿能否用身体动作表现音乐的力度变化。

附：

"鼓上的小米粒"游戏玩法

[1]~[4]小节：模仿打鼓的样子。

[5]~[8]小节：模仿小米有节奏地蹦蹦跳跳。

[9]~[12]小节：前两小节拍手，后两小节可用跺脚、跳，或在头上拍手等动作表现米粒跳得高。

[13]~[16]小节：前两小节拍手，后两小节可用拍肩、轻跳、蹲着轻轻走、在身体下方拍手等动作表现米粒跳得低。

[17]~[22]小节：模仿小鼓有节奏地蹦蹦跳跳。

[23]~[26]小节：幼儿用动作表现教师的鼓声强弱。最后两小节大家边做动作边迅速坐下。

十九、学做解放军

活动内容

歌曲《学做解放军》的旋律雄壮有力，节奏强弱交替鲜明，教师在教唱歌曲时，要重点把握附点音符和切分音符，这也是活动的重难点。另外，“打打打打打底”是军号声，要训练幼儿咬字时舌尖灵活，吐字“di”、“da”口形要正确。这首歌的歌词反映了小朋友学做解放军的情景，因此，在学习时，首先要教孩子们分清左右的方向进行左右转，要自己把握重心，保持平衡；模仿解放军敬礼时，要刚劲有力，动作要尽可能做到位。

活动目标

1. 乐于参与表演，体验扮演解放军的快乐。
2. 理解歌曲内容，知道用不同的动作表达人物的不同形象。
3. 能有感情地表演《学做解放军》。

活动准备

1. 知识经验准备：

(1)教师准确掌握附点音符和切分音符。

(2)幼儿对解放军形象有一定的认知、有表演的经验。

2. 物质材料准备：

(1)录音机 1 台；歌曲《学做解放军》的磁带 1 盘。

(2)活动节奏型图卡，小鼓 1 面，鼓槌 2 只。

(3)活动内容相关画页。

活动过程

1. 发声训练。

教师带领幼儿用练声曲《小小歌唱家》进行练声。要求幼儿身体坐端正，仔细听钢琴伴奏，用自然优美的声音进行歌唱。

小小歌唱家

1＝C—F $\frac{2}{4}$　　　　佚名　词曲

5 5 5 | 5 5 5 | 3 5 6 5 3 | 2 3 5 | 1 2 3 4 | 5 — |
啦啦 啦　啦啦 啦，我是　小小的　歌唱　家。啊，

5 4 3 2 | 1 — ‖
啊。

2. 练习节奏。

(1)教师出示节奏型卡片，请幼儿注意附点音符的节奏。

①教师借助打喷嚏的方式帮助幼儿掌握节奏：

X · X　X 0 | X · X　X 0 |
啊　嚏　儿　啊　嚏　儿

②教师请幼儿轮流敲击小鼓，尝试打出附点节奏。

(2)教师出示 | X X X | X X X | 的节奏型卡片，请幼儿注意切分音符的节奏。

①借助打招呼的方式帮助幼儿掌握节奏：

| X X X | X X X |
你 好 啊　小 朋 友

②教师请幼儿轮流敲击小鼓，尝试打出切分音符的节奏。

3. 熟悉歌词。

(1)教师播放歌曲《学做解放军》两遍，请幼儿注意倾听歌词内容。

(2)教师带领幼儿按节奏朗诵歌词两遍，熟悉歌词的内容。

4. 感知旋律。

(1)教师再次播放歌曲两遍，请幼儿注意感受歌曲雄壮有力的旋律。

(2)教师带领幼儿跟唱歌曲中含有附点音符和切分音符的乐句。

5. 学唱歌曲。

(1)教师弹钢琴并范唱歌曲。提示幼儿跟着轻声哼唱，进一步熟悉歌词和旋律。

(2)教师运用分句教唱法教唱歌曲。

①在教唱歌曲的过程中，教师要注意速度的掌握。如第一遍可以用慢一点的速度，

帮助幼儿唱准附点音符和切分音符。在幼儿基本掌握附点音符和切分音符后，第二遍和第三遍教唱时可以回原速再唱。

②教师提示幼儿在演唱“打打打打打底，低低低低低打”时，注意咬准字，发准音。

(3)教师用钢琴伴奏，带领幼儿齐唱歌曲，在此提示幼儿注意按照附点音符、切分音符准确歌唱。

6. 学习表演动作。

(1)学习第一段舞蹈动作。

①教师完整地表演《学做解放军》的第一段。

②提问：“老师在表演的时候用了哪几个动作?”(请幼儿自由表演。)“你最喜欢哪个动作？为什么?”

③教师逐句讲解并示范第一段分解动作，重点引导幼儿把握身体的重心。

④幼儿站在自己的位置上准备。一边演唱歌曲，一边跟随老师学做第一段分解动作。

⑤教师带领幼儿一边演唱歌曲，一边连贯地练习第一段动作。

⑥幼儿分组自行练习第一段连贯的动作，教师巡回指导。

⑦播放歌曲，教师带领幼儿连贯地演示第一段动作。

(2)学习第二段舞蹈动作。

与学习第一段舞蹈过程相同，第二段的表演重点让幼儿分辨清楚左右。

(3)组合两段表演动作。

①教师带领幼儿将两段动作连接起来，连贯性进行练习。

②播放歌曲，幼儿分组轮流连贯地演示两段组合成的完整动作，教师引导幼儿互相讲评。

③教师小结：对各组幼儿均给予充分的肯定和鼓励。

(4)集体进行表演。

教师播放歌曲，带领幼儿集体连贯、完整地进行歌曲表演。

活动延伸

1. 亲子活动：让家长给幼儿讲述有关解放军的故事，引导幼儿加深对解放军的认识。

2. 表演区：鼓励幼儿尝试自由表演歌曲《学做解放军》。

3. 图书角：投放关于国防知识、解放军等类别的图书，培养幼儿进一步学习国防知识的好习惯。

活动评价建议

1. 关注幼儿在歌唱活动中，能否正确唱好附点音符和切分音符，表达歌曲雄壮有力的情绪。

2. 观察幼儿在表演活动中是否认真投入地进行表演，身体各部位的动作是否协调。

附：

表演动作说明

准备：幼儿列队为方阵，左右相隔两臂距离，前后相隔一臂距离。

第一段：

[1]~[2]小节：两脚呈小八字站立，身体先向左前倾，同时拍手两下(一拍一下)；身体再向右前倾，同时拍手两下(一拍一下)。

[3]~[4]小节：两脚呈小八字站立，面向正前方，抬头挺胸，左手叉腰，右手做吹喇叭状。

[5]~[6]小节：左脚起按节奏原地踏步，两臂自然摆动。

[7]~[8]小节：立正，两手做握枪状。

[9]~[10]小节：左脚向左前方跨一步，同时身体重心移向左脚，抬头挺胸，右手叉腰，左手做吹喇叭状。

[11]~[12]小节：右脚向右前方跨一步，同时身体重心移向右脚，抬头挺胸，左手叉腰，右手做吹喇叭状。

[13]~[14]小节：立正，右手敬军礼。

[15]~[16]小节：两臂在胸前伸出，同时竖起大拇指。

第二段：

[1]~[2]小节：先向左转，再向右转还原。

[3]~[4]小节：左脚起按节奏原地踏步，两臂自然摆动。

[5]~[6]小节：两脚呈小八字站立，两手抚胸。

[7]~[8]小节：右脚向右前方跨一步，同时身体重心移向右脚，双手伸向右前上方(手心向上，眼望右上方)。

[9]~[10]小节：同第一段[9]~[10]小节。

[11]~[12]小节：同第一段[11]~[12]小节。

[13]~[14]小节：同第一段[13]~[14]小节。

[15]~[16]小节：同第一段[15]~[16]小节。

二十、摇起沙球笑哈哈

活动内容

开展打击乐活动可以培养幼儿演奏打击乐的兴趣，掌握一些基本的演奏方法，发展听辨节奏和乐器音色的能力，提高幼儿与群体合作的协调能力。在本次活动中，幼儿可以通过看图谱，学习运用象声词和歌曲伴奏，体现歌曲活泼、欢快的音乐情绪。在活动过程中，不仅让幼儿在敲敲打打中获得学习音乐的快乐，激发幼儿参与节奏训练的浓厚兴趣，更能培养幼儿的团队合作意识。

活动目标

1. 喜欢摆弄、敲打沙球，感受打击乐器的演奏效果。
2. 理解图谱，掌握打击乐器的相关知识。
3. 能与同伴合作演奏出正确的节奏，提高群体合作的协调能力。

活动准备

1. 知识经验准备：

(1)教师了解幼儿对打击乐器的认知情况和演奏能力。

(2)幼儿进行过奏乐活动，有一定的经验，了解休止符的含义。

2. 物质材料准备：

(1)钢琴、录音机各1台；歌曲《摇起沙球笑哈哈》的磁带1盘。

(2)用饮料瓶自制的沙球人手2个；相关的节奏卡各1张。

3. 环境准备：

将乐器放在幼儿的凳子下面。

活动过程

1. 发声练习。

教师带领幼儿用《音阶歌》进行练声。要求幼儿坐姿要端正，声音要自然优美；仔细听钢琴伴奏，配合钢琴的节拍进行歌唱。

音阶歌

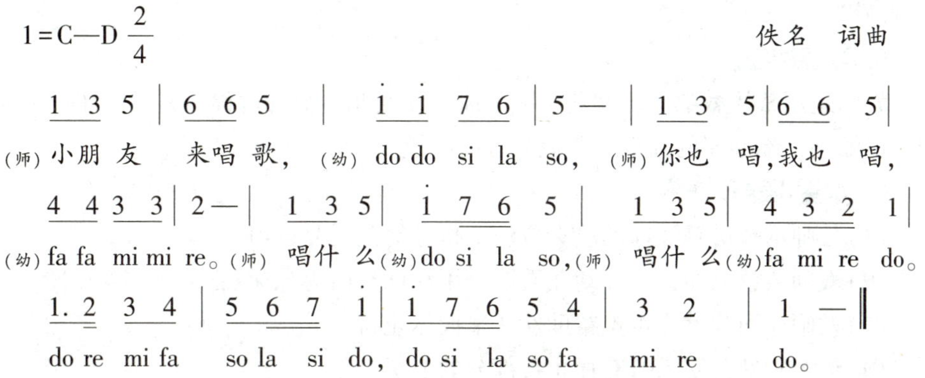

2. 节奏练习。

(1)教师出示第一个节奏卡。

①教师请幼儿用击掌的方式自由练习打击节奏，并观察幼儿打击节奏的情况。

× ×× | × ×× | ×× ×× | × — ‖

②教师请个别幼儿尝试打击节奏，引导其他幼儿评价。

③教师带领幼儿练习打击节奏两次后，幼儿集体打击节奏一次。

(2)教师出示第二个节奏卡。

①教师请幼儿用击掌的方式尝试练习打击节奏，并观察幼儿打击节奏的情况。

×0 ×0 | ×0 ×0 | ×× ×× | × — ‖

②教师提问："第二个节奏跟第一个节奏有什么不同？"(教师引导幼儿发现休止符。)"休止符是什么意思？我们应该怎样来打休止符？"(幼儿根据已有的经验交流表述。)

③教师请幼儿用击掌的方式，自由练习打休止符节奏，并观察幼儿打节奏的情况。

④教师请个别幼儿尝试打第一个节奏，引导其他幼儿评价。

⑤教师带领幼儿练习打休止符节奏两次后，幼儿集体打击一次。

3. 认识乐器。

(1)教师出示打击乐器"沙球"，提问："你们知道这是什么吗？它是什么形状的？它会发出什么样的声音呢？"

(2)教师小结："这是一件打击乐器，它会发出'沙沙沙'的声音，所以我们就叫它沙球，它还有一个名字，叫'沙槌'。今天我们就要来学习一首有关沙球的歌曲，并用沙球来给歌曲伴奏。"

4. 熟悉歌词。

教师引导幼儿观看和理解《摇起沙球笑哈哈》的图谱歌词。

(1)教师通过提问引导幼儿理解歌词。

(2)教师带领幼儿看图谱，有节奏地朗诵歌词。

(3)教师弹奏钢琴，并随琴声的旋律，带领幼儿有节奏地朗诵歌词，口中发出象声词“咔嚓”。

5. 学唱歌曲。

教师运用整体教唱法教幼儿学唱歌曲。在幼儿学唱的过程中，教师注意引导幼儿看图谱记歌词，唱准音的高低，掌握各音的时值。

6. 学奏乐器。

(1)教师示范讲解沙球的演奏方法，指导幼儿反复练习。

(2)教师播放歌曲，引导幼儿看图谱用沙球自由为歌曲《摇起沙球笑哈哈》伴奏。

(3)教师巡回观察，重点帮助幼儿掌握休止符。

(4)请个别幼儿演示打有休止符部分的节奏。

(5)教师带领幼儿用沙球重点练习打有休止符部分的节奏。

(6)将幼儿分成两组，练习用沙球为歌曲伴奏。

第一组打击[1]~[8]小节，第二组打击[9]~[16]小节。

(7)引导幼儿相互评价，尤其是两组交换打击的节奏部分。

(8)教师播放歌曲，请幼儿完整地用沙球为歌曲伴奏，提示幼儿准确地掌握节奏。

(9)教师用钢琴伴奏，请幼儿一边唱歌，一边用沙球演奏。

(10)教师用钢琴伴奏，组织分组表演：一组唱歌，一组演奏沙球。两组交替进行。

活动延伸

1. 音乐角：鼓励幼儿尝试用其他乐器(如铃鼓、碰铃、木鱼、串铃等)为歌曲《摇起沙球笑哈哈》伴奏。

2. 亲子活动：鼓励幼儿回家与家长一起合作表演歌曲。

活动评价建议

1. 关注幼儿是否有兴趣参与节奏训练。

2. 观察幼儿“击打打击”乐器的方法是否正确。

3. 观察幼儿是否能够根据歌曲节奏正确演奏打击乐器，互相之间的配合是否协调。

大班(上)

一、数一数

活动内容

幼儿对学习“绕口令”很感兴趣，歌曲《数一数》的歌词就是一首绕口令，用歌曲唱出绕口令，幼儿更是乐于参与其中。这首歌曲还有一个特点，就是前5句歌词构成并列复句，而且前后句子间没有逻辑关系，可以任意调换顺序，唱出许多变化来，这有利于幼儿重组歌词，带来创造的乐趣。最后一句歌词是5个动物的名称，也可以随前5句歌词的顺序变化调换顺序。这样通过变换歌词顺序演唱歌曲，虽然对幼儿增加了一些难度，但是会产生意想不到的乐趣，更训练了幼儿念、唱绕口令的口齿灵活性。

活动目标

1. 感受歌曲诙谐的乐趣。
2. 理解歌词内容，尝试变换歌词顺序演唱歌曲。
3. 能唱准歌曲中的休止符。

活动准备

1. 知识经验准备：

(1)教师了解幼儿有接触绕口令的经验。

(2)幼儿有学习绕口令的经验。

2. 物质材料准备：

(1)虎、鹿、猪、兔、鼠图片各1张。

(2)收录机1台、视频播放设备1套，将歌曲《数一数》拷贝在U盘里。

3. 环境准备：

将幼儿的板凳在教室里摆放成半圆形。

活动过程

1. 学说绕口令，导入活动内容。

(1)教师依次出示5张图片(山中虎、林中鹿、草里兔、路边猪、洞口鼠)，排在演示板上。讲述："你们认识这些动物吗？关于这5个动物有一首很绕口的儿歌，也就是一首绕口令，名字就叫《虎、鹿、兔、猪、鼠》，读起来很有趣，老师给你们念一念。"

教师朗读绕口令《虎、鹿、兔、猪、鼠》两遍，第一遍念得快一些，以吸引幼儿的兴趣，第二遍念得慢一些，好让幼儿听清内容。

(2)教师讲述："这首绕口的儿歌有意思吧，我们大家一起来念一念。"

教师带领幼儿念熟绕口令，为学唱歌曲作铺垫。

(3)教师讲述："大家念得真好！老师把这首绕口令编成了一首歌，我们一起来听一听吧！"

2. 播放歌曲，幼儿初步感知歌曲的旋律和情绪。

(1)教师播放歌曲《数一数》，然后提问："听了这首歌曲你有什么感受？"(引导幼儿说出歌曲很诙谐、有趣。)

(2)教师讲述："这首曲子真有趣，我们再来认真、仔细地听一听。"(再次激发幼儿兴趣。)

再次播放歌曲两遍。要求：第一遍幼儿一边听歌曲，一边看演示板上的画面；第二遍一边听歌曲，一边联想绕口令。

3. 运用跟唱教学法，引导幼儿用优美的声音演唱歌曲。

(1)教师讲述："你们大家喜欢这首歌吗？下面我们就一起来看画面，跟着录音，学唱这首歌吧。"

播放歌曲，幼儿跟着教师一起看着图片，一边听音乐，一边跟唱。教师提示幼儿注意唱准休止符。

(2)教师讲述："你们的歌声真好听！"(随机将幼儿分成两个大组。)"我们分成太阳组和月亮组再来唱一遍。"

播放歌曲，请太阳组和月亮组分别跟唱歌曲。教师讲评，给幼儿以鼓励。

4. 调换图片顺序(更换动物及场景的前后顺序)，引导幼儿改编歌词。

(1)教师讲述并提问："现在我想请一个小朋友上来'变变魔术'，把这些图片的顺序换一换，看看大家会怎样把它唱出来。谁想来试一试？"(教师请1名幼儿上台来调换图片顺序。)

一幼儿调换图片顺序后，教师带领幼儿集体念出更换顺序的歌词。

(2)播放音乐，教师与幼儿共同一边看新排序的图片，一边演唱，提请幼儿注意按新的排序唱准最后一句。

(3)继续请2~3名幼儿先后调换图片顺序，教师引导幼儿根据调换图片的顺序集体演唱。

5. 分组活动，自由改变歌词顺序并演唱交流。

(1)教师讲述："下面我们分小组进行创编演唱，每组协商排出一种新顺序，然后进行练习演唱，待会儿还要请每组小朋友到前面来展示给大家看，看看哪一组表现得最好！"

(2)每组幼儿自由协商，改变歌词顺序，并根据新的排序，为自己的歌起一个名字。

教师逐个观察指导。重点观察每组协商情况以及幼儿练习演唱的情况，咬准字音，注意唱准休止符。

(3)轮流欣赏同伴的表演。教师请每组幼儿依次上台表演。要求其他小组幼儿认真地欣赏，听听同伴组是否咬准字音，唱准了休止符，并为同伴的演出鼓掌喝彩。

活动延伸

1. 美工活动：教师鼓励幼儿自由选择材料制作动物头饰，并扮演歌曲中的角色进行表演。

2. 语言区：投放各种动物图片，幼儿根据歌曲《数一数》进行绕口令创编。

活动评价建议

1. 观察幼儿参与活动时的态度和情绪是否积极主动，从而判断幼儿是否感受到歌曲中愉快的音乐氛围和诙谐的情绪。

2. 观察幼儿演唱时是否咬准字音，注意唱准休止符，判断幼儿是否初步建立了音乐节奏感。

二、采莲

活动内容

江南吴、越、楚、湘之地，水道纵横、池塘遍布，多植莲藕。夏秋之际，少男少女多乘小舟出没荷花池中，轻歌互答，采摘莲子，构成一幅美不胜收的图景。乐曲《采莲》生动形象地再现了人们在莲叶荷花之间撑篙、划船、看莲、摘莲的情景。教师引导幼儿观察画面、欣赏乐曲，了解采莲的过程，感受音乐表现的优美意境，获得美的享受。同时鼓励幼儿根据画面和音乐创编动作，表现采莲的情趣，体验创造的乐趣。

活动目标

1. 愿意欣赏音乐，体验采莲的有趣。
2. 了解乐曲的节拍、性质，尝试用表情、动作表现采莲时的愉快情绪。
3. 能看图创编采莲的各种动作。

活动准备

1. 知识经验准备：

(1)教师了解幼儿对$\frac{2}{4}$节拍的掌握情况。

(2)幼儿有认识莲花和莲蓬的经验。

2. 物质材料准备：

(1)视频播放设备 1 套；将音乐《采莲》存进 U 盘里。

(2)江南风景的视频或图片若干；采莲活动的图片及 PPT。

3. 环境准备：

将江南风景、采莲的图片布置在主题墙上。

活动过程

1. 观看采莲图片，导入活动内容。

(1)教师播放采莲 PPT，引导幼儿观察画面表现的内容。

教师结合 PPT 画面提问：这个画面上画了些什么？(幼儿自由回答。)

(2)教师播放乐曲《采莲》的音乐，并结合音乐给幼儿简单描述采莲的过程，告诉幼儿这次活动就是随着音乐的节奏学习采莲的动作。

2. 欣赏采莲音乐，感受乐曲旋律。

(1)教师再次播放音乐，请幼儿一边欣赏，一边随着音乐的旋律拍手，表现其节奏。

(2)教师提问："刚才小朋友都能跟着音乐拍节奏，这是一首什么节拍的歌曲呀？"($\frac{2}{4}$拍。)"你们听了这首乐曲风格是坚定有力呢还是优美抒情？"(优美抒情。)

3. 根据画面和音乐逐段创编动作。

(1)分组活动。请幼儿再次观察画面，回忆教师讲述的采莲过程，逐段编出动作，表现采莲的情景。教师巡回观察，及时给予指导。

(2)在音乐伴奏下，请各组幼儿分批到前面将本组编出的动作表演给大家看。教师引导幼儿做简单评价。

(3)教师肯定有创造性的幼儿，请他们将自己编的动作表演给大家看。

(4)教师综合幼儿创编的动作编成《采莲》律动，表演给大家看，并介绍动作要领。

4. 学习《采莲》律动，表现美的感受。

(1)教师将《采莲》律动的动作进行分解，让幼儿一边数节拍，一边学做动作。

(2)幼儿分组练习，教师巡回观察，及时给予指导。

(3)在教师带领下，幼儿随着音乐连贯地学做《采莲》律动。

(4)在音乐伴奏下，启发幼儿带着音乐情绪，优美、完整地表演《采莲》律动，准确表达乐曲的美感。

活动延伸

(1)教师鼓励幼儿在表演《采莲》律动的时候，适当组合、变换一下队形，使表演更具有观赏性。

(2)科学活动："会开放的莲花"。幼儿将用宣纸、报纸、绘画纸做成的莲花放入水中，观察纸的吸水性。

(3)美工活动："莲藕拓印画"。将莲藕切成藕片投放到美工区，引导幼儿运用颜料、莲藕等材料开展拓印、添画活动。

活动评价建议

(1)关注幼儿是否理解采莲的过程，是否感受到采莲是一件有趣的事情。

(2)观察幼儿是否掌握乐曲的节奏，是否体验到乐曲优美抒情的特点。

(3)观察幼儿是否积极参与创编动作，动作是否协调，是否与音乐合拍。

附:

动作说明

第一遍音乐：撑篙。

[1]~[2]小节：拍手两下。

[3]~[4]小节：撑篙。两手做拿篙状在身体右侧斜撑一次。、

[5]~[6]、[9]~[10]、[13]~[14]小节动作同[1]~[2]小节。

[6]~[7]、[11]~[12]、[15]~[16]小节动作同[3]~[4]小节。

第二遍音乐：划船。

[1]~[2]小节：拍手两下。

[3]~[4]小节：划船。双手半握拳在体前交叉，做划船状一次。

[5]~[6]、[9]~[10]、[13]~[14]小节动作同[1]~[2]小节。

[6]~[7]、[11]~[12]、[15]~[16]小节动作同[3]~[4]小节。

第三遍音乐：看莲。

[1]~[2]小节：拍手两下。

[3]~[4]小节：看莲。双手在胸前做分开荷叶看莲蓬状。

[5]~[6]、[9]~[10]、[13]~[14]小节动作同[1]~[2]小节。

[6]~[7]、[11]~[12]、[15]~[16]小节动作同[3]~[4]小节。

第四遍音乐：摘莲。

[1]~[2]小节：拍手两下。

[3]~[4]小节：摘莲。左手叉腰，右手手心向外，然后向内翻腕，同时中指和拇指捏在一起做摘莲动作一次。

[5]~[6)、[9]~[10]、[13]~[14]小节动作同[1]~[2]小节。

[7]~[8]、[11]~[12]、[15]~[16]小节动作同[3]~[4]小节。

第五遍音乐：回家。

[1]~[2]小节：拍手两下。

[3]~[4]小节：双手撑篙一次(表示回家)，同时双脚尖跷起点地两下，脚跟不动。

[5]~[6]、[9]~[10]、[13]~[14]小节动作同[1]~[2]小节。

[7]~[8]、[11]~[12]、[15]~[16]小节动作同[3]~[4]小节。

第六遍音乐：高兴。

[1]~[2]小节：拍手两下。

[3]~[4]小节：高兴。两手在左右两侧各做一次手腕花。

[5]~[6]、[9]~[10]、[13]~[14]小节动作同[1]~[2]小节。

[7]~[8]、[11]~[12]、[15]~[16]小节动作同[3]~[4]小节。

三、风爷爷

活动内容

音乐游戏能培养幼儿的想象力，提高幼儿的审美力，丰富幼儿的情感，促进幼儿创造能力的发展。在音乐背景声中，通过听、演、唱几个环节，让幼儿感受风的存在，体验与同伴合作游戏的乐趣。同时鼓励幼儿大胆想象，尝试用肢体语言表现风来了以后事物的变化，从中体验“发现”的快乐，感知音乐所带来的美的享受。

活动目标

(1)乐意与同伴一起参与音乐游戏，感知三拍子乐曲的强弱弱关系。

(2)理解歌词内容，尝试用肢体动作表现风爷爷来了的景象。

(3)能用轻柔的声音演唱歌曲。

活动准备

1. 知识经验准备：

(1)教师能熟练地弹奏歌曲《风爷爷》。

(2)幼儿对自然现象中的“风”有初步认识。

2. 物质材料准备：

(1)静止的树，树叶、树枝，树干晃动的树的视频和 PPT；

(2)视频播放设备 1 套或收录机 1 台；将歌曲《风爷爷》的音频存在 U 盘里。

3. 环境准备：

清理音乐游戏场地，便于幼儿开展活动。

活动过程

1. 开始部分。

(1)教师播放歌曲《风爷爷》，使幼儿置身于歌曲音乐的氛围之中。

(2)在播放的音乐背景声中，教师讲述：“在美丽的大自然中，有一种非常神奇的现象。虽然它看不见，也摸不着，但是它有时候却唱着动听的歌，轻轻拂过我们的小脸蛋儿；有时候跳着美丽的舞步，拉着小花的手翩翩起舞；有时候却发出怒吼般的声音，用巨人般的力气将大树推倒。小朋友猜一猜，是什么有这么神奇的魔力？”

教师引导幼儿猜出谜底——风，导入音乐游戏活动。

2. 游戏。

(1)倾听“风爷爷”。

①教师播放事先录制好的关于“风”的录音，请幼儿仔细倾听，分辨无风、小风和大风的声音(教师打开录音机后，有一段时间没有声音，而后开始出现小风的声音，后来变成大风的声音)。

②结合录音教师与幼儿交谈：“小朋友，你们刚才听到了什么声音？”(风的声音。)“有哪儿种风的声音？”(小风、大风。)“老师刚才打开录音机的时候，开始有一段时间为什么没有声音？”(风还没有刮起来。)

③教师小结：“我们一开始没有听到声音，那是‘风爷爷’没有吹起来；接着我们听到‘风爷爷’轻轻吹拂的声音，后来我们又听见大风狂吹的声音。”

(2)表现“风爷爷”。

①教师展示制作的对比图片。请幼儿分辨哪些图片是表示事物静止的状态，哪些图片是表示事物在小风中的状态，哪些图片是表示事物在大风中的状态。

②教师请儿名幼儿随着音乐的进行，用肢体分别形象地表达同一事物在无风、小风和大风中的状态。

例如，幼儿表现无风中的树，身体直立，两臂张开，向上伸展并举过头顶；表现小风中的树，手掌轻轻摆动；表现大风中的树，再摇动身体。又如表现无风中的小草，幼儿可以蹲在地上，双手合拢，向上伸展并举过头顶；表现小风中的小草，轻轻摇动手臂；表现大风中的小草，再晃动身体。

③教师引导幼儿发挥想象力，联想其他事物在风中的形态，并用动作表现出来。例如，风中的花朵，风中的小鸟，风中的落叶，风中的纸鸢，风中的长发，风中晾晒的衣物，等等。

(3)歌唱“风爷爷”。

①教师播放歌曲《风爷爷》，请幼儿欣赏，熟悉歌曲的旋律和内容。

②教师再次播放歌曲，请幼儿一边轻声跟唱，一边合着三拍子的旋律轻轻小幅度地晃动身体。

③教师运用完整教唱法教唱歌曲，请幼儿注意唱出三拍子音乐“强弱弱”的特点。

④教师用钢琴伴奏，带领幼儿齐唱歌曲，同时自由做出动作表达歌曲的内容。

活动延伸

(1)科学区域游戏：在刮风的时候，带领幼儿到户外观察，初步探究有关风的科学知识。

(2)体育游戏："大风和树叶"。教师扮风姐姐，游戏开始时教师说："大风来了。"幼儿边跑边做出树叶飞舞的样子。教师接着说："刮小风了。"幼儿就慢慢地走。当教师说："龙卷风来了。"幼儿就转动着跑。当听到说："风停下来了。"幼儿就蹲下想象做树叶飘落在地的各种动作。

活动评价建议

(1)观察幼儿是否积极参与游戏活动，是否能通过游戏感受风的存在。

(2)观察幼儿是否能进行大胆想象，是否能用肢体语言表现事物在风中的变化。

(3)观察幼儿能否用自然的声音歌唱《风爷爷》，是否能准确表现三拍子音乐韵律。

四、国旗多美丽

活动内容

国庆节即将来临，全国上下都要举行一系列的庆祝活动。这段时间正是对幼儿进行爱国主义教育的好时机，歌曲《国旗多美丽》正是爱国主义教育的好教材。教师引导幼儿学唱这首歌曲，让幼儿了解祖国的伟大繁荣和强盛，为自己生长在这样一个伟大的国度而自豪，同时感受歌曲所表达的热爱祖国的感情，培养幼儿的爱国主义情操。

活动目标

1. 喜欢参与唱歌活动，感受歌曲表达的爱国旗、爱祖国的亲切感情。
2. 理解歌曲的内容，学习用活泼、欢快的声音演唱《国旗多美丽》。
3. 能较准确地唱出附点音符。

活动准备

1. 知识经验准备：

(1)教师了解幼儿对国旗的认识情况。

(2)幼儿认识国旗，知道国旗的颜色和图案，对国旗有着神圣般的感情。

2. 物质材料准备：

(1)升国旗的图片1张，五星红旗1面(或五星红旗的图片1张)。

(2)录音机1台(视频播放设备1套)，将歌曲《国旗多美丽》拷贝在U盘里。

3. 环境准备：

活动室悬挂五星红旗，在国庆节前夕布置“国旗多美丽”的主题墙饰。

活动过程

1. 练习发声。

教师带领幼儿一起进行发声练习：

1=C—D $\frac{2}{4}$

1 2 3 4 | 5 6 7 | 1̇ — | 1̇ 7 6 | 5 4 3 2 | 1 — ‖

我们 一起 来 唱 歌， 啦 啦啦 啦啦 啦啦 啦。

我们 一起 来 唱 歌， 嘛 嘛嘛 嘛嘛 嘛嘛 嘛。

我们 一起 来 唱 歌， 咪 咪咪 咪咪 咪咪 咪。

2. 导入活动。

教师出示升国旗的图片，与幼儿交谈：“小朋友，这张图片表现的是什么内容？”（升国旗。）“我们国家的国旗是什么样的？叫什么名称？”（五星红旗。）“五星红旗是我们国家的国旗，是我们祖国的象征，代表着祖国和人民的尊严。每一个中国人都要尊重国旗，爱护国旗。”（出示五星红旗或者图片。）“大家看，我们的国旗美丽吗？我们今天要学唱的歌曲就叫《国旗多美丽》。”

3. 欣赏歌曲。

（1）教师播放歌曲《国旗多美丽》的录音，请幼儿欣赏、感受歌曲的旋律。

（2）教师充满感情地范唱歌曲，请幼儿认真倾听。提问：这首歌里唱了什么？（幼儿自由回答。）

教师带领幼儿朗诵歌词，帮助幼儿了解歌曲的内容。

（3）教师再次播放歌曲，请幼儿用心倾听。提问：“这首歌表达了什么样的感情？”（爱国旗，爱祖国。）“我们应该带着什么样的感情学唱这首歌曲？”（幼儿自由回答。）

教师引导幼儿感受歌曲中小朋友爱国旗、爱祖国的感情，知道要用亲切、自豪的情感学唱这首歌。

4. 学唱歌曲。

（1）学唱第一段。

①教师唱，幼儿说。教师逐句唱歌，幼儿逐句说出歌词。让幼儿一边熟悉歌曲的旋律，一边记住歌词。其次，教师带领幼儿一起按歌曲的节奏朗诵歌词。

②教师说，幼儿唱。教师一边弹琴，一边按歌曲的节奏说出一句歌词，接着重复弹奏这句旋律，请幼儿把教师说的歌词唱出来。老师逐句地说，幼儿逐句地唱。

③教师一边弹琴，一边带领幼儿连贯地完整地歌唱第一段歌曲。

（2）学唱第二段。

①教师说，幼儿唱。老师随琴声按歌曲节奏逐句说出歌词，幼儿跟着逐句把歌词唱出来。

②教师一边弹琴，一边带领幼儿连贯地完整地歌唱第二段歌曲。

（3）两段连贯歌唱。

①教师用清唱的方式，带领幼儿完整连贯地歌唱两段歌曲。教师歌唱要饱含激情，

把自豪、亲切的感情着重用表情和肢体动作表现出来，从而影响和感染幼儿，引导幼儿把爱国旗、爱祖国的感情唱出来。

②教师一边弹琴，一边和幼儿一起满怀深情地齐唱歌曲。

5. 演唱歌曲。

教师和幼儿一起演唱歌曲，鼓励幼儿用表情和肢体动作表达歌曲的情绪。

活动延伸

1. 鼓励并引导幼儿根据歌词内容，创编一套完整的动作进行表演。
2. 美工区域：投放红色、黄色的彩纸、糨糊、吸管、剪刀，供幼儿制作国旗。
3. 开展“我是小小升旗手”的活动，激发幼儿热爱祖国、热爱国旗的情感。

活动评价建议

关注幼儿是否理解歌曲内容，是否感受到歌曲表达的爱国旗、爱祖国的亲切感情。

五、小木偶

活动内容

在多姿多彩的生活中，幼儿无时无刻不在观察着生动而有趣的生活现象。他们不仅对外界的物质世界很感兴趣，而且对人的自身充满了探究的欲望。在班级主题图书角中，幼儿总能饶有兴趣地阅读着有关人体的图书，同时对一些有关“特殊人”(如机器人、木头人、木偶人)的图书、电子书也很关注，常常被画面中木偶人的一些滑稽动作逗得哈哈大笑，还会情不自禁地主动模仿。本次活动“小木偶”的舞蹈，以音乐舞蹈的形式，带幼儿进入充满滑稽趣味的木偶人的世界，让幼儿体验不连贯舞蹈动作乐趣的同时，进一步了解身体会动的部位。

活动目标

1. 喜欢舞蹈活动，体验不连贯舞蹈动作的乐趣。
2. 尝试和着音乐学做小木偶的舞蹈。
3. 能说出会动身体的部位。

活动准备

1. 知识经验准备：

(1)教师了解幼儿已有的舞蹈经验。

(2)幼儿在健康领域的学习中，了解有关人体结构的初步知识，看过有关木偶的动画片。

2. 物质材料准备：

(1)玩具木偶1个；纸质木偶若干。

(2)收录机1台；视频播放设备1套；将歌曲《我有一双小小手》拷贝在U盘里。

3. 环境准备：

将纸质木偶摆放在幼儿的桌子上。

活动过程

1. 出示木偶，导入活动内容。

教师出示木偶并提问："这是什么?"(木偶。)"你们在什么时候、什么地方了解木偶的?"(以前听爸爸妈妈和老师讲过木偶的故事，在电视上看过木偶的表演。)"你们看过小木偶做的动作吗？小木偶的动作是什么样的?"(慢慢的，一动一停的。)"小朋友说得对，小木偶的动作是不连贯的。今天我们学一学小木偶的动作，还要学一学小木偶跳舞的样子。"

2. 师幼互动，探索木偶动作的特点。

(1)教师提问："小朋友都看过木偶剧，谁能学一学小木偶做动作的样子?"

请几名幼儿根据电视上小木偶的动作，大胆地学做几个小木偶的动作，初步尝试用滑稽、有趣的样子表现小木偶。感受小木偶动作的特征，激发幼儿参与活动的积极性。

(2)教师再次提问："小木偶的动作和人的动作有什么不一样?"

教师引导幼儿体验用动作表现出木偶和人的动作的不同，如表现走路、招手、弯腰等动作的不同。

(3)教师引导幼儿在音乐中初步尝试用木偶跳舞的动作表现木偶滑稽、有趣的样子，感受小木偶动作的特征。

(4)教师根据幼儿的表演进行小结："小木偶的颈、肩、肘、腕、髋、膝等部位和人的一样都能动，但是人的动作有连续性，动作之间的转换很灵活，而小木偶的动作却不连贯，一动一停，不灵活。正由于小木偶的动作不连贯、不灵活，才显得小木偶滑稽、有趣。"

3. 迁移模仿，学做小木偶跳舞。

(1)教师讲述："你们看过小木偶跳舞吗？小木偶在跳舞是什么样的？老师先学一学小木偶跳舞的样子，你们看看像不像小木偶跳舞。"

教师播放歌曲《我有一双小小手》，或自选一个动作比较强的歌曲，最好是幼儿已会唱的歌曲，伴着表演小木偶的舞蹈，请幼儿欣赏。教师在表演时要努力做到动作到位，形象逼真。

(2)教师用跟唱教学法教唱歌曲，并帮助幼儿练习唱熟歌曲。

(3)再次播放歌曲，请幼儿一边听音乐，一边根据歌词内容和教师表演的舞蹈，想象木偶跳舞的样子。

(3)教师根据歌曲内容，先后示范摆几个木偶造型，然后用一动一停的方式，把几个动作连接起来。

(4)幼儿集体跟着教师，先后模仿摆几个木偶造型，然后用一动一停的方式把几个动作连接起来。

(5)幼儿分组自行练习，教师巡查，直到幼儿在做动作时，只动可以动的地方。

4. 交流表演，评选“最佳小木偶”。

(1)教师组织各组幼儿轮流合着音乐，表演小木偶的舞蹈。

(2)每当一个小组表演完后，教师进行讲评，并请其他观看的幼儿在表演的小组当中评选出 1 名“最佳小木偶”。

5. 集体表演小木偶的舞蹈，结束活动。

活动延伸

(1)在表演区提供音乐及纸制木偶材料，让幼儿创编更加丰富的小木偶舞蹈动作。

(2)在美工区投放火柴棒，供幼儿制作火柴小人，并根据音乐自由摆弄火柴小人的舞蹈造型。

(3)舞蹈欣赏：《千手观音》。欣赏舞蹈中的各种舞蹈造型，为幼儿再次学习积累经验。

活动评价建议

观察幼儿能否尝试和着音乐，学做小木偶的舞蹈动作，并体验不连贯舞蹈动作的乐趣。

六、画太阳

活动内容

《画太阳》是一首具有鲜明形象、充满激情的儿童歌曲。流畅的旋律中出现间隔性的跳跃，把四个不同生活背景孩子的形象描绘得栩栩如生，表现了他们热爱生活、向往美好的情感。幼儿通过学唱这首歌曲，可以体验歌曲表现的浪漫意境和乐观情绪，学习并初步掌握连贯和断顿的演唱方法，提高歌唱的艺术表现力。

活动目标

1. 感受歌曲的优美与舒缓，从中获得美的享受。
2. 理解歌词内容，了解弱起小节。
3. 能用连贯和断顿的方法演唱歌曲。

活动准备

1. 知识经验准备：

(1)教师了解幼儿对太阳的认识情况。

(2)幼儿对“山里”、“海边”、“城里”、“草原”等词语概念基本明确。

2. 物质材料准备：

(1)音频、视频播放设备1套；将歌曲《画太阳》拷贝在U盘里。

(2)将《画太阳》的歌词图谱制作成PPT。

3. 环境准备：

将幼儿的小板凳分成六组分别摆放在活动室的两边。

活动过程

1. 教师在视频展台上，播放《画太阳》PPT，帮助幼儿熟悉歌词。

(1)请幼儿观看《画太阳》歌词图谱的PPT，让幼儿一边观察画面，一边听教师有节奏地朗诵歌曲《画太阳》的歌词。

(2)请幼儿指出歌词与画面的对应关系，知道歌曲第一段的第一、二句歌词与第一幅画面相匹配，第三、四句歌词与第二幅画面相匹配；歌曲第二段的第一、二句歌词与第三幅画面相匹配；第三、四句歌词与第四幅画面相匹配。

(3)教师请幼儿一边看画面，一边跟着教师有节奏地朗诵第一、二段前四句歌词，并且反复记忆歌词。

(4)教师带领幼儿有感情地朗诵歌曲副歌部分的歌词，并且反复记忆歌词。

2. 倾听录音，熟悉旋律。

(1)教师第一次播放歌曲，请幼儿欣赏，初步熟悉歌曲旋律。

(2)教师第二次播放歌曲，请幼儿轻声歌唱，让歌曲旋律在头脑中留有印象。

3. 学唱歌曲，反复练习。

(1)教师运用跟唱教学法教唱第一段前四句乐句，并带领幼儿反复练习。在练唱过程中，教师提示幼儿注意休止符的唱法，特别要注意唱准每句休止半拍的地方，唱出跳跃的节奏来。

(2)教师引导幼儿找出第二段歌词前四句歌词与第一段前四句歌词字数和节奏的一致性，自行依照旋律练唱第二段前四句乐句，并反复练习。

(3)教师用钢琴伴奏，请幼儿分组轮流歌唱两段歌曲的前四句乐句。

(4)教师用钢琴伴奏，请全体幼儿齐唱两段歌曲的前四句乐句，教师自然接唱歌曲副歌部分，引起幼儿的兴趣。

(5)教师运用分句教学法教唱歌曲副歌部分，并带领幼儿反复练习。在练唱过程中，教师提示幼儿学习、掌握连贯和断顿的演唱方法，要满怀感情地进行歌唱，唱出"向往"的激情来。

(6)教师用钢琴伴奏，带领幼儿连贯地齐唱完整的歌曲。

4. 变换形式，演唱歌曲。

(1)分组领唱，全体接唱副歌部分。教师将幼儿分成四个小组，第一、二小组分别领唱第一段第一、二乐句和第三、四句乐句，第三、四小组分别领唱第二段第一、二乐句和第三、四句乐句，全体幼儿一起接唱副歌部分。

(2)男女分唱，全体接唱副歌部分。男幼唱第一段前四句乐句，女幼唱第二段前四句乐句，全体幼儿一起接唱副歌部分。

(3)个别领唱，全体接唱副歌部分。选出男女幼儿各两个，分别领唱两段歌曲的前四句乐句，全体幼儿一起接唱副歌部分。

活动延伸

(1)鼓励幼儿根据歌词分角色创编动作表演歌曲。

(2)欣赏故事《后羿射日》，引导幼儿听中国神话故事，了解太阳与万物的关系，喜欢勇敢、关心别人的后羿形象。

(3)美术区域：引导幼儿运用多种方式表现“多变的太阳”。

活动评价建议

观察幼儿是否初步掌握了用跳跃和连贯的方法演唱歌曲，是否能用感情唱出歌曲表达的“向往”情绪。

七、狼来了

活动内容

《狼来了》是一个幼儿耳熟能详的寓言故事。将故事情景融入音乐活动中，不仅让幼儿在情景化、游戏化的氛围中学习音乐故事的表演，用生动的表情和动作丰富音乐故事中的表演元素，更加提高了幼儿的音乐素养，发展了幼儿的表演及创作才能。

活动目标

1. 愿意参与表演创编活动，体验表演的快乐。
2. 理解故事内容，根据故事情节创编表演动作。
3. 能大胆表现狼张牙舞爪的样子。

活动准备

1. 知识经验准备：

(1)教师了解幼儿对故事《狼来了》主要内容的理解。

(2)幼儿听过故事《狼来了》。

2. 物质材料准备：

(1)童话故事《狼来了》的视频。

(2)音频、视频播放设备1套；将音乐《狼来了》拷贝在U盘里。

(3)“山下干活的人(农民)”头饰若干；“狼”的头饰1个。

3. 环境准备：

自制山坡一个，摆放在活动场地，供幼儿游戏用。

活动过程

1. 熟悉故事内容。

教师播放故事《狼来了》的视频(或讲述故事)，请幼儿欣赏，了解故事情节，熟悉故事内容。

2. 讨论故事内容。

(1)教师与幼儿交谈，讨论放羊娃在故事中四个阶段的不同情绪和故事的寓意：

①“放羊娃在山上放羊时，独自与羊群相处，只是看着羊吃草，没有其他什么事情可做。这时他内心感到怎么样？”(无聊。)

②“放羊娃第一次恶作剧地喊‘狼来了’，让山下干活的人上了当。这时放羊娃是怎样的心情？”(高兴。)

③“放羊娃第二次恶作剧地喊‘狼来了’，让山下干活的人又上了当。这时放羊娃是怎样的心情？”(得意。)

④“后来狼真的来了，放羊娃第三次喊‘狼来了’，山下干活的人怕又上他的当，不再理会他，他的处境非常危险。这时放羊娃又是怎样的心情？”(害怕。)

⑤“这个故事说明了什么道理？”(要做诚实的孩子。)

3. 表演故事内容。

(1)教师引导幼儿根据故事情节创编表演动作。

教师通过提问，鼓励幼儿集体讨论、创编表现情节的动作，教师进行归纳并提炼：

①放羊娃放羊时的动作。

动作要领：左手向面前伸直，右手举过头顶，做甩羊鞭状。

②羊在草地上走动、吃草的样子。

动作要领：身体向前弯曲 90°，幼儿左手后背，右手向前下方伸出，手指一张一合，模仿羊儿吃草。

③放羊娃感觉又累又困。

动作要领：双腿张开，身体微向前倾，并自左向右扭动，双手自胸前向上展开，做伸懒腰状。

④放羊娃感觉无聊时，动起恶作剧的歪脑筋。

动作要领：双腿张开，很神气的表情。左手叉腰，伸出右手的食指，在小脑袋处画圈，做思考状。

⑤放羊娃高声呼喊：“狼来了。”

动作要领：双手合拢在嘴前，踮起脚尖，身体左右晃动，做大声呼喊状。脸上是嬉笑的神情。

⑥山下干活的人听到喊声，信以为真，连忙跑上山来，到处找狼，帮助放羊娃。

动作要领：双臂弯曲，并在身体两侧快速地前后摆动，做奔跑状。站定后，单手高举，掌心向下，手搭凉棚，做寻找狼的动作。

⑦放羊娃看到这些人上了他的当，幸灾乐祸地哈哈大笑。

动作要领：双手高高举起，并随着身体向前弯曲，从头顶向前滑落，直到抱在小腹前。面部表情做夸张的哈哈大笑状。

⑧受到欺骗的这些人气愤不已，不满的下山继续干活。

动作要领：幼儿双腿张开，左手叉腰，生气地伸出右手的食指，指向放羊娃，然后扭头走路。

⑨后来狼真的来了，放羊娃心里非常害怕，再次喊：“狼来了。”

动作要领：幼儿分别在两个位置做动作。双手合拢在嘴前，踮起脚尖，身体左右晃动，做大声呼喊状，身上只打哆嗦。

⑩在受到两次欺骗上当后，山下干活的人不理会他，最后放羊娃怎么样了？

动作要领：放羊娃躺在了地上。

(2)教师和着音乐，将创编的动作连贯地讲解并示范演示一遍。

第一遍音乐和动作：

[1]~[8]小节，做动作①。

[9]~[16]小节，做动作②。

[17]~[28]小节，做动作③。

[29]~[32]小节，做动作④。

[33]~[36]小节，做动作⑤。

[37]~[44]小节，做动作⑥。

[45]~[52]小节，做动作⑦。

[53]~[60]小节，做动作⑧。

第二遍音乐和动作：

[1]~[36]小节，动作与第一遍相同。

[37]~[40]小节，(省略)。

[41]~[44]小节，教师(或一幼儿)头戴“狼”的头饰，张牙舞爪地出场。

[45]~[52]小节，(省略)。

[53]~[60]小节，做动作⑨。

[61]~[64]小节，做动作⑩。

(3)教师请幼儿自由分配角色，分配头饰，并按照音乐安排和故事情节进行表演。在表演过程中，教师适时用语言或动作给予提示。

4. 交流心得体会。

教师引导幼儿交流表述参与或观看故事表演的心得体会。

活动延伸

(1)小小巡演团：引导班级幼儿到幼儿园各班展开《狼来了》的巡回表演，鼓励幼儿大胆地表现。

(2)故事欣赏——《诚实的列宁》。在日常生活中对幼儿加强关于诚实的教育。

活动评价建议

观察幼儿是否能根据故事情节和音乐来记忆动作顺序，以完成故事的表演。

八、剪羊毛

活动内容

秋天来到了，小朋友们都穿上了柔软的毛衣。户外活动时，孩子们自由地交流着：“我们的毛衣是用什么织成的？”有的孩子说：“是毛线织成的。”有的孩子问：“毛线从哪里来的呢？”为了满足孩子的求知欲，教师引导幼儿查找资料、向大人请教，很快知道了毛线是用羊毛织成的。针对孩子们的兴趣，教师引导幼儿进行“剪羊毛”的舞蹈活动，让幼儿从音乐中感受牧民剪羊毛时的欢快场景，体验与同伴共同舞蹈的快乐。

活动目标

1. 喜欢音乐活动，体验与同伴共同舞蹈的快乐。
2. 学习踵趾小跑步、踏踮步、弹簧步的基本步伐。
3. 能与他人相互配合，大胆表现。

活动准备

1. 知识经验准备：

(1)教师预设《剪羊毛》舞蹈动作。

(2)幼儿有学习四拍子音乐的经验。

2. 物质材料准备：

(1)牧民剪羊毛、捧羊毛、倒羊毛的图片各 1 张。

(2)收集多种羊毛制品、自制的小背篓若干。

(3)收录机 1 台；视频播放设备 1 套；将《剪羊毛》音乐拷贝在 U 盘里。

3. 环境准备：

将收集的羊毛制品、自制小背篓摆放在活动室的四周。

活动过程

1. 导入活动内容。

(1)教师请幼儿参观“羊毛制品展览”，结合展览讲述并提问：“小朋友，这些衣物都是用羊毛制成的。那么这些羊毛是从哪里来的呢？俗话说‘羊毛出在羊身上’，羊毛当然是从羊身上剪下来的。我国的北方有些地方有好多专门放羊的牧场，还有一个名叫澳大利亚的国家，有更多、更大的专门放羊的牧场。”(先后出示牧民剪羊毛、捧羊毛、倒羊毛的图片。)“你们看，这些牧民在干什么？他们是怎样干活的？”(幼儿自由交流。)

教师根据幼儿的回答，用图画的形式在黑板上记录下来。

(2)教师结合教室四周摆放的羊毛制品，给幼儿讲述牧民剪羊毛比赛的故事，引起幼儿参与活动的兴趣。

(3)教师引导幼儿学习模仿牧民劳动的动作。

2. 学习舞蹈基本动作。

(1)播放《剪羊毛》的音乐，教师示范跳《剪羊毛》舞蹈。然后提问：“老师刚才在跳《剪羊毛》时，用了哪几个基本舞蹈步伐？”(幼儿自由发言。)

教师指导幼儿学习舞蹈中的基本步伐：

①踵趾小跑步基本步伐——脚跟、脚尖，跑跑跑。

②踮步基本步伐。

③弹簧步基本步伐。

(2)引导幼儿模仿自己喜欢的舞蹈动作，各自练习。

(3)教师提问：“你觉得舞蹈中哪个动作较难掌握？”(幼儿自由发言。)

教师先将有关动作进行分解，指导幼儿集体模仿学习。然后教师哼唱旋律，让幼儿用较慢的速度连贯地跳几遍。

3. 尝试表演舞蹈。

(1)幼儿分组听音乐表演舞蹈。

(2)幼儿集体听音乐完整地表演舞蹈。

活动延伸

(1)在音乐区投放有关踵趾小跑步、踮步等基本步伐的视频，供幼儿自主学习。

(2)美工区提供小羊的拼图，以及毛线、剪刀等，供幼儿开展手工活动。

活动评价建议

(1)观察幼儿的情感体验：是否积极地参加音乐活动，是否大胆地学习舞蹈动作，是否愿意与同伴快乐舞蹈。

(2)观察幼儿对四拍子音乐节奏是否基本掌握。

(3)观察幼儿对踵趾小跑步、踮步等基本步伐是否基本掌握。

附:

基本动作说明

[1]~[8]小节:双手做背篓动作,脚走踵趾小跑步。

[9]小节:双手捧羊毛,脚步为弹簧步。

[10]小节:原地做亲抱的姿势,双臂在胸前交叉,头在臂间自然地左右摇动。

[11]~[12]小节:单脚跪地,左臂做环抱小羊的动作;右手做剪刀状,随音乐每两拍做一次剪羊毛的动作。

[13]~[14]小节:边拍手,边做踮步。

[15]小节:手举小背篓,向前跑四步。

[16]小节:原地踮脚尖,双手将小背篓高举过头,做倒羊毛的动作。

九、小树叶

活动内容

《小树叶》是一首旋律流畅、意境优美、结构简短的歌曲，教师通过故事情景法的教学，让幼儿运用听、猜、想、说、唱、演等多种方式以及身体语言表达对歌曲的理解，培养幼儿对音乐的感受力，激发幼儿参与音乐活动的兴趣。

活动目标

1. 积极参与歌唱活动，感受小树叶对妈妈的依恋之情。
2. 理解两段歌词表达的不同感情，学习用多种形式演唱歌曲。
3. 能根据自己对歌词的理解大胆表现。

活动准备

1. 知识经验准备：

(1)教师了解幼儿对树的已有经验。

(2)幼儿认识常青树、落叶树，知道四季是轮换的。

2. 物质材料准备：

(1)收录机1台；视频播放设备1套；将歌曲《小树叶》拷贝在U盘里。

(2)小树叶实物(或者图片)若干。

3. 环境准备：

将幼儿的小板凳摆成半圆形，并将收集的树叶摆放在小板凳的下面。

活动过程

1. 导入活动。

(1)教师与幼儿交谈：(出示一本书)“我有一样东西夹在这本书里，它有着橙黄的颜色，心形的形状，还有一条可爱的小尾巴，你们猜一猜会是什么呢?”(鼓励幼儿大胆猜想回答。)

(2)教师从书中取出小树叶，讲述《小树叶》的故事，请幼儿观察，为理解歌曲内容做铺垫。

教师结合故事提问："小树叶为什么要离开树妈妈?"(幼儿根据故事内容自由回答。)

(3)教师讲述："秋风爷爷吹来了，把树上的果实吹熟了，同时也把树上的叶子吹落了。于是我见到一片小树叶，把它捧在手里，问它：'小树叶，你还要飘向哪里?你离开了树妈妈，心里不害怕吗?'你们想知道小树叶是怎么回答的?我们听一听小树叶唱的歌就知道了。"

2. 欣赏歌曲。

(1)教师播放歌曲《小树叶》第一段，提问："你们听见了小树叶在说话吗?它说了些什么?"(幼儿自由表述。)

在幼儿表述的基础上，教师讲解："小树叶离开了树妈妈，随着秋风爷爷飘呀，飘呀，它会飘向哪里呢?秋风爷爷吹到哪里，它就飞到哪里。它呀，心里并不害怕，只是想着一定要回到树妈妈怀抱里。"

(2)教师播放歌曲第二段，提问："当秋风爷爷吹来的时候，小树叶发出什么声响?它好像在对树妈妈说些什么?"(幼儿自由表述。)

在幼儿表述的基础上，教师讲解："当秋风爷爷吹来的时候，小树叶发出沙沙沙的声响，好像轻轻地对树妈妈说不愿意离开树妈妈，又好像无奈地对树妈妈说：'再见了"，明年春天还会回来的。'"

教师继续提问："小树叶对树妈妈说这些话的时候是什么样子，歌里面有一个词表现了这个样子，谁能找出来?"(勇敢。)"勇敢是什么意思?"(不害怕，有勇气。)"谁能用动作做一做勇敢的样子?"(幼儿自由作动作。)

(3)教师完整地播放歌曲，请幼儿欣赏，进一步熟悉歌曲的旋律，为学唱歌曲做准备。

3. 学唱歌曲。

(1)教师运用跟唱教学法教唱第一段歌曲，并带领幼儿反复练习歌唱，在练习歌唱的过程中，提示幼儿用自然的声音歌唱，同时注意一字两音圆滑的唱法。

(2)教师引导幼儿利用学唱第一段歌曲的经验，自行练习唱第二段歌曲，提示幼儿唱到前两个"沙"字音时要轻，唱后面几个"沙"字音时，音量要加重，表现出小树叶勇敢的样子。

(3)教师用钢琴伴奏，带领幼儿将两段歌曲组合起来，连贯、完整地进行歌唱。

4. 演唱歌曲。

(1)教师讲述："你们的歌声真好听！现在老师给你们提出更高的要求，我们一边演唱歌曲，一边用身体动作表演，注意表现两段歌曲表达的不同的感情。相信你们一定能做得很好，来，我们一起来试一试吧！"

教师指挥幼儿歌唱，用手势提示幼儿用声音的强弱来表现音乐的情绪。幼儿即兴创编动作，根据教师的指挥一边歌唱，一边表演。

(2)教师讲述："这首歌除了大家一起唱，还可以用什么形式唱？请你们互相商量，设计新的演唱方式，谁能说出好的演唱形式，就由谁来指挥小朋友唱歌。"

教师鼓励幼儿积极动脑筋思考，大胆说出自己的想法。

教师根据幼儿的表述进行归纳、提炼几种演唱方式。

教师组织幼儿用自己提出的方式，尝试指挥其他幼儿进行唱歌。

①分成男生组和女生组进行问答对唱，女孩唱第一段，男孩唱第二段。

②请一个幼儿唱第一段，表现对小树叶的关心；全体幼儿唱第二段，表现小树叶的勇敢。

③全体幼儿完整地齐唱两段歌曲，由少数几个幼儿，以$\frac{2}{4}$的节拍轻轻发出"沙"的声音伴唱。第一段由几个女孩伴唱，第二段由几个男孩伴唱。

活动延伸

1. 带领幼儿一起到户外拣树叶做书签。

2. 在幼儿熟悉歌曲后，鼓励幼儿大胆创编动作，并随着音乐进行表演。

3. 体育游戏："爱护小树苗"。教师把小树放在圆圈的中间，游戏开始时请一位小朋友站在圆内，用手扶着小树。圈上的小朋友就手拉手，边走边念："小树，小树，我们爱护你。"这时，扶树的小朋友可以随便叫一个小朋友的名字，比如："××，请你来护树。一、二、三！"说完就松开手，被叫到的小朋友就要马上跑上去扶住小树，两人交换位置。如果被叫的小朋友在叫他的小朋友到他位置前没扶好树，就要接着扶树。教师观察哪个小朋友反应最快。

活动评价建议

1. 观察幼儿用身体动作表现音乐时是否合拍，判断幼儿是否初步建立音乐节奏感。

2. 观察幼儿参与活动时的态度和情绪是否积极主动，判断幼儿是否体验到音乐歌曲中愉快的情绪。

十、啄木鸟

活动内容

音乐欣赏是指以具体音乐作品为对象，通过聆听的方式及其他手段体验和领悟音乐的真谛，从而得到精神愉悦的一种审美活动。它是幼儿音乐教学的一个重要组成部分。《啄木鸟》是一首意大利民歌，音乐的曲式结构为三段体，乐曲节奏鲜明，形象具体，特点明显，易于区分。A 段音乐节奏平稳、流畅，犹如啄木鸟在逐一检查哪些苹果树病了；B 段音乐节奏跳跃，恰似啄木鸟在“笃笃笃”地为苹果树捉虫；C 段音乐抒情优美，表示苹果树隐患消除，又恢复了生机。教师在引导幼儿欣赏时以画面为线索，帮助幼儿分辨乐曲结构；选择听觉(耳听音乐)、视觉(眼看图谱)和动作同步参与的方式，使幼儿充分体验和感受乐曲的内涵及旋律的美。

活动目标

1. 愿意倾听乐曲，感受三段乐曲不同的特点。
2. 尝试用简单的动作表现音乐乐段的变化。
3. 能与同伴合作表演。

活动准备

1. 知识经验准备：

(1)教师熟悉乐曲的结构。

(2)幼儿了解啄木鸟的特殊本领，知道它是益鸟。

2. 物质材料准备：

(1)录音机 1 台；乐曲《啄木鸟》的磁带 1 盘。

(2)自制苹果树若干(幼儿人数的五分之四)，啄木鸟的头饰若干(幼儿人数的五分之一)。

(3)健康的苹果树、生病的苹果树图片。

3. 环境准备：

将自制苹果树摆放在活动室四周。

活动过程

1. 观察画面，导入活动内容。

教师出示生病的苹果树图片，幼儿观察画页。

结合画页，教师与幼儿交谈："这幅图画的是什么地方？"（苹果园。）"树上结满了果实，这些苹果红红的脸蛋，好看极了。可是，有些苹果树的叶子发黄了，它们显得没有精神，很痛苦的样子，这是为什么呀？"（生病了。）"它们生的什么病呀？"（身上长了虫子。）"那可怎么办呢？"（请医生看病。）"谁能给苹果树看病呢？"（啄木鸟。）"啄木鸟是怎样给苹果树看病的？"（它找虫子，捉虫子。）"啄木鸟捉虫子的声音是怎样的？"（笃笃笃。）"啄木鸟把苹果树上的虫子捉完了，苹果树的病慢慢好了，又渐渐长出了茂盛的绿叶，显得很有精神了。有一个乐曲《啄木鸟》，我们一起来听一听它是怎么给果树看病捉虫子的。"

2. 欣赏音乐，了解乐曲结构。

（1）欣赏乐曲，感受乐曲的三段结构，并请幼儿说一说自己的感受。

教师播放音乐 2 遍，让幼儿随着旋律的延续，理解啄木鸟是怎样给苹果树看病的。

教师结合音乐讲述并提问："小朋友们想一想，如果把这首曲子根据故事内容来分，可以分成几段呢？"（3 段。）"我们再把这个乐曲听一遍，看看这三段乐曲有些什么不同？每段都讲了什么事？"

教师再次播放音乐，请幼儿认真聆听，然后讲述自己听完后的不同感受。

教师小结："第一段乐曲平稳，讲了四棵苹果树都长虫子了。第二段乐曲节奏跳跃，表示啄木鸟在捉虫子。第三段乐曲抒情优美，表示苹果树的病治好了，不断长出新的叶子和果子。"

（2）根据教师动作的提示，再次欣赏乐曲。

幼儿耳听音乐，眼看老师的手势，完整地感受音乐，并发挥想象，理解音乐表达的内容：

A 段（共 4 句）：每个乐句好像是啄木鸟从上到下，仔细察看每一棵树干，寻找虫子。

B 段：第一、二、三句中每句有 3 个重音，第四句一个重音，每个重音在旋律中跳跃一下，表示啄木鸟发现一个虫洞，啄出来一个虫子。

C 段：用画面展示果树恢复健康，长出了茂盛的绿叶，显得很有生气。

3. 分段欣赏，引导幼儿用动作表现出来。

（1）欣赏第一段乐曲（先播放音乐）。

教师讲述："听了第一段音乐，想象一下苹果树身上长了虫子会怎么样，我们可以用什么动作来表示呢？再想象一下啄木鸟怎样为苹果树查病，我们可以用什么动作来表示呢？我们边听音乐边把自己想到的动作表演出来吧。"

教师请小朋友把自己想象成果树，身上长虫子很难受，再把自己想象成啄木鸟，从上到下均匀地抚摸树干，为苹果树检查病情。

幼儿一边听音乐，一边自由做动作表演。

(2)欣赏第二段乐曲(先播放音乐)。

通过提问鼓励幼儿想出各种不同的捉虫子动作。

教师讲述："听了第二段音乐，你们听出了什么？那一下一下的跳音表示啄木鸟在干什么呢？"(引导幼儿模仿啄木鸟啄虫的动作。)

教师再请幼儿观察苹果树的图片并讲述："大家看这四棵树都有几个虫洞？前三句乐曲表示啄木鸟在前三棵树上都发现了三个虫洞，每句乐曲我们就听到了三次跳音，啄木鸟在前三棵树上啄出来三个虫子；后一句乐曲表示啄木鸟在第四棵树上发现了一个虫洞，我们就听到一次跳音，啄木鸟就捉出来一个虫子，啄完了还要听一听有没有虫子了。我们一起来学一学啄木鸟啄虫子的动作吧！

幼儿一边听音乐，一边自由做动作表演。

(3)欣赏第三段音乐(先播放音乐)。

教师讲述："听了第三段音乐，你们听出了什么？啄木鸟帮助苹果树治好了病，苹果树有什么变化？啄木鸟心里觉得怎么样？大家各选一个自己喜欢的角色用动作表示出来。"

幼儿自由选择角色做动作。

4. 自由选择，幼儿分角色听音乐表演。

(1)教师讲述："有的小朋友可以扮演果树，有的小朋友可以扮演啄木鸟，自由找好朋友配对合作来表演。老师把你们做大树和啄木鸟的头饰拿来了，你想扮演什么就去把自己打扮成什么。"

教师指导幼儿一边听音乐，一边合作创编音乐动作进行练习表演。

(2)鼓励幼儿合作进行交流表演，请幼儿互相讲评，教师给予充分的肯定。

活动延伸

(1)将扮演苹果树的道具放入表演区，供幼儿在区域活动时表演。

(2)美工区投放超轻黏土、彩纸、彩笔等，供幼儿表现啄木鸟的主要特征。

(3)图书区投放有关动物的书籍，引导幼儿了解啄木鸟的生活习性等相关知识，帮助幼儿学习。

活动评价建议

(1)观察幼儿是否有良好的倾听音乐的习惯，是否对音乐有基本的审美意识。

(2)观察幼儿是否能尝试运用身体语言大胆表现对乐曲的理解和感受。

十一、长大要当解放军

活动内容

在孩子们的世界里，他们对身边的一切事物充满了好奇，对自己的未来充满了无尽的想象："我长大了要当老师，教学生学知识。""我长大了要当医生，帮人看病。""我长大了要当解放军，穿上军装，背上手枪，保卫祖国。"解放军的形象在孩子们的心目中是伟大的，我们也会常常看见孩子们在课余时间，三五一群，学着解放军"对战"。教师在活动中，通过看、听、唱等多种方式，不仅让幼儿学习了歌曲的弱起节奏，并尝试用不同的方法进行接唱，而且还让幼儿进一步了解了"解放军"这一职业的庄严神圣，加深了对爱祖国和人民子弟兵的热爱。

活动目标

1. 感受歌曲坚定、有力的进行曲风格。
2. 学习弱起小节的演唱方法。
3. 能用不同的方法进行接唱。

活动准备

1. 知识经验准备：

(1) 教师分析歌曲，能熟练演奏歌曲《长大要当解放军》。

(2) 对幼儿进行过热爱解放军的教育活动。

2. 物质材料准备：

(1) 男女小军装各 1 件；小木枪 6 支；解放军图片若干。

(2) 记录纸和笔若干；录音机 1 台；歌曲《长大要当解放军》的磁带 1 盘。

3. 环境准备：

将小木枪放在活动室四周。

活动过程

1. 情景导入。

(1) 教师穿上军装出现在幼儿面前，引起幼儿注意。

教师与幼儿交谈："小朋友，老师今天穿的是什么衣服？"(军装。)"老师像不像一名解放军的女兵？"(像。)"我这里还有两件小军装，一件是男孩穿的，一件是女孩穿的，谁愿意和老师一样，穿上军装学做解放军？"(幼儿举手示意。)

(2)指名两个幼儿穿上小军装，背上小木枪，和教师站成一排。教师播放歌曲《长大要当解放军》，喊口令："立正！向右看齐！向前看！向右转！齐步走！一二一，一二一……"教师带领两个幼儿，学着解放军走路的样子，在教室里走一圈，引起大家的注意和兴趣。

(3)教师讲述并提问："刚才两个小朋友穿上小军装，背上小木枪，雄赳赳、气昂昂地走路，多么神气！你们长大了想当解放军吗？"(幼儿自由回答。)"看来小朋友都愿意当解放军，今天我们就学唱歌曲《长大要当解放军》。"

2. 熟悉歌词。

(1)教师播放歌曲，请幼儿欣赏、熟悉歌曲的旋律和内容。

(2)教师结合"解放军"相关图片，提问："刚才歌里是怎么唱的？我们一起来看看这些画面吧。"

(3)幼儿一边观察画面，一边听教师有节奏地朗诵歌词。

(4)教师带领幼儿一起有节奏地朗诵歌词。

(5)教师用钢琴弹奏歌曲旋律，请幼儿随着音乐的节奏朗诵歌词。

3. 学唱歌曲。

(1)教师运用跟唱教学法教唱歌曲第一段。

学唱这首歌曲的难点是弱拍后半拍起唱，教师着重讲解并训练幼儿弱拍后半拍起唱的方法，要求幼儿注意倾听教师的演唱，并轻声跟随教师一起演唱。通过跟唱模仿，幼儿可以较快地掌握弱拍后半拍起唱的方法。

(2)教师迁移幼儿学唱第一段歌曲的经验，幼儿分组自行练唱第二段歌曲。教师巡查，适时给予指导。

(3)教师带领幼儿将两段歌曲组合在一起，连贯地歌唱。

(4)在幼儿基本学会演唱这首歌曲后，启发幼儿用雄壮有力的声音来唱这首歌。

4. 变换唱法。

(1)教师讲述："我们刚才唱了这首歌，除了齐唱外，还可以用'接唱'的方式演唱。具体怎么接唱法呢？老师想听听大家的意见。"(幼儿各抒己见。)

在幼儿交流表述的基础上，教师讲述："大家的想法各有不同，我们就来分组讨论，把你们这一组的想法画出来，我们一起来交流。"

(2)播放歌曲《长大要当解放军》作为背景音乐(音量较小)，发放记录纸和笔，供幼儿分组讨论记录。教师逐一观察每组幼儿讨论情况。

(3)在各组幼儿基本讨论完成"接唱方案"后，教师组织各组幼儿进行交流，请各组派1名发言人到前面来，给大家介绍本组的"接唱方案"。要求发言人在介绍的时候声音要清楚响亮，表达完整，其他幼儿要安静认真地听。

(4)在各组代表讲述完后，教师请各组代表轮流指挥大家按本组的接唱方案试唱。

(5)教师引导幼儿评选最佳“接唱方案”，教师用适当的方式给设计最佳“接唱方案”的小组予以奖励。

(6)请获得最佳“接唱方案”小组的代表，指挥大家按最佳“接唱方案”进行演唱。

活动延伸

(1)在幼儿熟悉歌曲的基础上，可在休止符处加拍手动作或加说象声词“嗨”，帮助幼儿更好地掌握弱拍后半拍起唱的方法，以加强唱歌的力度。

(2)鼓励幼儿根据歌曲内容大胆创编动作，并随着音乐进行表演。

(3)语言讲述活动：“假如我是一名解放军”。

活动评价建议

(1)关注幼儿是否体验到歌曲“进行曲”风格，是否对解放军产生景仰、向往的感情。

(2)观察幼儿是否掌握弱拍后半拍起唱的演唱方法，能否用歌声表现出坚定、有力的状态。

(3)观察幼儿在活动中的情绪是否积极热情，是否积极参与变换歌唱形式的探讨，并敢于表达自己的意见。

十二、快乐的啰嗦

活动内容

《快乐的啰嗦》是流行于云南省红河南岸彝族支系尼苏人中的一种圆圈舞。舞曲的曲调欢愉跳跃，节奏鲜明，伴之以快速摆手、拐腿步和跳拐步等舞蹈动作，特别受到少年儿童的喜爱。幼儿通过欣赏舞曲，感受舞曲欢快的旋律和节奏，并学习运用基本舞步，尝试组合编排动作，表达快乐的情绪。

活动目标

1. 感受乐曲欢快、活泼的情绪，体验彝族摆手舞的舞蹈风格。
2. 学习舞蹈基本动作摆手、拐腿步、跳拐步。
3. 能看图变换队形。

活动准备

1. 知识经验准备：

(1)教师了解有关彝族的传统和风俗习惯。

(2)幼儿知道彝族是少数民族，欣赏过乐曲《快乐的啰嗦》。

2. 物质材料准备：

(1)彝族服饰图片若干。

(2)舞蹈队形示意图。

(3)录音机1台；舞曲《快乐的啰嗦》的磁带1盘。

3. 环境准备：

将彝族服饰图片布置在黑板上。

活动过程

1. 初步了解彝族习俗。

教师与幼儿交谈："小朋友，我们国家一共有多少个民族？"(56个。)"其中有个少数民族是彝族(出示彝族服饰图片)，谁知道彝族有哪些习俗呀？"(幼儿自由表述。)

在幼儿自由表述的基础上，教师归纳并简单介绍彝族习俗，告诉幼儿这次活动的内容就是学习彝族舞蹈《快乐的啰嗦》。

2. 欣赏舞曲《快乐的啰嗦》。

(1)教师播放舞曲《快乐的啰嗦》，请幼儿欣赏，感受乐曲的节奏和旋律。

(2)教师提问："刚才听了这首乐曲，你们有什么感受？"(幼儿自由表述。)

在幼儿自由表述的基础上，教师归纳小结："这首乐曲旋律欢快跳跃，节奏动感鲜明，适合表达快乐喜庆的情绪。"

3. 学习舞蹈基本动作。

(1)教师一边做拐腿步和跳拐步的示范动作，一边讲解动作要领。

(2)幼儿一边数着节拍，一边跟着教师学习这两种基本舞步。

(3)幼儿自行练习舞步。教师观察，适时给予指导，鼓励幼儿互帮互学。

(4)在音乐的伴奏下，幼儿集体演示这两种基本舞步。

4. 探索舞蹈动作组合。

(1)在音乐伴奏下，幼儿分组探索动作组合。幼儿分组活动，各组幼儿互相商量，把学过的舞步按自己的设想组合在一起，并按音乐的变换进行表演。

(2)教师组织幼儿分组轮流表演，引导幼儿互相进行简单评价。

(3)教师将幼儿所编动作组合，编成完整舞蹈，供幼儿学习掌握，反复练习。

5. 看图学习队形。

(1)教师出示舞蹈队形图请幼儿观看，引导幼儿交流对图形的理解。

(2)教师根据幼儿的表述进行归纳讲解：

①随着音乐有秩序地走圆圈，然后变成四路纵队。

②保持四路纵队，做拐腿步的动作。然后1、3队向左转，2、4队向右转，变成横队，面对面站立，做跳拐步。

③听尾奏拍手，走成四个小圆圈，面对圆心，反时针方向做跳拐步。

④走成双半圆形(即前后两个半圆形)做跳拐步，方向相反，动作相同。

⑤在教师指挥下，听音乐完整地按队形跳舞。

活动延伸

(1)发放调查表"彝族知多少"，让幼儿进一步了解彝族的传统和风俗习惯。

(2)将音乐《快乐的啰嗦》投放在表演区，鼓励幼儿自行编排队形进行舞蹈。

(3)投放小铃、铃鼓、圆舞板、双响梆子、鼓、钹等乐器供幼儿为《快乐的啰嗦》伴奏。

活动评价建议

(1)关注幼儿是否感受到舞曲的旋律和节奏。

(2)观察幼儿是否掌握拐腿步和跳拐步的基本动作。

(3)观察幼儿是否积极参与舞蹈动作的组合编排。

(4)观察幼儿能否按舞蹈队形图与同伴合作进行舞蹈。

附:

动作说明

(1)拐腿步(甲乙两排幼儿对称做动作):

第1拍:右脚起步,两脚各跳一步。

第2拍:右脚再跳一步,左腿屈膝,左脚在右脚边点地,重心移至右脚,同时双手在身体两侧自然摆动。

(2)跳拐步:

第1拍:右脚跳一下,以它为重心,同时左腿屈膝靠右腿,脚尖点地。身体微右侧,右手腕甩向右侧,左手腕放松甩向后。

第2拍:同第1拍,动作相同,方向相反。

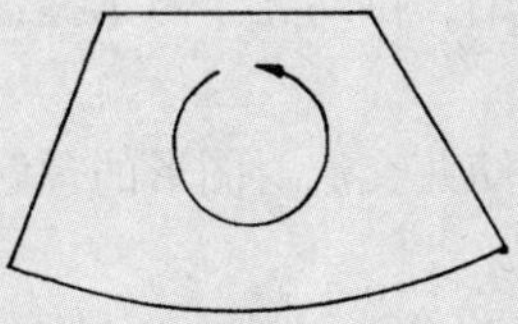

图1

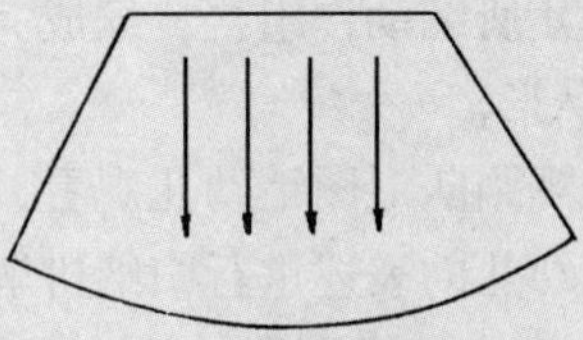

图2

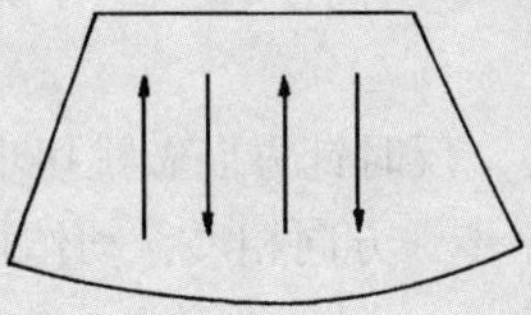

图3

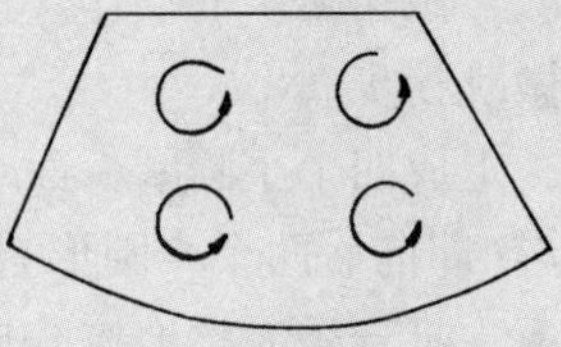

图4

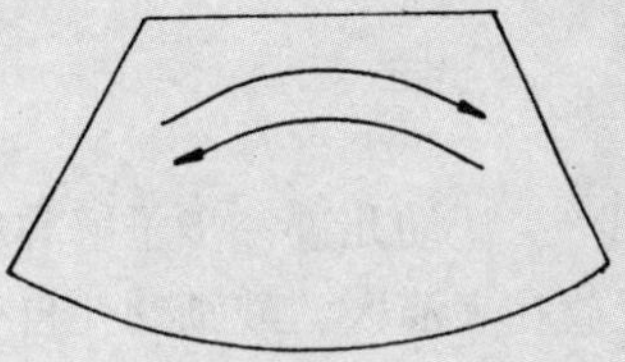

图5

舞蹈队形图

十三、幼儿园里好事多

活动内容

幼儿每天生活在幼儿园里，都会关心、关注这个大家庭里每天发生的一切。《幼儿园里好事多》这首歌曲曲调活泼、情绪愉快。在教唱这首歌曲时，不仅要让幼儿感受乐曲的情绪，而且要让幼儿学习运用声音来表现歌曲的强弱变化，从音乐活动中获得愉悦。通过开展活动，让幼儿学会关注幼儿园里发生的好人好事，萌发为同伴做好事的愿望，进一步增强对幼儿园热爱的感情。

活动目标

1. 感受歌曲活泼、愉快的情绪，体验帮助他人的快乐。
2. 理解歌词内容，探索几种歌曲的演唱形式。
3. 能用声音的强弱来表现歌曲中的情感变化。

活动准备

1. 知识经验准备：

(1)教师组织幼儿进行一些力所能及的劳动，如抹桌子、摆椅子、洗手绢等，了解孩子们的情绪。

(2)幼儿有愿意为他人服务的意识。

2. 物质材料准备：

(1)情景表演用的桌子、椅子、脸盆、小手绢等物品各 1 件。

(2)歌曲《幼儿园里好事多》的图谱表。

(3)幼儿做好事的照片(如扫地、擦墙、大姐姐帮小弟弟系鞋带、关水龙头等)。

(4)录音机 1 台；将歌曲《幼儿园里好事多》拷进 U 盘里。

3. 环境准备：

将幼儿做好事的照片粘贴在活动室里，营造学习氛围。

活动过程

1. 发声练习。

教师带领幼儿用《音阶练声曲》练习发声，为学唱新歌做准备。

2. 情景表演。

教师课前让排练过的两名幼儿进行《幼儿园里好事多》的情景表演(抹桌子、洗手绢)。

3. 熟悉歌词。

(1)教师讲述："刚才你们看了两位小朋友的表演，他们在幼儿园干什么?"(抹桌子、洗手绢。)"他们为什么相互做摆手的动作?"(他们做好事，不想告诉别人。)"今天我们要学唱的歌曲就是反映好人好事的，歌曲的名字叫做《幼儿园里好事多》。"

(2)教师先带领幼儿集体朗诵歌词。然后将幼儿分成两组，第一组的幼儿用轻声朗诵第一段歌词，第二组的幼儿用较强的声音朗诵第二段歌词。

4. 欣赏歌曲。

(1)教师播放歌曲《幼儿园里好事多》，请幼儿欣赏。

(2)教师结合歌曲提问："听了这首歌，你们认为歌曲的音乐情绪是怎样的?"(幼儿自由回答。)

在幼儿表述的过程中，教师引导幼儿体验歌曲活泼、跳跃的情绪。

(3)教师再次提问："这首歌曲在演唱时声音有什么变化?"

在幼儿表述的过程中，教师引导幼儿从声音的强弱来表现歌曲中的变化。

5. 学唱歌曲。

(1)教师有感情地范唱。

①教师在歌曲的前四句表现出疑问的情绪。

②重复部分：第一段轻声唱，第二段用较强的声音唱。

(2)教唱歌曲的第一段，认识间奏。

①第一遍：教师采用清唱的形式，用整体教唱法教唱歌曲，幼儿跟唱。重点引导幼儿通过声音的强弱变化感受歌曲情绪和内容的变化。

②第二遍：配上音乐，教师用整体教唱法教唱歌曲，幼儿跟唱。重点引导幼儿认识间奏。

③第三遍：幼儿随着音乐自然、有感情地演唱，教师关注幼儿是否知道在间奏处停顿。

④第四遍：采用对唱的形式演唱。第一步：教师与幼儿进行对唱；第二步：把幼儿分成两组进行对唱。

(3)教唱歌曲第二段。

教师运用教唱第一段歌曲的方法教唱第二段歌曲。

(4)教师用钢琴伴奏，全体幼儿将两段歌曲组合在一起，连贯地唱一遍。

(5)教师用钢琴伴奏，全体幼儿分成两组，用声音的强弱来表现歌曲中的变化。即开始部分的四句齐唱，第一组用轻声演唱第一段，第二组用较强的声音演唱第二段。

6. 探索演唱形式。

(1)教师请幼儿想想可以用哪些形式演唱这首歌曲(幼儿自由回答)。

(2)教师根据幼儿的意见，尝试几种演唱方法。

(3)教师归纳演唱形式：领唱、齐唱、分组唱。开始部分的四句领唱，然后第一组轻声唱，第二组用较强的声音唱，最后，齐唱。

活动延伸

(1)将音乐《幼儿园里好事多》投放在表演区，鼓励幼儿根据歌曲内容创编动作，进行表演。

(2)开展活动：开展主题为“我们班里的小雷锋”的活动，鼓励幼儿观察并讲述，班里小朋友为集体做好事的言行。

(3)开展操作活动：“我会擦桌子、椅子”。利用每周五离园前的时间段，鼓励幼儿擦自己的桌子、椅子。

(4)开展“小小巡演团”活动，组织幼儿到各班表演《幼儿园里好事多》。

活动评价建议

(1)关注幼儿对音乐中的“间奏”是否认识和理解。

(2)观察幼儿能否用声音的强弱来表现歌曲中的变化。

(3)观察幼儿能否在老师的指导下用领唱、齐唱、分组唱的形式演唱歌曲。

十四、猜猴王

活动内容

幼儿时期是人一生中听觉最灵敏的阶段，音乐游戏又是发展幼儿听觉的重要途径。他们从欢快跳跃的旋律、明快的节奏中，联想到的是小朋友欢乐的游戏、喜庆节日的场面和人们共庆胜利的情景。他们听到高而明亮的音乐就模仿小鸟飞舞、小兔蹦跳；听到低而粗哑的音乐又会模仿老狼、黑熊走路，狮子出洞等。我们要充分利用音乐中的这些特点和元素，来训练孩子的听觉，从而领悟音乐的魅力。音乐游戏“猜猴王”就是让幼儿通过音乐强弱、快慢的变化，让幼儿去寻找目标，从而体验音乐游戏的快乐。

活动目标

1. 感受音乐作品的节拍，体验音乐游戏的快乐。
2. 尝试用微笑、哭、生气、大笑等表情表现“猴王”。
3. 能与同伴协商制定游戏规则。

活动准备

1. 知识经验准备：

(1) 教师了解幼儿设计游戏玩法的能力。

(2) 幼儿对$\frac{2}{4}$、$\frac{3}{4}$节拍的音乐特点有所了解。

2. 物质材料准备：

(1) 每组一张大白纸，彩笔一盒。

(2) 微笑、哭、生气、大笑等表情图片。

(3) 多媒体设备 1 套；将《猜猴王》音乐拷进 U 盘里。

3. 环境准备：

将微笑、哭、生气、大笑等表情图片张贴在活动室的四周。

活动过程

1. 感受两种不同节奏的乐曲。

(1)教师引导幼儿欣赏乐曲《猜猴王(1)》。

教师提问:“你觉得刚才听到的曲子节拍是什么?为什么?”(引导幼儿说出$\frac{2}{4}$节拍的特点。)

请幼儿用身体动作表现$\frac{2}{4}$节拍的强弱变化。

(2)教师引导幼儿欣赏乐曲《猜猴王(2)》。

教师提问:“你觉得刚才听到的曲子节拍是什么?为什么?”(引导幼儿说出$\frac{3}{4}$节拍的特点。)

请幼儿用身体动作表现$\frac{3}{4}$节拍的强弱变化。

(3)教师引导幼儿欣赏$\frac{2}{4}$、$\frac{3}{4}$节拍的乐曲各一遍。

教师提问:“你们觉得哪首曲子的音量更强有力一些?”(请幼儿用动作表现。)

(4)教师再次引导幼儿欣赏$\frac{2}{4}$、$\frac{3}{4}$节拍的乐曲各一遍。

教师提问:“你们觉得哪首曲子的速度快一些?”(请幼儿用动作表现。)

2. 教师出示各种表情图片,请幼儿做面部表情。

教师先后出示不同的表情图片,并提问:“你们看老师带来的图片有哪些表情?”(微笑、哭、生气、大笑。)“你们会做这些表情吗?”(引导幼儿做各种面部表情。)

3. 玩“猜猴王”的音乐游戏。

(1)教师介绍游戏名称及玩法:幼儿坐成半圆形,请猜扮演“猴王”的幼儿到前面蒙上眼睛(教师指定一名幼儿为“猴王”)。“猴王”与其他孩子坐在一起,根据音乐的节拍、力度、速度,大家跟着“猴王”变换各种动作或表情。猜“猴王”的人听到音乐后,睁开眼睛,在圆圈中去寻找“猴王”。

(2)尝试与同伴一起设计游戏规则。

①请一名幼儿示范玩一次,提示幼儿注意发现问题。

教师提问:“在游戏中你发现了什么问题?”

幼儿轮流发言,教师用图画的形式记录。

②教师预设问题:游戏时如果出现有人告诉谁是“猴王”,或者“猴王”自己暴露了身份等情况,怎么办?

③师生共同协商解决问题的办法。

教师提问："你们觉得怎样解决游戏时有人告诉猜'猴王'的人谁是'猴王'这个问题?"

幼儿交流，教师用图画的形式记录幼儿问题。

教师归纳解决的办法："游戏时，如果有人告诉猜'猴王'的人谁是"猴王"——谁告诉谁就停玩一次。"

教师提问："你们觉得怎样解决'猴王'自己暴露身份的问题?"

幼儿交流，教师用图画的形式记录幼儿问题。

教师归纳解决的办法："游戏时，'猴王'自己暴露身份——更换'猴王'。"

(3)幼儿根据制定的规则玩游戏，教师观察，并引导幼儿再次发现问题。

①教师提问："这次游戏，你们又发现了什么问题?"

幼儿交流，教师用图画的形式记录幼儿问题。

②教师预设问题："大家都能按规则游戏了，但猜'猴王'者根本找不到'猴王'，怎么办?"

教师引导幼儿想办法。幼儿交流，教师用图画的形式记录幼儿的好办法。

教师归纳出好办法："当猜'猴王'的人快要接近'猴王'时，老师弹奏《猜猴王(1)》的音乐，可以弹奏强一些、快一些；如果猜'猴王'的幼儿没猜对或离'猴王'远了，老师弹奏《猜猴王(2)》的音乐，可以演奏得弱一些、慢一些。"

(4)幼儿继续游戏。

①幼儿尝试按照协商制定的规则进行游戏。

②依据活动中具体情况反复游戏，并引导幼儿发现游戏中的问题。

③教师小结游戏情况，并提出有待解决的问题。

活动拓展

1. 组织幼儿分组活动，根据以前学会的歌曲设计游戏玩法，制订游戏规则。
2. 美工区投放刮画纸，供幼儿运用刮画的形式表现孙悟空。
3. 语言区投放故事书《孙悟空三打白骨精》，大家相互讲述故事，理解故事内容。

活动评价建议

1. 观察幼儿是否能感受两种不同节奏的乐曲。
2. 观察幼儿是否按游戏规则玩音乐游戏"猜猴王"。
3. 观察幼儿能否用微笑、哭、生气、大笑等表情表现游戏。

十五、欢乐颂

活动内容

《欢乐颂》是一首庄严、神圣的进行曲风格的歌曲，是德国著名作曲家贝多芬所作的世界名曲。歌曲庄严、神圣，表达了作者对生活的热爱之情。在幼儿学唱这首歌的过程中，教师借助歌曲图谱引导幼儿感受歌曲旋律的节奏，借助图片帮助幼儿熟悉歌曲的内容，使幼儿更直观、形象地感受歌曲，提高学习效果。在幼儿学会歌唱的基础上，教师引导幼儿用三种形式演唱歌曲，体验变换形式演唱歌曲的乐趣。

活动目标

1. 感受歌曲庄严、神圣的情绪，体验变换形式演唱歌曲的乐趣。
2. 掌握附点四分音符的正确唱法。
3. 能变换形式演唱歌曲。

活动准备

1. 知识经验准备：

(1)教师了解歌曲的创作背景。

(2)幼儿对音乐的旋律有所了解。

2. 物质材料准备：

(1)节奏图谱 1 张。

(2)蓝天、白云、太阳、树上的小鸟、河里的小鱼、花朵、小草、欢乐的小朋友等图片各 1 张。

(3)多媒体教学设备 1 套；将歌曲《欢乐颂》拷进 U 盘里。

3. 环境准备：

将贝多芬的图片粘贴在活动室的四周，将幼儿的小椅子摆放成半圆形。

活动过程

1. 发声练习。

教师利用歌曲《欢乐颂》的曲子，带领幼儿用单音“啦”和“呜”练声，要求“啦”要唱得断顿，“呜”要唱得连贯。

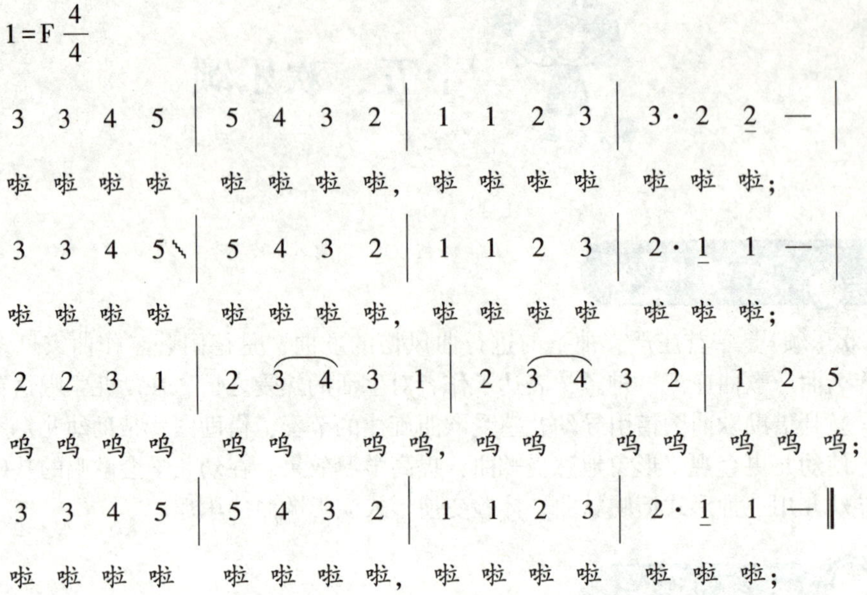

2. 欣赏歌曲。

(1)感受歌曲的旋律。教师第一遍播放歌曲《欢乐颂》，请幼儿欣赏，听辨歌曲的音乐情绪是柔美还是雄壮。

(2)了解歌曲的节奏。教师出示节奏图谱，简介图谱符号表示的意思：

▼——跺脚，║——拍手，∞——柔软的手臂动作。

第一段：× × × × | × × × × |

▼ ║ ║ ║ ▼ ║ ║ ║

第二段：× × × × | × × × × |

∞ ∞ ∞ ∞ ∞ ∞ ∞ ∞

教师第二次播放歌曲《欢乐颂》，请幼儿欣赏，感受$\frac{4}{4}$节拍的音乐节奏，并学习看图谱，用身体动作来表现歌曲的节奏。

(3)熟悉歌曲的歌词。教师第三次播放歌曲，请幼儿欣赏并倾听歌曲唱的内容。

教师依次出示蓝天、白云、太阳、树上的小鸟、河里的小鱼、花朵、小草、欢乐的小朋友的图片，提示幼儿说说歌里唱的是什么，并记忆歌词。

教师带领幼儿完整地朗读歌词。

3. 学唱歌曲。

(1)教师范唱，用声音和感情表现歌曲的情绪、情感。

（2）教师提问："老师在唱'蓝天高高，白云飘飘，太阳公公'和'在微笑'时有什么区别？"（帮助幼儿理解附点四分音符。）

（3）教师用整体教唱法教学，引导幼儿注意区分断音和连音。告诉幼儿断音要求唱顿音，有弹性。字音唱得要断开，提示幼儿寻找腰腿用力的感觉，体会唱断音的感觉。

4. 学习伴唱。

教师讲述："我们试一试把第一遍的唱法与第二遍的唱法合在一起，听听效果怎么样？"

（1）幼儿完整地演唱歌曲，教师用"啦"和"呜"伴唱。

（2）教师完整地演唱歌曲，幼儿用"啦"和"呜"伴唱。

（3）分组演唱。一组唱歌词，一组唱"啦"和"呜"（伴唱的一组演唱时要轻一些，音量不要盖过了唱歌词的一组）。

5. 完整歌唱。

教师先指挥幼儿用三种唱法完整地演唱这首歌曲，然后教师用钢琴伴奏，幼儿跟着琴声再用三种唱法完整地演唱这首歌曲，体验变换方式演唱歌曲的乐趣。

活动延伸

1. 给幼儿介绍世界名曲《月光曲》，介绍音乐大师贝多芬。

2. 开展艺术活动"欢乐颂"，引导幼儿根据歌词内容，尝试运用绘画、泥塑等形式表现出来。

活动评价建议

1. 观察幼儿能否积极参加音乐活动，是否感受到歌曲的庄严和神圣。

2. 观察幼儿能否掌握附点四分音符的正确唱法。

3. 观察幼儿在演唱时能否区分断音和连音的唱法。

十六、圆圈舞

活动内容

圆圈舞是一种传统的民间集体舞，人们手挽着手，围成一个圆圈，边歌边舞边转边跳。歌的节奏一般都较慢，它决定舞步的节奏。本活动通过体验三拍子的音乐节奏，学习随着音乐节奏向左、右旋转，并能与同伴结伴舞蹈，巩固练习进退步，熟悉动作的交替规律，进一步发展幼儿的节奏感和韵律感。

活动目标

1. 喜欢跳集体舞，体验三拍子音乐的节奏。
2. 理解歌词内容，学习随着音乐节奏向左、右旋转。
3. 能大胆表达自己的思想，创编舞蹈动作。

活动准备

1. 知识经验准备：

(1) 教师了解幼儿对$\frac{3}{4}$节拍音乐的掌握情况。

(2) 幼儿有辨别左右方向的能力。

2. 物质材料准备：

(1) 多媒体设备 1 套；将《圆圈舞》音乐拷进 U 盘里。

(2) 相应的舞蹈动作图片。

3. 环境准备：

清理活动场地，便于幼儿开展集体舞。

活动过程

1. 发声练习。

教师带领幼儿用练声曲《我们来唱歌》进行练声活动。

2. 游戏入场。

教师带领幼儿玩“小火车”的游戏。一起边做动作，一边朗诵：“小火车，呜呜呜；右边开，呜呜呜；左边开，呜呜呜。”

教师和幼儿在活动中，将火车“开成”圆圈，并原地坐下。

3. 教唱歌曲。

(1)教师提问：“小朋友，我们现在坐成了一个什么形状呀？”(圆圈形状。)“今天老师带来了一首好听的歌曲，这首歌呀，与圆也有关，歌名是《圆圈舞》，你们想听吗？”

教师放录音，请幼儿欣赏歌曲《圆圈舞》的旋律，并熟悉歌曲内容。

(2)首先，教师出示舞蹈动作图片，幼儿一边听教师朗诵歌词，一边观察舞蹈动作图片，理解歌词。然后，教师和幼儿一起拍手跟着节奏朗读歌词。

(3)教师运用跟唱教学法教唱歌曲。在教唱的过程中，教师提示幼儿注意三拍子音乐“强—弱—弱”的节奏特点。

(4)教师组织幼儿进行“接龙”游戏练唱歌曲：将幼儿分成四段，第一组幼儿演唱第一句，第二组接着演唱第二句，后面以此类推。

(5)教师引导全体幼儿按照三拍子音乐节奏，完整、优美地演唱歌曲。

4. 创编动作。

(1)教师提问：“小朋友，当我们演唱‘让我们围成圈，向右旋转’时，应做什么动作呢？”(请幼儿根据歌词自由创编。)

教师将幼儿的动作进行归纳整理，边讲解，边示范给幼儿看：面向圆心，双手叉腰，左脚踏点，右脚踏点，向右旋转。

幼儿集体学习这段动作。

(2)教师提问：“小朋友，当我们演唱‘让我们唱着歌，向左旋转’时，应做什么动作呢？”(请幼儿根据歌词自由创编。)

教师将幼儿的动作进行归纳整理，边讲解，边示范给幼儿看：面向圆心，双手叉腰，左脚踏点，右脚踏点，向左旋转。

幼儿集体学习这段动作。

(3)教师提问：“小朋友，当我们演唱‘让我们拉着手向中聚拢’时，应做什么动作呢？”(请幼儿根据歌词自由创编。)

教师将幼儿的动作进行归纳整理，一边讲解，一边示范给幼儿看：全体幼儿手拉手，向圆心走，并举起双手。

(4)教师提问：“小朋友，当我们演唱‘然后再回原地重新开始’时，应做什么动作呢？”(请幼儿根据歌词自由创编。)

教师将幼儿的动作进行归纳整理，边讲解，边示范给幼儿看：全体幼儿往后退，手放下，回到原地，准备重新开始。

幼儿集体学习这段动作。

5. 表演舞蹈。

(1)幼儿完整地欣赏教师表演舞蹈。

(2)幼儿随着音乐快乐地自由表演舞蹈。

(3)教师邀请4~5名幼儿示范圆圈舞，激发幼儿一起跳舞的欲望。

(4)全体幼儿随音乐完整地、有节奏地边唱边跳，体验与同伴共同唱和跳的快乐(教师提醒幼儿注意控制自己的步伐，尽可能与同伴保持一致)。

活动延伸

(1)在音乐区投放节奏卡，进一步让幼儿掌握三拍子的音乐节奏。

(2)在幼儿对舞蹈、节奏掌握较好的情况下，教师可引导孩子大胆地改编歌词，并根据歌词创编舞蹈动作。

(3)教师在网上下载其他集体舞的表现形式，利用离园时间与幼儿一起欣赏，丰富幼儿经验。

(4)幼儿运用自己理解的符号记录《圆圈舞》的动作，并粘贴到表演区。

活动评价建议

(1)观察幼儿的情感体验：是否积极参加音乐活动，是否大胆地创编舞蹈动作，是否能与同伴快乐地唱和跳。

(2)观察幼儿对三拍子音乐节奏的掌握情况：能否按三拍子的节奏念儿歌，能否按歌曲的节奏边唱边跳。

十七、十个小矮人

活动内容

幼儿特别喜欢童话故事，尤其喜欢把故事中的情景想象到自己的生活中来。他们常常会三五一群扮演故事中的角色玩游戏。音乐游戏“十个小矮人”以教师“教”、幼儿“学”为主的教学模式进行活动，幼儿由被动变主动，教师由主导者变为活动的参与者。在活动前期，通过欣赏音乐、学唱歌曲，再通过幼儿对音乐的理解和探讨，自主设计游戏规则，感受玩自创游戏的快乐。

活动目标

1. 感受玩自创游戏的快乐。
2. 尝试根据自己设计的玩法进行游戏。
3. 能根据游戏过程中出现的问题，协商制定相应的游戏规则。

活动准备

1. 知识经验准备：

(1)教师分析音乐，预设游戏玩法。

(2)幼儿在活动前学唱音乐歌曲《十个小矮人》，已听过《白雪公主》的童话故事。

2. 物质材料准备：

(1)多媒体教学设备1套，将《十个小矮人》音乐拷进U盘里。

(2)每组一份玩游戏的设计图例、几种游戏玩法所需道具。

3. 环境准备：

将《白雪公主》故事人物图片粘贴在活动室四周；清理活动室，排除安全隐患。

活动过程

1. 学唱歌曲，为进行游戏活动做准备。

(1)教师播放歌曲《十个小矮人》，请幼儿欣赏歌曲旋律和内容。

(2)教师以清唱的方式范唱歌曲，幼儿轻声跟唱。

(3)教师运用完整教学法教唱歌曲。

2. 教师讲解游戏的内容和要求。

教师讲述："根据歌曲的特点和内容，我们玩游戏的时候是要请一个小朋友一边走一边点十个小矮人出来，还是采用其他的玩法，由大家商量决定。"

3. 尝试根据自己设计的玩法进行游戏。

(1)分组活动。各组幼儿根据歌曲的旋律和内容讨论设计"点矮人"的玩法。

(2)交流活动。各组派 1 名幼儿发言，讲述自己设计的游戏玩法，其他幼儿给以补充。

4. 投票确定一种玩法。

幼儿以站队投票的形式，确定一种玩法。

5. 幼儿尝试进行游戏活动一次。

在尝试游戏活动的过程中，请幼儿注意发现问题，并思考如何改进。

6. 根据游戏中出现的问题(预设问题)进行讨论：

(1)游戏中点出来的矮人多于或少于 10 个，可是歌曲中要求点 10 个，想想应该怎样点矮人?

(2)游戏中小矮人没有逃出城堡怎么办?

(3)游戏中小矮人找不到回家的路怎么办?

7. 制定游戏规则。

(1)用图示法记录讨论游戏规则。

(2)师幼共同对游戏规则进行小结。

8. 教师和幼儿一起游戏。

(1)尝试按照协商制定的规则进行游戏。

(2)依据活动中具体情况修正游戏方法和规则。

(3)按照大家都基本认可的方法和规则再次进行游戏。

9. 教师小结游戏情况，并提出有待解决的问题。

活动延伸

(1)幼儿自由创编其他游戏玩法，开展此音乐游戏。

(2)语言区投放《白雪公主》故事书，供幼儿学习讲述故事。

(3)在表演区投放打击乐器，鼓励幼儿跟着《十个小矮人》的音乐节奏，进行敲打乐器的练习。

活动评价建议

观察幼儿是否能根据游戏过程中出现的问题，协商制定相应的游戏规则，并遵守游戏规则。

十八、拉拉钩

活动内容

在日常生活中，幼儿之间难免闹一点小别扭，生生气、拌拌嘴，然后互相不理睬，这种现象不利于幼儿良好品质的形成。教师通过幼儿学唱歌曲《拉拉钩》的活动，帮助幼儿理解歌曲的内容，让他们知道同伴之间应该和谐相处，互相友爱、互相谦让。在幼儿学唱歌曲的过程中，引导幼儿理解歌曲前后表达的不同情绪，学习以情带声地表现歌曲。

活动目标

1. 感受生气和高兴两种不同情绪，体验与同伴合作歌唱的快乐。
2. 理解歌曲内容，学习用两种不同的唱法来演唱歌曲前后两部分。
3. 能与同伴友爱相处，培养活泼开朗的性格。

活动准备

1. 知识经验准备：

(1) 教师了解全班幼儿与人交往的现状。

(2) 幼儿有高兴、生气的体验，能用语言表达出来。

2. 物质材料准备：

(1) 娃娃高兴和生气的图片各一张。

(2) 录音机 1 台；将歌曲《拉拉钩》拷进 U 盘里。

3. 环境准备：

在活动室将幼儿的小椅子摆成半圆形。

活动过程

1. 发声练习。

教师带领幼儿用音阶练声曲进行练声：

$1=C—D\ \frac{2}{4}$

1 2 3 4 | 5 6 7 | 1̇ — | 1̇ 7 6 | 5 4 3 2 | 1 — ‖

我们 一起 来 唱 歌， 啦 啦啦 啦啦 啦啦 啦。

我们 一起 来 唱 歌， 嘛 嘛嘛 嘛嘛 嘛嘛 嘛。

我们 一起 来 唱 歌， 咪 咪咪 咪咪 咪咪 咪。

2. 欣赏歌曲。

(1)教师出示生气、高兴娃娃的图片，引导幼儿交流：“他们怎么了？”

(2)教师讲述：“小朋友，老师现在给你们唱一首名叫《拉拉钩》的歌，请你们认真地听一听。”

教师范唱歌曲并用声音和动作，表达歌曲由生气转为高兴的情绪。

(3)教师与幼儿交流：“老师唱的这首歌内容是什么？”(幼儿自由回答。)“对，这首歌唱的是两个小朋友都生气了，后来互相拉钩和好了，成了好朋友。老师开始唱的时候是什么心情呀？”(生气。)“生气时我们如何用声音来表现？老师后来唱的时候是什么心情呀？”(高兴。)“高兴可以怎样用声音表现？这首歌表现了由生气转为高兴的过程。这首歌告诉我们，小朋友之间要互相友爱。即使平时闹了一点别扭，也要互相和好，始终做好朋友。”

3. 教唱歌曲。

(1)教师运用跟唱教学法教唱歌曲，在幼儿跟唱过程中，提示幼儿要先后把生气和高兴，这两种不同的心理活动用歌声表达出来，再把两个小朋友由“别扭”转为“友好”的过程表现出来。

(2)教师要求幼儿先轻声跟唱，渐渐唱熟练后，用自然声音歌唱。

(3)幼儿分组练唱，教师注意倾听幼儿是否把音唱准确了，发现不准确，要适时地予以纠正，重点练唱，并注意唱准休止符。

(4)教师用钢琴伴奏，幼儿跟随琴声齐唱。教师提出要求：

①在唱间奏前面的部分时，要唱准两个重音，唱出两个小朋友生气了，谁也不理谁的生气情绪；还要用中等速度和较强的力度，唱出两个小朋友生气的情绪。

②在唱间奏后面的部分时，速度稍微加快，表现出两个小朋友由生气转为高兴的情绪。

③观察幼儿是否用自然的声音歌唱，能否表现出歌曲情绪的转变。

活动延伸

(1)表演：鼓励幼儿根据歌词创编动作进行有表情的演唱，如把两个小朋友生气的样子、拉钩的动作、重归于好的高兴心情用表情和动作表现出来。

(2)美工区投放超轻黏土，幼儿自由捏各种表情娃娃。

(3)欣赏歌曲《幸福拍手歌》。

十九、水仙花圆舞曲

活动内容

《水仙花圆舞曲》是一首旋律流畅轻快、风格优美的乐曲，它的曲式结构是 ABA 三段体结构，音乐具有节奏明快的特点。幼儿在欣赏的过程中，能体会到这个明显的音乐特征。在这个基础上，教师引导幼儿根据乐曲的特点，自行设计为乐曲配器方案，并合作演奏，训练幼儿的节奏感，发展幼儿对音乐的理解能力和表现能力。

活动目标

1. 感受乐曲优美、轻快的旋律，体会乐曲三拍节奏的规律。
2. 理解乐曲三段体结构，尝试为乐曲设计配器方案。
3. 能与同伴一起合作为乐曲伴奏。

活动准备

1. 知识经验准备：

(1)教师了解圆舞曲的性质。

(2)幼儿了解三拍子的节奏特点。

2. 物质材料准备：

(1)水仙花 1 盆(或水仙花图片)。

(2)录音机 1 台；将歌曲《长大要当解放军》和乐曲《水仙花圆舞曲》拷进 U 盘里。

(3)打击乐器(沙槌、双响筒、响板、碰铃、三角铁等)若干。

3. 环境准备：

将水仙花摆放在活动室的四周，将打击乐器放在幼儿的小椅子下面。

活动过程

1. 导入活动。

(1)教师播放歌曲《长大要当解放军》，幼儿随着进行曲的节奏走进活动室。

(2)教师出示一盆水仙花(或水仙花的图片)，并与幼儿交谈："这是什么花?"(水仙花。)"你们喜欢水仙花吗?为什么?"(幼儿自由表述。)

在幼儿自由表述的基础上，教师简单介绍有关水仙花的知识。

(3)教师讲述："看来很多小朋友都喜欢水仙花，我们就一起听一听关于水仙花的乐曲。"

2. 欣赏乐曲:

(1)教师第一遍播放乐曲《水仙花圆舞曲》，请幼儿欣赏，感受音乐的特点。

教师讲述并提问："这首乐曲的名字叫做《水仙花圆舞曲》，它与我们听到的《长大我要当解放军》有什么不同?"(幼儿自由表述。)

在幼儿自由表述的基础上，教师讲解："《长大我要当解放军》的旋律坚定有力，《水仙花圆舞曲》的旋律优美轻快。"

(2)教师第二遍播放乐曲，请幼儿仔细倾听，听辨乐曲的结构。

教师与幼儿交谈："这首乐曲可以分为几段?"(引导幼儿分析乐曲旋律的转换，把乐曲分为3段。)"你们觉得开始和后来有没有相同的地方，哪两段的乐曲相同?"(鼓励幼儿大胆表达自己的见解。)

在幼儿表述的基础上，教师讲解："这首乐曲第一段和第三段的旋律相同，第二段与第一段和第三段的旋律不同，我们把这一类的乐曲称作ABA三段体结构。"

(3)教师第三遍播放乐曲，请幼儿认真聆听，体验三拍节的特点。

教师带领幼儿一边认真聆听，一边跟着音乐拍手、点手(强拍拍巴掌，弱拍点手心)，表现三拍节奏"强弱弱"的规律。

3. 设计乐曲配器。

(1)教师再次播放乐曲，请幼儿在欣赏的过程中，考虑选择适宜的打击乐器(如沙槌、双响筒、响板、碰铃、三角铁等)为乐曲配器。

(2)幼儿分组讨论，商量、设计为乐曲配器的方案。教师轮流参加各组活动，鼓励每个幼儿都发表自己的见解。

(3)各组幼儿派代表在全班交流表述本组设计的配器方案。

(4)各组代表根据本组设计的配器方案，选择打击乐器交给本组幼儿，并指挥他们演示一段乐曲。

(5)教师引导幼儿互相讲评，比较哪一种方案适合表现三拍节奏"强弱弱"的特点。

(6)教师综合幼儿意见，将各组配器方案加以归纳、提炼，确定统一的配器方案。

(7)教师将配器演奏的打击乐器分发给各组幼儿，每组幼儿在本组代表的指挥下，轮流尝试运用不同的打击乐器，随着乐曲演奏一段。

4. 合奏乐曲。

(1)教师讲解合奏的方式和顺序，让幼儿明确自己所用乐器的演奏的节奏，知道在乐曲行进的过程中什么时候奏响自己的乐器，并注意控制乐器音量，与同伴配合演奏。

(2)教师担任指挥，幼儿学会观看指挥进行合奏，体验协调一致地为乐曲伴奏的乐趣。

(3)教师鼓励幼儿自告奋勇担任指挥，尝试指挥大家互相配合，共同为乐曲伴奏。

活动延伸

1. 在活动区提供音乐和多种打击乐器，鼓励幼儿随着音乐演奏，并勇于学习担当小指挥。

2. 将音乐《水仙花圆舞曲》投放在表演区，供幼儿自由表演圆舞曲。

3. 开展绘画活动“美丽的水仙花”。

4. 开展讲述活动“我与水仙花的故事”。

活动评价建议

1. 关注幼儿是否感受到乐曲旋律的优美轻快，是否理解乐曲 ABA 三段体的结构形式。

2. 观察幼儿是否体会到乐曲三拍子节奏的规律，能否用动作和打击乐器表现“强弱弱”的特点。

3. 观察幼儿是否积极参与讨论设计配器方案，是否敢于大胆发表自己的见解。

4. 观察幼儿能否随着音乐旋律，根据配器方案准确地演奏打击乐器。

5. 观察幼儿能否在演奏的同时观看指挥进行演奏，能否注意与同伴合作为乐曲伴奏。

二十、过新年(一)

活动内容

临近期末，离春节越来越近了，幼儿园过年的氛围越来越浓了，教师适时地引导幼儿学唱歌曲《过新年》，是一个非常恰当的安排。歌曲《过新年》节奏短促、旋律欢快，突出地表现了幼儿欢喜过年的快乐心情。教师在教唱歌曲的过程中，指导幼儿掌握弱起节奏和休止符的唱法，注意准确把握前奏和间奏，用自然的声音表现歌曲热烈欢快的情绪。

活动目标

1. 感受歌曲热烈欢快的情绪。
2. 掌握休止符的唱法。
3. 能较准确地接好前奏和间奏，有表情地演唱歌曲。

活动准备

1. 知识经验准备：

(1)教师分析歌曲性质，了解幼儿已有的音乐经验。

(2)幼儿对过年的风俗有一定的了解。

2. 物质材料准备：

(1)音频、视频播放设备1套；将歌曲《过新年》拷进U盘里。

(2)喜庆秧歌舞蹈的视频1个。

(3)打击乐器锣、鼓、镲各1件。

3. 环境准备：

教师带领幼儿布置活动室，门外挂灯笼，贴对联，贴年画，室内牵拉花，吊彩球，贴窗花，烘托出过年热闹、喜庆的气氛。

活动过程

1. 教师通过谈话导入活动。

①教师和幼儿谈话：“小朋友，大家把我们班布置得这么漂亮，这是为什么呀？”

(要过年了。)“我们为什么要过年呢?”(幼儿自由表述。)

②在幼儿表述的基础上，教师简单讲解过年的传统习俗，让幼儿知道过年就是过春节。在春节这一传统节日期间，我国的汉族和大多数少数民族都要举行各种庆祝活动。活动形式丰富多彩，带有浓郁的民族风俗特色。教师告诉幼儿这次活动的内容就是学唱《过新年》的歌曲，迎接新年的到来。

2. 幼儿学唱歌曲《过新年》。

(1)教师播放歌曲，请幼儿认真欣赏，感受歌曲旋律的特点。

教师提问：“你们感觉到这首歌曲的节奏是快还是慢?”(快。)“它适合在什么时候唱?”(热闹高兴的时候。)“这首歌曲的旋律热烈欢快，在过年的时候唱这首歌曲，可以表达我们激动快乐的心情。”

(2)教师再次播放歌曲，请幼儿安静地倾听，了解歌曲的内容。

①教师提问：“这首歌里唱了些什么?”(启发幼儿说出歌词的内容。)

②教师先按歌曲的节奏朗诵歌词，然后再带领幼儿有节奏地朗诵歌词，帮助幼儿记住歌词。

(3)教师引导幼儿了解歌曲的前奏和间奏。

①教师提问：“刚才我们听录音的时候，音乐响起一段时间后才出现歌声，这是怎么回事呢?”(幼儿根据自己的理解回答。)

教师讲解：“开始响起的一段音乐是前奏，它首先给我们一个突出深刻的印象，让我们在唱歌之前就感受到音乐情绪，能够有准备地唱好这首歌。”

②教师提问：“这首歌曲中也有两小段只有音乐，没有歌声，这又是怎么回事呢?”(幼儿根据自己的理解回答。)

教师讲解：“歌曲中间没有歌词的部分是间奏，它对前后的音乐起过渡作用，同时让我们唱歌的人有稍微歇息的机会，为唱好歌曲的后半部分做好准备。这首歌曲在快结束的时候安排一个简短的间奏，就是为了让我们蓄积气力、充满感情地唱好最后一句。”

(4)教师运用完整教学法教唱歌曲。

①在教唱歌曲的过程中，教师提示幼儿要准确地接好前奏和间奏，掌握弱拍起唱的方法。

②在连唱歌曲的过程中，教师提示幼儿注意掌握休止符的唱法，要用自然的声音，大胆地表现歌曲热烈欢快的情绪。

3. 幼儿自由表演歌曲。

(1)教师用钢琴伴奏，请幼儿充满感情地起唱歌曲。

(2)请少数幼儿敲打锣、鼓、镲，其他幼儿随着音乐一边唱歌，一边即兴做动作进行表演。

活动延伸

(1)教师播放有关喜庆秧歌的视频，引导幼儿感受舞蹈热烈欢快的情绪，激发幼儿学习舞蹈的兴趣。

(2)师生共同布置主题墙：“欢欢喜喜过大年”。

(3)美工区投放红色的各种材质的纸张，供幼儿制作鞭炮、红包等过年用品。

活动评价建议

(1)观察幼儿是否感受到并表现出歌曲热烈欢快的情绪。

(2)观察幼儿能否准确地接好前奏和间奏，是否掌握弱拍起唱和休止符的唱法。

二十一、过新年(二)

活动内容

通过学习歌唱，幼儿对《过新年》这首歌的旋律和情绪已经比较熟悉。在这个基础上，教师示范舞蹈——扭秧歌，激发幼儿学习秧歌舞蹈的兴趣。在教师的指导下，幼儿初步学会秧歌舞蹈的基本步法(十字步)，进而在音乐的伴奏下学习《过新年》的情景舞蹈表演，释放迎接新年的快乐情绪。

活动目标

1. 喜欢舞蹈活动，体验歌曲的快乐情绪。
2. 了解秧歌舞蹈的基本特征，学习秧歌舞蹈的基本步法。
3. 能用舞蹈动作表现过新年的欢乐情绪。

活动准备

1. 知识经验准备：

(1)教师会跳秧歌舞，了解幼儿基本步法的掌握情况。

(2)幼儿有基本舞蹈动作的学习经验。

2. 物质材料准备：

(1)小白兔、小公鸡头饰(每人幼儿各 1 个)。

(2)录音机 1 台；将歌曲《过新年》拷进 U 盘里。

(3)舞蹈练习“十字图”若干。

3. 环境准备：

将“十字图”粘贴在活动室的地上，供幼儿学习使用。

活动过程

1. 复习歌曲《过新年》。

教师带领幼儿齐唱《过新年》，提示幼儿准确地接好前奏和间奏，完整流畅地进行演唱，并用情感和声音表现歌曲热烈欢快的情绪。

2. 导入舞蹈活动。

(1)教师讲述："我们在唱《过新年》这首歌的时候，心里确实感到很快乐。但老师觉得光唱还不能尽兴，如果一边唱一边跳，那就更好了。不信你们看老师和着歌声跳一个，就会感到老师说的没错。"

教师腰间系上红绸带，在幼儿齐唱《过新年》的歌声中扭起秧歌，激发幼儿学习秧歌舞蹈的兴趣。

(2)教师与幼儿交谈："老师刚才跳的舞好看吗?"(好看。)"你们知道这是什么舞吗?"(幼儿答案不一。)"这是我们汉族的民间舞蹈叫做秧歌舞。秧歌舞最早起源于东北，东北地区的人们在喜庆的日子里，就会用扭秧歌的形式来庆祝。后来各地的人们都学会了秧歌舞，也不全是用红绸带跳舞了，有的手里拿着扇子跳，有的手里拿着绢花跳，花样不断翻新。就是一样没变，秧歌舞的基本步法没变。我们大家一起来学一学。"

3. 学习秧歌十字步。

(1)教师讲述："秧歌舞的基本步法有一个好听的名字，叫做'秧歌十字步'。根据这个名字我们就知道这个步法就是走十字。我们就画一个十字走一走。"

教师让幼儿排成几列横队，互相间隔一定的距离。教师在队列前面与幼儿同一个方向站立用粉笔在自己脚前面画一个"长十字"(一横画得短，一竖画得长)，然后请每个幼儿照样子都在自己脚前画一个"长十字"。

(2)教师讲述这个"长十字"的作用，并示范秧歌步法动作：

第一拍，左脚起步向前交叉方向走，踩到"长十字"右上部；第二拍，右脚向前交叉方向走，踩到"长十字"左上部；第三拍，左脚向后交叉方向走，踩到"长十字"左下部；第四拍，右脚向后交叉方向走，踩到"长十字"右下部。

(3)幼儿学着教师的样子学走秧歌十字步。教师观察，鼓励幼儿跟随音乐边唱边练习，老师适时辅导幼儿。

(4)幼儿手拿道具练习秧歌十字步。

4. 表演秧歌舞《过新年》。

(1)教师播放歌曲《过新年》，带领幼儿先放慢速度跳起来。待幼儿动作熟练以后，就渐渐加快速度，配上音乐再跳。

(2)请幼儿分别戴上小白兔、小公鸡的头饰，营造一种过年的情景气氛，一边听音乐，一边扭秧歌，表现出活泼欢快的情绪。

活动延伸

1. 在表演区投放与秧歌舞蹈相关的道具、服装，鼓励幼儿自行组合编排秧歌动作和队形进行表演。

2. 开展"我是小老师"的活动，请班级幼儿到其他班级找到一个小朋友，以小老师的身份教对方学习秧歌十字步。

活动评价建议

1. 观察幼儿在学习秧歌基本步法时，是否能大胆跟随音乐节奏做动作，感受秧歌热闹、喜悦的舞蹈特性。

2. 观察幼儿在活动中是否积极，舞蹈的表现如何，动作是否协调，是否符合音乐节拍。

二十二、再见吧，冬天

活动内容

冬天，北风呼叫，雪花飞舞，处处天寒地冻，给人们的工作和生活带来诸多不便。然而，在幼儿的感觉和体验来看，冬天给他们带来了美好、欢乐，给了他们意志品质的锻炼。他们喜欢冬天，留恋冬天。《再见吧，冬天》这首歌曲，表达了幼儿对冬天银装素裹的喜爱之情。在学唱这首歌曲的过程中，教师引导幼儿感受三拍子音乐节奏的特点，体会歌曲表达对冬天喜爱和不舍的情绪。

活动目标

1. 感受银装素裹的冬天场景和对冬天的喜爱之情。
2. 理解歌曲内容，尝试用歌声表达歌曲情绪。
3. 能唱准三拍子的音乐节奏。

活动准备

1. 知识经验准备：

(1) 教师对幼儿进行过对冬天美景的描绘。

(2) 幼儿对冬天有着切身的体验，怀有喜爱和留恋的感情。

2. 物质材料准备：

(1) 录音机 1 台；将歌曲《再见了，冬天》拷进 U 盘里。

(2) 收集幼儿过冬的各种照片。

3. 环境准备：

将幼儿过冬时的各种照片布置在活动室的主题墙上。

活动过程

1. 发声练习。

教师带领幼儿一起进行发声练习：

$\frac{3}{4}$

1 — 2 | 3 — — | 3 — 4 | 5 — — | 5 — 4 | 3 — 2 | 1 — — ‖

啊 啊 啊 啊 啊 啊 啊 啊 啊 啊 啊

啦 啦 啦 啦 啦 啦 啦 啦 啦 啦 啦

嘛 嘛 嘛 嘛 嘛 嘛 嘛 嘛 嘛 嘛 嘛

咪 咪 咪 咪 咪 咪 咪 咪 咪 咪 咪

2. 导入活动。

教师与幼儿交谈：“冬天快要过完了。冬天虽然很寒冷，但是它给我们带来了很多快乐。在冬天就要过去的时候，你想和冬天说些什么吗？”（幼儿自由表达。）

教师在幼儿自由表达的基础上，描绘冬天的美景，并讲述冬天在四季中的作用。

教师小结：“小朋友的想法很多，冬天毕竟是要过去的，它要在来年的这个时候，再次和我们相见。那么，我们还是对冬天说：‘再见吧，冬天！’”

3. 欣赏歌曲。

（1）教师播放歌曲《再见吧，冬天》的录音，请幼儿欣赏，感受歌曲的旋律，了解歌曲的内容。

教师提问：“小朋友，歌曲里唱了些什么？”（和冬天再见，希望冬天明年再来。）“歌曲表达了什么样的感情？”（喜欢冬天，留恋冬天。）

（2）教师以清唱的形式范唱歌曲，请幼儿欣赏，进一步熟悉歌曲的旋律和内容。在教师唱歌的同时，请幼儿一边听，一边用手指跟着节奏点手心，用心感受歌曲$\frac{3}{4}$节拍的特点。

4. 教唱歌曲。

（1）教师运用跟唱教学法教唱歌曲。教师一边弹奏钢琴，一边让幼儿跟着教师的琴声和歌声跟唱2~3遍。在幼儿跟唱的过程中，如果发现有的幼儿节奏和音准把握不好，教师重点请幼儿注意，反复练习。例如歌曲中的三个“冬天”的音不容易唱准，教师可以交替使用范唱和带唱的方式，引导幼儿唱准音。

（2）教师带领幼儿连贯地完整跟唱歌曲。

（3）鼓励幼儿带着情绪，自由表演歌唱。

活动延伸

1. 鼓励幼儿回家用表情带动作的方式演唱这首歌曲，表演给家长看。
2. 表演区投放打击乐器，幼儿尝试为歌曲配上节奏。

3. 绘画活动——“美丽的冬天”。幼儿根据自己的体验自由创作冬天的景象。

活动评价建议

1. 关注幼儿对冬天是否怀有美好的感情，是否以积极的态度对待生活。
2. 观察幼儿是否感受到三拍子乐曲的旋律，能否用歌声表达歌曲的情绪。

大班(下)

一、喜洋洋

活动内容

音乐《喜洋洋》是在我国流传较为广泛的一首民族管弦乐曲。幼儿通过欣赏音乐《喜洋洋》，感知曲式结构为 A—B—A′三段式音乐的基本特点，体验乐曲欢快活泼、热情洋溢的喜庆情绪，进一步提高音乐欣赏水平和想象力。

活动目标

1. 乐于参与欣赏活动，感受乐曲欢快活泼、热情洋溢的情绪。
2. 了解音乐 A—B—A′的曲式结构及其特点。
3. 能够用歌唱、动作等方式表达对乐曲的理解。

活动准备

1. 知识经验准备：

(1)教师了解幼儿对音乐的感受经验和欣赏水平。

(2)幼儿可以感知音乐的基本情绪。

2. 物质材料准备：

(1)音频、视频播放设备 1 套；U 盘 1 个。

(2)制作关于喜气洋洋的画面，并制作成 PPT。

3. 环境准备：

将活动室布置为春节的喜庆环境，烘托活动的气氛。

活动过程

1. 活动导入。

(1)教师请幼儿欣赏具有节日氛围的教室环境布置，引发幼儿的兴趣。

(2)师幼交谈："小朋友，在过春节的时候，你们开不开心呢？"(开心。)"谁能说一说当时有哪些令人高兴的事情？"(幼儿自由表述。)

（3）教师导语："小朋友通过语言讲述令人高兴的人和事，表达出高兴的心情。现在我请小朋友们听一首乐曲，听一听音乐是怎样表达高兴的情绪的。"

2. 欣赏乐曲。

（1）初步感知乐曲。

①教师播放乐曲《喜洋洋》，请幼儿欣赏、体验乐曲表达的情绪。

②教师提问："小朋友，你听了这首乐曲以后，你的心情怎样？"（幼儿根据自己的感觉表述。）

教师小结："我们听了这首乐曲，可以感受到乐曲的欢快活泼、热情洋溢。"

③教师请幼儿根据自己对乐曲的感受和想象，给乐曲起一个好听的名字。（幼儿自由说出乐曲的名字。）

④教师讲述："作者给音乐起的名字叫《喜洋洋》。"

（2）重点理解乐曲。

教师第二次播放乐曲，引导幼儿重点从乐曲的速度、旋律、力度等方面理解乐曲表达的欢快、活泼、激动的情绪。教师提出问题与幼儿交流：

①"乐曲的行进是一种什么样的速度？你们听了想到了什么？"（幼儿根据听辨想象表述。）

教师小结："乐曲的速度很快，就像我们得到特大喜讯，在亲朋好友之间奔跑着互相转告。"

②乐曲的旋律是缓慢还是欢快？你听了想到了什么？（幼儿根据听辨想象表述。）

教师小结："乐曲的旋律非常欢快，似乎在旋转、跳跃，就像我们高兴得不断地蹦蹦跳跳，不断地转圈舞蹈。"

③"乐曲的力度有什么变化？你听了想到了什么？"（幼儿根据听辨想象表述。）

教师小结："乐曲在紧凑的旋律中，每个小节的强音都力度饱满，就像我们澎湃的心潮，一浪高过一浪。"

（3）听辨乐曲结构。

①教师第三次播放乐曲，引导幼儿听辨乐曲 A—B—A′的曲式结构。

②教师请幼儿观察乐曲的曲谱，提问："这首乐曲有两段旋律非常相似，谁能指出来？"（幼儿根据听辨讲述。）

教师小结："这首乐曲第一段和第三段的旋律非常相似，第三段在乐曲结尾的部分稍有变化。我们称这样的结构为 A—B—A′的曲式结构。"

（4）表现乐曲情绪。

①教师讲述："这首乐曲感染力非常强。我们在欣赏这首乐曲的时候，往往按捺不住内心的激动，禁不住要眉开眼笑，手舞足蹈。我们再听一遍这首乐曲，请小朋友在听的时候，不要拘束，尽情地用自己的表情和动作把内心的高兴表达出来。"

②教师第四次播放乐曲，鼓励幼儿小声跟着音乐哼唱，同时自由用身体动作（摇头、扭腰、拍掌、舞手、跳脚等）表达欢快、活泼、激动的情绪。

活动延伸

1. 表演区：带领幼儿在《喜洋洋》乐曲的伴奏下，通过一起扭秧歌的方式，进一步表达欢快、活泼、激动的情绪。

2. 亲子活动：与家长倾听音乐并尝试打击乐演奏。

3. 语言活动：请幼儿在一起交流生活中和节日里的开心的事。

活动评价建议

1. 关注幼儿能否较为准确地感知、理解乐曲表达的欢快活泼、热情洋溢的情绪。

2. 关注幼儿能否较为准确地听辨乐曲 A—B—A′的曲式结构。

二、狮王进行曲

活动内容

《狮王进行曲》是法国作曲家圣·桑(1835—1921)创作的乐曲《动物狂欢节》中一个片段。《动物狂欢节》是一部为两架钢琴与管弦乐队而写的作品，由14段音乐组成，《引子与狮王进行曲》是音乐的第一部分。在欣赏活动中，幼儿将感受到与摇篮曲音乐风格迥然不同的进行曲音乐风格，丰富幼儿情感体验，提高音乐欣赏水平，增强音乐想象能力。

活动目标

1. 乐于参与音乐欣赏活动，感知歌曲表现的以狮王为主体的音乐形象。
2. 了解乐曲的曲式结构和进行曲风格。
3. 能够用动作和声音模仿乐曲表现的音乐形象，表达对音乐的理解。

活动准备

1. 知识经验准备：

(1)教师了解不同乐器的不同音色和多种乐曲的音乐特点。

(2)幼儿能够感知和表达音乐的基本情绪。

2. 物质材料准备：

(1)音频视频播放设备1套；将《狮王进行曲》、《摇篮曲》乐曲和视频存储在U盘里。

(2)公狮子、母狮子的图片各若干张，并制作成PPT。

3. 环境准备：

在活动室张贴狮子各种形态的图片。

活动过程

1. 观看图片。

(1)教师提问：“小朋友，森林里都有哪些动物?”(幼儿自由讲述。)“这些动物中最凶猛、最威风的动物是谁?”(狮子。)“谁能说一说它是什么样子?”(幼儿依次表述。)

(2)教师出示公狮子和母狮子的图片各一张，给幼儿介绍：“你们看，公狮子颈上有长长的鬃毛，强壮威武；母狮子颈上没有鬃毛，体形较小。不论是公狮子还是母狮子，都非常凶狠威猛，人们称狮子是“森林之王”。我们通过图片可以看出狮子威风凛凛的样子，老师请你们欣赏一首乐曲，同样可以感受到狮子不可一世的威风。”

2. 欣赏乐曲。

(1)教师引导幼儿整体感知音乐的形象和内容。

①教师第一遍完整播放乐曲《狮王进行曲》，请幼儿欣赏。

教师与幼儿交谈：“这首乐曲描写了哪些动物?”(幼儿根据听辨音乐想象讲述。)“给你印象最深的是什么动物?”(狮子。)“你们听到什么声音?”(狮王的脚步声、吼叫声、号角声。)“它们之间发生了什么故事?”(幼儿根据听辨音乐想象讲述。)

②教师第二遍完整播放乐曲，通过对乐曲曲式的讲解，引导幼儿了解乐曲的曲式结构：带引子的单三部曲式。

③教师第三遍完整播放乐曲，伴随音乐讲述狮王的故事，帮助幼儿进一步理解音乐的形象和内容：森林静悄悄的，只听见风在不停地刮、树在不停地摇。狮王渐渐地睡醒了，慢慢地睁开了眼睛，扫视着眼前这片属于自己的土地。

它先懒洋洋地支起前腿，又懒洋洋地支起后腿，接着又懒懒地伸了伸懒腰，然后踏着沉重的步子向前走着。嗵！嗵！嗵！嗵！那些飞鸟和走兽远远听见狮王的脚步声，早就吓得四下逃散了。猴子听见狮王的脚步声，连忙从树上滑下，大声喊道：“狮王驾到!”这时，那些飞鸟和走兽只好慢慢地回来，恭顺地聚集在狮王的周围。鸟儿飞回来了，猴子来了，狗熊来了，野兔来了，羚羊来了，长颈鹿来了，就连狐狸也赶来了。狮王大摇大摆地踱着方步，检阅它的队伍，乐队用号角声为它伴奏，更显得它威风十足。狮王想到刚才一个动物都没看见，心里很生气：“啊呜——”一连发出四声震天般的咆哮声。并且一声比一声大。为了讨好狮王，狐狸带领小动物们为狮王跳舞，狮王高兴地大声吼叫，和小动物们做起了游戏。森林一下变得热闹起来。后来狮王肚子饿了，它张开大嘴把狡猾的狐狸一口吃掉了。

(2)幼儿在教师的引导下，根据音乐分乐段欣赏乐曲，培养幼儿音乐想象能力。

①教师播放乐曲的引子部分，请幼儿一边看图，一边赏析、想象和表演。

教师提问：“听，狮王醒来了，它踏着什么声音向前走着?”(狮王沉重的脚步声。)“听到这声音，我们好像看到了什么?”(狮王威风凛凛走路的样子。)“请大家学一学狮王是怎么走路的。”(幼儿根据想象模仿狮王走路的样子。)

②教师播放乐曲的第一段，请幼儿一边看图，一边赏析、想象和表演。

教师提问：“四下逃散的动物们又回来了，乐曲中反复的旋律表现了什么?”(狮王得意洋洋地走起了四方步，检阅自己的臣民。)“请大家学一学狮王一边来回走动，一边傲视动物们的神情。”(幼儿根据想象模仿狮王傲慢的样子。)

③教师播放乐曲的第二段，请幼儿一边看图，一边赏析、想象和表演。

教师提问:“狮王想到刚才一个动物都没看见,内心是什么感觉?”(很生气。)“那四个一连串急速的混响声音表现了什么?”(狮王大声吼叫。)“动物们有什么反应?”(害怕地应诺着。)“请大家学一学狮王发怒是怎么吼叫的。”(幼儿根据想象模仿狮王大声咆哮的声音。)

④教师播放乐曲的第三段,请幼儿一边看图,一边赏析、想象和表演。

教师提问:“这段乐曲开始有三个乐句与第一段相似,这表现了什么?”(狮王走路。)“对,狮王登上了‘宝座’。接着一段欢快的旋律表现了什么?”(狐狸带领动物们跳舞、做游戏。)“乐曲最后的高音又表现了什么?”(狮王一口吃掉了狐狸。)“请大家学一学狮王是怎么吃掉狐狸的?”(幼儿根据想象模仿狮王一口吃掉狐狸的样子。)

3. 赏析音乐风格不同的乐曲。

(1)教师请幼儿欣赏歌曲《摇篮曲》,并说一说摇篮曲的音乐风格(幼儿根据赏析和已有的经验表述)。

教师归纳:“摇篮曲抒情、优美、静谧,如同母亲的爱抚,富有亲切感。”

(2)教师请幼儿再欣赏乐曲《狮王进行曲》,并说一说进行曲的音乐风格(幼儿根据听辨和自己的感觉表述)。

教师归纳:“进行曲雄健、刚进、有力,如同行进一般,富有步伐感。”

活动延伸

1. 表演区:引导幼儿用打击乐器来表现乐曲中的狮王和其他动物的音乐形象。
2. 美工区:鼓励幼儿尝试画狮子或画自己喜欢的动物。
3. 益智游戏——“狮子点名”。

活动评价建议

1. 关注幼儿能否理解乐曲表现的音乐形象和内容。
2. 观察幼儿能否用动作和声音模仿狮王的音乐形象。
3. 关注幼儿能否比较听辨摇篮曲和进行曲不同的音乐风格。

三、小白船

活动内容

朝鲜族童谣《小白船》音乐曲调优美，节奏舒缓、规整，由四个乐句组成，每个乐句包含 8 个小节，整齐的音乐结构非常适合为幼儿们开展打击乐活动。歌曲通过蓝天、银河、小船、桂花树、小白兔、船桨、船帆等形象的词语，把幼儿们带到一种梦幻、优美的意境之中，能够准确地培养幼儿的音乐想象力。在打击乐的活动中，幼儿通过乐器演奏，进一步增强对打击乐器的认知，培养表现音乐的能力，提高运用打击乐器演奏的水平。

活动目标

1. 乐于参与打击乐活动，体验乐器演奏的乐趣。
2. 了解三拍子的音乐节拍规律，巩固对三拍子节拍的认知。
3. 能根据图谱选择乐器为乐曲伴奏。

活动准备

1. 知识经验准备：

(1)教师了解幼儿熟悉三拍子音乐节奏的基本特点，能熟练弹奏歌曲。

(2)幼儿已经掌握三拍子音乐节奏的基本特征和打击乐器的知识。

2. 物质材料准备：

(1)音频播放设备 1 台；将歌曲《小白船》的音频拷在 U 盘中。

(2)小鼓、铃鼓、沙锤、三角铁等打击乐器若干(幼儿各 1 件)。

(3)三拍子音乐强弱规律的图片。

3. 环境准备：

幼儿按演奏要求分组坐。

活动过程

1. 游戏导入。

(1)幼儿随歌曲《小白船》的音乐，做柔美的划船动作进入活动室。

(2)教师和幼儿一起进行节奏游戏：传铃鼓。

①教师用铃鼓击打出一个节奏型，如× × × | × — — |。

②第一名幼儿用教师给出的节奏拍铃鼓，并传递给第二名幼儿。

③以此类推，直至幼儿全部演奏完毕，铃鼓又回到教师手中。

④教师重新用铃鼓击打出另一个节奏型，如× — × | × — × |。

⑤幼儿依据前面的方法进行游戏。

⑥游戏在拍和传递的过程中，不能停止而且节奏不能出错，依次进行。其他幼儿可以跟着教师的节奏拍手。

注意：教师给出的节奏必须是全班幼儿都能掌握的，而且节奏不能变化太多。此游戏也可以经常在班级中玩，可以练习幼儿的节奏感，培养幼儿的合作能力。

2. 欣赏、表现。

(1)欣赏歌曲，感知歌曲的内容和旋律。

①教师第一次播放歌曲《小白船》，请幼儿认真欣赏。

教师结合歌曲提问："这个歌曲唱的是什么内容？歌曲中的小白船指的是什么？我们应该给这首歌曲起个什么名字？"

在幼儿表述的基础上，教师归纳："这首歌曲中最关键的词语是'小白船'，它不是河流、湖泊里的'小白船'，而是天上银河里的'小白船'。这个'小白船'指的就是弯弯的月亮，因此歌曲里也唱了月亮上的'桂花树'和'小白兔'。那么，我们给这首歌起名为《小白船》、《小月牙》或者《月牙儿》都行。"

②教师第二次播放歌曲《小白船》，请幼儿认真欣赏。教师结合歌曲提问："这个歌曲是几拍子？它的强弱规律有什么特点？"

幼儿根据自己的理解自由表述，教师及时给予肯定与鼓励。

在幼儿表述的基础上，教师出示三拍子音乐节奏的强弱规律图片，并归纳："这是一首三拍子的歌曲，音乐每小节第一拍是强拍，后两拍是弱拍。"

(2)启发幼儿用声势节奏表现三拍子的音乐特点。

①教师引导幼儿回忆声势节奏的动作有哪些。举例：拍手、拍腿、跺脚、捻指等。

②教师引导幼儿怎样组合声势节奏的动作，才能准确表现三拍子音乐的强弱规律。

③幼儿自由发挥，进行声势节奏动作组合。

④教师请幼儿单独或分组进行展示。

(3)学习用打击乐器为歌曲《小白船》伴奏。

教师讲述："小朋友们刚才用声势节奏表现出了三拍子的强弱规律，简直是太精彩了。现在，小朋友们能不能根据乐器节奏图谱，打击乐器，完成表演呢？"

①教师请幼儿观察《小白船》的打击乐器伴奏图谱，说一说图谱表示的意思。

②教师将打击乐器(小鼓、铃鼓、沙槌、三角铁)发给幼儿，并指导幼儿正确地练习打击乐器。

③教师将幼儿按照同一乐器进行分组演奏。

④教师将幼儿按照乐器组合进行分组演奏。

⑤教师指导幼儿随着音乐的伴奏，进行乐器合奏，体验参与打击乐活动的乐趣。

⑥教师用钢琴伴奏，幼儿独立完成乐器合奏。

3. 结束活动。

①幼儿自由组合，尝试用打击乐器演奏其他三拍子的歌曲。

②幼儿将乐器分类归还到教师指定的乐器存放地。

活动延伸

1. 亲子活动：请幼儿和家长一起查阅朝鲜族的相关资料，进一步了解朝鲜族的相关知识。

2. 表演区：幼儿自由合作演奏《小白船》。

活动评价建议

1. 关注幼儿在活动中是否感受到三拍子音乐节奏的特点，并体验到参与活动的乐趣。

2. 观察幼儿的协调配合能力是否得到提高。

附：

打击乐器伴奏图谱

每小节乐器的演奏方式相同：

× × × |

小　鼓：× 0 0 |

铃　鼓：× 0 0 |

三角铁：× × × |

沙　锤：0 × × |

四、让座

活动内容

歌曲《让座》为二段曲式，音乐风格活泼可爱，歌曲以幼儿的口吻讲述了让座的故事。教师通过引导幼儿进行表演《让座》的音乐活动，在学会正确歌唱歌曲的基础上，引导幼儿在日常生活中，对长辈要尊敬、对同伴要友爱，并从中体验关爱他人的快乐与幸福。

活动目标

1. 尊敬长辈，关爱幼小，体验帮助他人的快乐。
2. 理解歌曲内容，知道乐曲中前奏、间奏的音乐特点。
3. 发挥想象力，根据歌词创编动作，与同伴合作进行歌曲表演。

活动准备

1. 知识经验准备：

(1)教师了解幼儿基本掌握律动特点和动作创编能力。

(2)幼儿对雷锋已有所了解，知道什么是前奏、间奏。

2. 物质材料准备：

(1)多媒体设备 1 套。

(2)根据歌词内容制作成的 flash 动画片 1 部；歌曲《让座》的音频 1 份。

(3)小板凳若干。

3. 环境准备：

在教室里贴上雷锋同志的印刷品、让座的图画。

活动过程

1. 准备活动。

(1)教师播放歌曲《让座》，幼儿在歌声中走进教室。

(2)教师组织幼儿讨论歌曲内容，并讲述自己做好事的见闻(幼儿自由交流表述)。

2. 欣赏活动。

(1)教师第一次播放歌曲，请幼儿注意听清歌词。

教师请幼儿讲述歌曲的内容，然后带领幼儿有感情地朗诵歌词。

(2)教师第二次播放歌曲，请幼儿注意熟悉旋律。

教师请幼儿辨别这是一首儿拍子的歌曲，说出音乐的强弱规律。

3. 学唱活动。

(1)教师同时播放动画片和歌曲，请幼儿一边看动画片，一边跟唱歌曲。

(2)教师请幼儿分析歌谱，提问："歌谱中带括弧的部分表示什么意思?"(前奏和间奏。)"在奏响这两个部分音乐的时候，我们应该怎么处理?"(幼儿根据已有的经验表述。)

在幼儿表述的基础上，教师归纳："在奏响前奏的时候，我们要听准音调，酝酿唱歌的情绪，一旦前奏完毕，我们就按歌曲的旋律和节奏开口唱歌；在奏响间奏的时候，我们必须暂时停止歌唱，同时调整情绪，为下部分的歌唱做好准备，一旦间奏完毕，我们就准确接唱。"

(3)教师带领幼儿反复练唱，帮助幼儿基本唱会歌曲。

4. 表演活动。

(1)教师提问："如果我们来进行表演时，应该做好哪些准备?"(场景、道具、角色、表演的动作。)"歌曲表演需要什么场景和道具?"(幼儿各自发表见解。)

教师参与幼儿讨论，引导幼儿把小板凳摆成公共汽车上的座位，形成表演的场景。

(2)教师提问："歌曲表演中有哪些角色?"(司机、乘客、小朋友、老奶奶。)

(3)教师提问："我们用什么动作表现歌曲的内容?"(幼儿自由讨论交流。)

①教师用一问一答的方式，引导幼儿探索并创编表演的动作。例如，"听了前奏，你认为应该做什么动作?""你平时乘坐公交车时，一般在车上干什么?""唱'大汽车呀刚停下'时，我们可以做什么动作表示大汽车刚停下?""唱'上来一位'时又可以用什么动作表示呢?"

幼儿根据教师提出的问题，不断尝试创编的动作，教师做好记录。

②教师归纳、组合幼儿创编的动作，并示范表演，请幼儿进一步提出修改意见。

③教师根据幼儿的意见完善创编动作，并带领幼儿进行动作练习。

(4)教师播放歌曲，鼓励幼儿尝试跟随乐曲，一边演唱，一边表演。

(5)教师引导幼儿分角色表演歌曲。

①教师组织幼儿分组活动，鼓励幼儿自告奋勇地参与歌曲表演。

②教师给各组小演员进行装扮，进行分组排练。

③各组轮流在全班进行交流表演。

④教师引导幼儿评选不同角色的最佳表演者。

⑤教师将不同角色最佳表演者组合成最佳表演阵容，再一次为全班幼儿进行表演。

活动延伸

1. 语言活动区：投放有关雷锋故事的图书和磁带，帮助幼儿进一步了解雷锋及其助人为乐的事迹。

2. 社会活动：开展"我是小小宣传员"的活动，把本班幼儿分成几组，分别到其他班级进行尊老爱幼、关心他人的宣传活动。

活动评价建议

1. 关注幼儿能否有感情地、准确地歌唱歌曲。
2. 观察幼儿在活动中是否积极参与讨论交流，并大胆发表自己的意见。
3. 观察幼儿是否积极参与创编表演动作和歌曲表演。
4. 观察幼儿是否乐意与同伴合作表演，动作是否协调。

附：

表演动作说明

[1]~[6]小节(前奏)：两手交叉搭臂，身体稍向右倾，脸向右前方，做向窗张望状，到最后两小节时，脸向前，坐正。

[7]~[10]小节：眼看左前方，点头四次(两拍一次)。

[11]~[12]小节：伸出右手的食指，自左向右画弧。

[13]~[14]小节：两手向右侧摊开，眼看手。

[15]~[16]小节：右手食指放在太阳穴做思考状，左臂自然下垂。

[17]~[18]小节：右手搭在左胸口。

[19]~[22]小节：两手交叉搭在胸口，同时起立站在小板凳的左侧，两手向右侧摊掌。

[23]~[26](间奏)：欢快地拍手，向左转，跑到自己的小板凳后面，说："老妈妈，您请坐"。

[27]~[28]小节：向右前方点头一次。

[29]~[30]小节：两臂屈在胸前，手心向上。

[31]~[32]小节：立正摇头，同时摇右手。

[33]~[34]小节：向前微点头，表示说话。

[35]~[37]小节：右臂斜上举(手心向左)。

[38]~[39]小节：两手在右肩前摇动，脸向左下方。

[40]~[42]小节：右脚向前跨一步，重心在右脚上。左脚尖虚点地，两臂向右上方举起(手心向里)。

[43]~[44]小节：两手托脸颊，头转向左侧表示不好意思。

五、你来做，我来学

活动内容

游戏“你来做，我来学”是一个训练幼儿听辨、模仿和创编节奏的音乐活动。幼儿在游戏活动中，充分发挥学习自主性，利用拍掌或打击乐器演示节奏，达到复习所掌握的节奏型的教学目的，并在节奏接龙的配合中，培养幼儿良好的配合意识。

活动目标

1. 乐于与同伴合作，体会合作游戏的快乐。
2. 了解游戏规则，理解不同节奏型的演奏方法。
3. 能够用击掌、乐器演示节奏和自主创编节奏。

活动准备

1. 知识经验准备：

(1)教师了解幼儿掌握打击乐器的基本情况。

(2)幼儿已掌握相关节奏型的演奏。

2. 物质材料准备：

(1)相应的节奏图谱。

(2)打击乐器：铃鼓、大鼓、小鼓、三角铁、响板、沙锤、木琴、钢片琴等。

3. 环境准备：

在活动室里将幼儿的小椅子摆放成一个半圆形。

活动过程

1. 导入活动。

(1)教师通过讲述和做动作，激发幼儿参与活动的兴趣。教师讲述：“小朋友们，今天我们做一个游戏，游戏的名字叫‘你来做，我来学’。现在，老师来做，你们来学。”

(2)教师随意做简单的肢体动作，幼儿模仿教师做动作。游戏规则：教师做一个动作后停下来，幼儿模仿一个动作。教师随后再做一个动作，幼儿继续模仿。

(3)在幼儿基本了解游戏规则后，教师请几个幼儿表演游戏“你来做，我来学”。

2. 配合节奏游戏。

(1)教师讲述：“刚才的游戏是模仿动作，现在我们用这种游戏形式来模仿音乐节奏。”

(2)教师带领幼儿复习学过的节奏型，幼儿掌握不太准确的节奏型，可以反复练习。

①教师示范$\frac{2}{4}$节拍的音乐节奏，幼儿模仿：

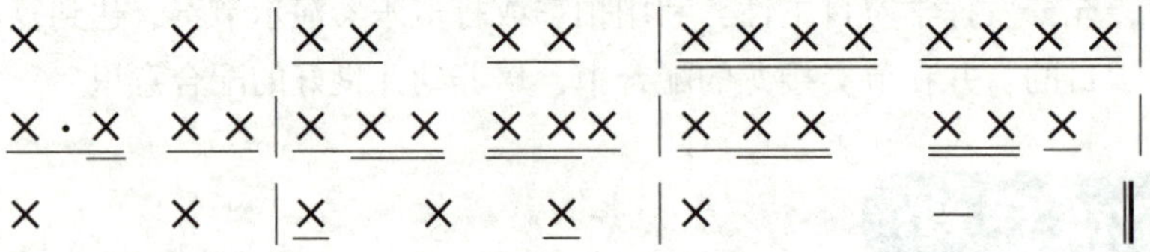

②教师示范$\frac{4}{4}$节拍的音乐节奏，幼儿模仿：

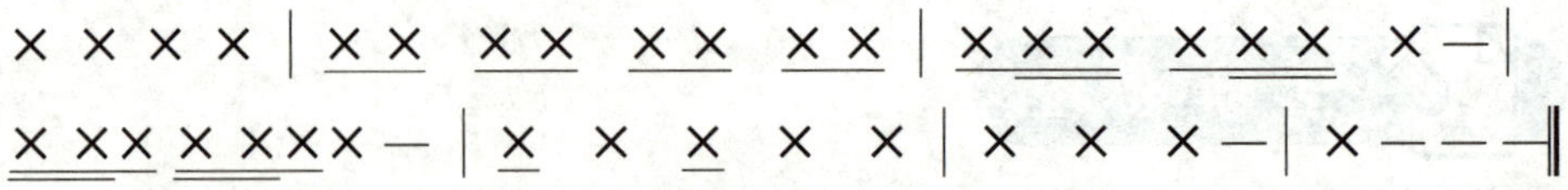

③教师示范$\frac{3}{4}$节拍的音乐节奏，幼儿模仿：

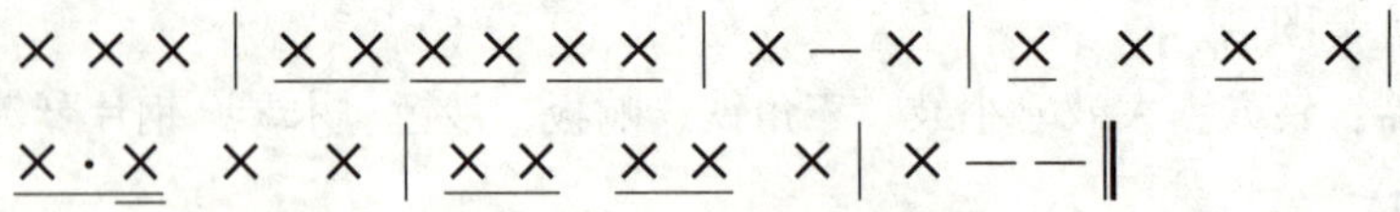

(3)教师引导幼儿进行二拍子音乐节奏的接龙游戏。

①两个教师进行示范。游戏规则：“教师甲拍一个两小节的节奏型，教师乙模仿教师甲的节奏，然后再自编两小节的节奏。教师甲接着模仿教师乙击打节奏的后两个小节(教师乙创编的节奏)，再创编另外两小节节奏。依此类推。”

②教师讲解游戏的规则：“第一个幼儿拍一个两小节的节奏，第二个幼儿模仿第一个幼儿的节奏，再自编两小节节奏；第三个幼儿模仿第二个幼儿节奏的后两个小节，再自编两小节的节奏。以后每个幼儿依此类推，都先模仿前一个幼儿的后两个小节，再自

编两小节。”

③教师和几名幼儿按照游戏规则，进行示范游戏。

④幼儿分组活动，按照游戏规则进行游戏。教师巡回观察，适时给予幼儿必要的指导。

(4)教师引导幼儿利用乐器进行二拍子音乐节奏的接龙游戏。

①教师将准备好的乐器分发给每一个幼儿。

②两个教师按照前面的游戏规则，利用乐器进行示范。

③教师和几名幼儿按照前面的游戏规则，利用乐器进行示范游戏。

④幼儿分组活动，按照游戏规则利用乐器进行游戏。教师巡回观察，适时给予幼儿必要的指导。

活动延伸

1. 音乐角：引导幼儿进行四拍子和三拍子音乐节奏的接龙游戏，进一步发展节奏分辨、模仿和创编能力。

2. 亲子活动：鼓励幼儿与家长一起玩节奏游戏。

活动评价建议

1. 观察幼儿在复习训练节奏时，能否较好地掌握各拍子音乐节奏的特点。

2. 观察幼儿在“节奏接龙”的游戏中，能否表现出基本的节奏分辨、模仿和创编能力。

3. 观察幼儿是否了解、掌握游戏的规则。

六、我的小花园

活动内容

《我的小花园》是印度尼西亚儿童歌曲。歌曲情绪欢快活泼、情景生动有趣，在我国流传广泛。在幼儿学唱这首歌曲的过程中，教师注意引导幼儿初步掌握弱起节奏的音乐特点和歌唱方法，体验音乐美妙的情绪，萌生爱惜花草树木、保护环境的意识。

活动目标

1. 乐意参加歌唱活动，体验爱护花草树木、热爱生活的美好情感。
2. 掌握弱起节奏的音乐特点和歌唱方法。
3. 能用自然优美的声音表现歌曲欢快活泼的音乐情绪。

活动准备

1. 知识经验准备：

(1) 教师能熟练弹奏歌曲，了解弱起节奏的音乐知识。

(2) 幼儿掌握正确的歌唱方法，熟悉弱起节奏。

2. 物质材料准备：

(1) 录音机 1 台；歌曲《我的小花园》的磁带 1 盘。

(2) 钢琴 1 台。

(3) 多种花朵的图片。

3. 环境准备：

在活动室摆放多种花朵实物或张贴花朵图片。

活动过程

1. 发声练习。

教师带领幼儿用《音阶练声曲》进行练声，要求幼儿身体要坐直，声音要优美，音量不能大，情绪要欢快。

音阶练声曲

1＝C—D $\frac{2}{4}$　　　　　　　　　　　　佚　名　词曲

1 2　3 4 | 5　6 7 | 1̇　— | 1̇　7 6 | 5 4　3 2 | 1　— ‖

我们　一起　来　唱　歌，　啦　啦啦　啦啦　啦啦　啦。

我们　一起　来　唱　歌，　嘛　嘛嘛　嘛嘛　嘛嘛　嘛。

我们　一起　来　唱　歌，　咪　咪咪　咪咪　咪咪　咪。

2. 导入活动。

教师讲述："小朋友们，寒冷的冬天过去了，美丽的春天又来了。春风轻轻吹拂大地，百花盛开。你们能不能讲一讲花园里都有些什么花？有哪些颜色的花？"（幼儿发挥想象讲述。）

教师继续说："我们今天就来学唱《我的小花园》这首歌。听一听，这个美丽的花园里都有哪些美丽的花。"

3. 熟悉歌曲。

（1）了解歌曲的内容。

①教师播放歌曲，请幼儿一边观看周边的花朵或图片，一边注意倾听歌词的内容。

②教师提问："歌里唱的小花园里都有些什么花？分别是什么颜色的？我们每天应该怎样做，才能使花开得更美丽？"（幼儿根据歌词内容回答问题。）

③教师带领幼儿按歌曲的节奏有表情地朗诵歌词。

（2）感知歌曲的旋律。

①教师再次播放歌曲，请幼儿注意倾听歌曲的旋律，并按照节奏做拍手打节奏练习。

②教师轻声范唱歌曲，请幼儿再次跟着拍手打节奏。

③教师与幼儿交谈："以前我们唱歌在拍手的同时就开口唱歌，这次有什么不同？"（幼儿根据自己的感觉回答问题。）"这次是小朋友的巴掌拍响了以后才开口唱歌，这就是弱起节奏，是在节拍的后半拍开始唱。"

④教师讲解弱起节奏的吸气方法：在休止符的地方，轻轻吸一口气。

⑤教师用弹钢琴的方法给出节奏。方法：在节奏的强位，钢琴要稍微弹得强而短促。

4. 学唱歌曲。

①教师用钢琴伴奏，并范唱歌曲，幼儿一边打节奏，一边欣赏。

②教师播放歌曲，幼儿一边打节奏，一边跟唱。教师在旁边提示幼儿掌握后半拍起唱的节奏。此环节可多练习几次，直至大多数幼儿能够掌握弱起节奏的歌唱方法。

③教师继续播放歌曲，教师和幼儿一起打节奏并轻声歌唱。

④教师用钢琴伴奏，幼儿跟着音乐有表情地齐唱歌曲。

活动延伸

1. 科学活动：请幼儿观察住所附近的花园里还有一些什么样的花，观察花的颜色和花的特点。

2. 美工区：组织幼儿画一幅“美丽的花”。

活动评价建议

1. 观察幼儿是否掌握歌曲弱起节奏的歌唱方法，能否正确完整地演唱歌曲。

2. 关注幼儿是否感受到歌曲所表达的对美丽花朵喜爱的情绪。

七、赛马

活动内容

二胡独奏曲《赛马》是一首我国著名的民族音乐乐曲，乐曲旋律欢快流畅，情绪热烈奔放，结构对仗工整，一气呵成。乐曲的第一部分传神地表现了骏马在草原上奔腾激越、纵横驰骋的场面，刻画出蒙古族人民在节日中进行赛马比赛的热烈场景。乐曲的第二乐段是乐曲的华彩乐段，该乐段是模仿马头琴演奏手法的一段"独白"式的音乐。乐曲的最后，以第一乐段旋律的变化再现结束全曲。幼儿通过欣赏二胡独奏曲《赛马》活动，训练想象力和感受能力，萌发热爱少数民族和喜爱民族音乐的情感。

活动目标

1. 欣赏乐曲，体验乐曲欢快、热烈的音乐情绪。
2. 认识民族乐器二胡，理解二胡独奏曲《赛马》。
3. 能够分辨乐曲三段不同的情绪。

活动准备

1. 知识经验准备：

(1)教师熟悉乐器二胡和乐曲的相关知识，了解幼儿的音乐欣赏能力。

(2)幼儿有过欣赏三段曲式乐曲的相关经验。

2. 物质材料准备：

(1)民族乐器二胡实物1把(或图片1张)。

(2)录音机1台；二胡独奏曲《赛马》的磁带1盘。

(3)蒙古族民族节日上，赛马的视频或图片。

3. 环境准备：

清理活动场地，便于幼儿开展活动。

活动过程

1. 活动导入。

(1)了解内蒙古少数民族的风土人情。

①教师请幼儿观看视频、观察蒙古族画页，提问："画面表现的是什么内容?"(幼儿根据画面自由讲述。)

②在幼儿讲述的基础上，教师补充讲解："这个画面表现的是蒙古族人民在一年一度的那达慕盛会上举行的赛马活动。"

(2)了解二胡独奏曲《赛马》。

教师讲述：蒙古族的赛马是最具民族特色的体育竞技活动，历年来好多艺术家纷纷用摄影、绘画、诗歌、音乐来表现赛马的热烈场面。有一首名为《赛马》二胡独奏曲非常生动形象地展示了赛马时骏马奔腾的景象。

(3)认识民族乐器二胡。

①教师出示乐器的实物(或图片)讲述："《赛马》就是用这种乐器演奏的，这种乐器叫做二胡。"

②教师播放乐曲《赛马》，让幼儿对二胡有一个初步的了解。

教师讲解："二胡的音色具有柔美抒情之特点，发出的声音极富歌唱性，宛如人的歌声，因此极富表现力。"

2. 欣赏乐曲。

(1)教师第一遍播放乐曲，幼儿完整地欣赏乐曲。

教师提问："这首乐曲表现了怎样的场面?"(幼儿根据自己的感受自由讲述。)

在幼儿讲述的基础上，教师归纳："这首乐曲将蒙古风格的音阶、节奏和常用的装饰音巧妙地结合使用，使乐曲既有欢快奔腾的场景，又有抒情般的歌唱景象。"

教师通过讲述，引导幼儿发挥想象力，想象音乐描写了怎样的场景和画面。

(2)教师第二遍播放乐曲，进一步感受音乐风格。

教师讲述并提问："在音乐第二乐段中，演奏者运用拨弦的技法模仿马儿奔跑时，马蹄发出的'嘚嘚'声。这种拨弦的声音表现了怎样的情景?"(幼儿根据自己的感受自由表述。)

在幼儿表述的基础上，教师讲述："拨弦技巧的运用，形象地表现了草原上奔腾的马蹄声，使乐曲显得更加生动活泼。"

(3)教师引导幼儿进一步分析音乐，提高幼儿欣赏能力。

①"乐曲三个乐段的速度分别是怎样的?"(快速—中速—快速。)

②"乐曲三个乐段的情绪分别是怎样的?"(热烈—舒缓—热烈。)

③"乐曲开始部分让我们感受到了什么？人们参加赛马比赛之前的情绪会是怎样的呢?"(热烈、紧张；乐曲节奏宽紧相间，刻画了群马像离弦之箭飞奔而去的热闹场面。)

④"比较乐曲的中段与第一段旋律，我们会感觉到有哪些变化？你会想象到什么?"(悠扬、舒展；使人联想到大草原，蓝天、白云、碧水和羊群，田园般的景色，奔腾的骏马。)

⑤"欣赏乐曲的最后部分让我们感受到什么？赛马比赛快结束了，赛场气氛是怎样的呢?"(更热烈、更紧张；重现第一部分主题，节奏更紧凑，速度更快，表现了赛马奔

腾、奋勇争先的激烈景象，形成高潮。)

3. 结束活动。

教师将幼儿围成一个大圈，和着音乐，一起模仿马儿奔跑的姿态，在教室中欢快地绕圈奔跑。

活动延伸

1. 音乐角：投放各种打击乐供幼儿进行打击乐练习，并为乐曲《赛马》进行伴奏。
2. 亲子活动：建议家长带幼儿听音乐会，了解更多的乐器。

活动评价建议

1. 关注幼儿是否能够较清晰地感受到三段乐曲的分段、情绪变化。
2. 观察幼儿是否积极参与音乐的欣赏活动之中，并感受到乐曲带来的欢快情绪。

八、我们的打击乐队

活动内容

在孩子们的声音世界里，处处都是音乐，哪怕是一个敲桌子的声音、移椅子的声音，都是美妙动听的。“我们的打击乐队”就是通过幼儿创造性地敲击生活中随处可见的物品，让其发出不同节奏的音响，创编出自己喜爱的节奏乐曲，体验成功的喜悦，培养积极探索的意识和能力。

活动目标

1. 乐于探索不同的物体发出的声音，体验探索的乐趣。
2. 了解生活中的物品可以作为节奏乐器。
3. 能用自己喜欢的物品创编节奏，并能为歌曲伴奏。

活动准备

1. 知识经验准备：

(1) 教师具备一定的打击乐知识，了解幼儿对打击乐的掌握情况。

(2) 幼儿具有打击乐演奏经验。

2. 物质材料准备：

(1) 录音机 1 台；歌曲《我的小花园》的磁带 1 盘。

(2) 玻璃、木料、竹子、塑料、铁质、铝质等材料制品(每个幼儿 1 件)。

3. 环境准备：

(1) 在活动室里将幼儿的小椅子摆放成一个半圆。

(2) 将准备的生活用品摆放在教室的四周。

活动过程

1. 导入活动内容。

(1) 教师播放歌曲《我的小花园》。幼儿随着音乐欢快的节奏，一边拍手，一边愉悦地歌唱。

(2)教师再次播放歌曲，用筷子敲击空的玻璃杯为歌曲打出节奏，引发幼儿的兴趣。

(3)教师讲述："刚才老师用玻璃杯当打击乐器，为歌曲打节奏的声音好听吗?"(好听。)"我们今天做一个游戏，找找我们生活中有哪些东西能够当打击乐器，可以为歌曲伴奏。"

2. 听辨不同的音响。

(1)教师敲击四种不同的材质的物品(塑料瓶子、玻璃杯子、自来水管、小板凳)，提示幼儿感受并记住击打不同物品所发出的不同的音响效果。

(2)教师再次先后击打上述物品，请幼儿闭眼倾听，分辨不同的音响。教师击打一种物品后有节奏地提问，请幼儿有节奏地回答。例如，

教师：小朋 友 | 告诉 我 | 什么 东西 | 在唱 歌 |

幼儿：×老 师 | 告诉 你 | ×× ×× | 在唱 歌 |

3. 听辨不同的节奏。

(1)教师敲击一种物品，变换速度的快慢，让幼儿用拍手的方式模仿速度的快慢。

(3)教师敲击一种物品，变幻不同的节奏型，让幼儿用拍手的方式模仿不同的节奏型。

4. 尝试敲击不同的物品。

(1)请幼儿观察活动室周边摆放的物品(玻璃瓶、塑料盒、木盒、竹筒、搪瓷碗、铁锅铲、铝锅盖等)，提问："这些东西都可以敲打出声响来吗?我们可以用它们击打节奏吗?你们想不想试一试?"

(2)教师请幼儿尝试敲击不同的物品，如木料、竹子、塑料、搪瓷碗、铁质、铝质等材料制品，甚至轻拍桌椅、轻踏地板，打出不同的节奏。引导幼儿充分利用多种方式让物品发出不同的声音，激发幼儿的创造力。

在此环节中，有的幼儿可能比较兴奋，发出很响的声音。教师要提示幼儿敲击的力度要适中。

5. 集体为歌曲伴奏。

(1)教师讲述："小朋友现在手里都有一件替代的打击乐器。大家组成一个打击乐队，一起为歌曲《我的小花园》伴奏。注意这是一首二拍子的歌曲，每小节的第一拍稍重，第二拍稍轻。"

(2)教师播放歌曲，请幼儿选择刚刚尝试的"打击乐器"，按教师的要求为歌曲进行即兴伴奏。

教师提示幼儿要注意节奏准确，控制音量。

(3)教师鼓励幼儿交换物品，再次为歌曲伴奏。

活动延伸

1. 科学区：鼓励幼儿探索不同物品的声音，了解各种物品的材质。
2. 亲子活动：家长帮助幼儿上网查资料，引导幼儿了解噪音和乐音的区别。

活动评价建议

1. 观察幼儿是否勇于尝试击打不同的生活用品，探索选用适合伴奏的音响。
2. 观察幼儿能否正确地为歌曲伴奏，是否体验到游戏的快乐。

九、拍皮球

活动内容

《拍皮球》是一首节奏轻快、情绪活泼的儿童歌曲。歌曲准确、形象地表现了小朋友快乐拍皮球的情景。在引导幼儿学习舞蹈时，应注意训练幼儿动作的连贯性和协调性，通过轻松愉快的舞蹈表现歌曲轻快活泼的情绪。

活动目标

1. 感受到歌曲轻快活泼的特点，体验参与舞蹈活动的乐趣。
2. 理解歌曲音乐情绪和舞蹈表现的一致性。
3. 基本能用连贯的动作舞蹈，做到身体动作平衡协调。

活动准备

1. 知识经验准备：

(1)教师能够熟练拍皮球，完整展示创编舞蹈。

(2)幼儿会熟练地拍皮球。

2. 物质材料准备：

(1)录音机1台；歌曲《拍皮球》的磁带1盘。

(2)皮球若干(每个幼儿1个)。

3. 环境准备：

清理活动室，便于儿童进行舞蹈活动。

活动过程

1. 导入活动。

(1)教师播放歌曲《拍皮球》，并随着音乐的节奏在地上拍皮球，吸引幼儿的兴趣。

(2)教师继续播放歌曲两三遍，发给每个幼儿一个皮球，大家一起随着音乐的节奏拍皮球。

(3)教师讲述："小朋友，大家一起拍皮球真有趣。今天，我们还要学一个拍皮球的舞蹈，那就更有趣了。"

2. 学习舞蹈。

(1)教师播放歌曲，示范表演舞蹈，激发幼儿学习的欲望。

(2)教师根据创编的舞蹈，带领幼儿学习舞蹈的分解动作。

(3)幼儿各自练习舞蹈的分解动作。教师巡查、指导，鼓励幼儿自由结对，互帮互学。

(4)教师带领幼儿将分解动作连贯起来进行练习。

(5)教师播放歌曲，幼儿各自练习舞蹈的连贯动作。教师巡查、指导，鼓励幼儿自由结对，互帮互学。

3. 表演舞蹈。

(1)教师播放歌曲，邀请几个舞蹈动作比较熟练的幼儿示范表演舞蹈。

(2)教师用较慢的速度弹奏歌曲，各组幼儿依次列队集体表演舞蹈，请其他小组幼儿进行讲评，共同促进提高舞蹈的水平。

(3)教师播放歌曲，请全体幼儿分成若干纵队，集体表演舞蹈。

活动延伸

1. 表演区：鼓励幼儿平时经常合作练习这个舞蹈，争取在"六一"儿童节的联欢会上进行表演。

2. 健康活动：幼儿在活动室或者室外，经常进行拍皮球的游戏活动。

3. 亲子活动：家长、幼儿都可以进行健康游戏活动或舞蹈展示。

活动评价建议

1. 观察幼儿能否基本掌握连贯的舞蹈动作，身体动作是否平衡协调。

2. 关注幼儿是否感受到歌曲轻快活泼的特点，并体验到参与舞蹈活动的乐趣。

附：

舞蹈动作说明

预备动作：身体前倾，正步、屈膝。左手叉腰，右手放于胸前，模仿右手拿球的动作，眼睛看着右手。

[1]~[2]小节：右脚右移半步，单腿小跳四次，一拍一跳；同时左手叉腰，右手随拍做四下拍球动作。

[3]~[4]小节：左脚左移半步，单腿小跳四次，一拍一跳。同时右手叉腰，左手随拍做四下拍球动作。

[5]~[8]小节：动作同[1]~[4]小节。

[9]~[10]小节：两次并腿跳起，小八字落下，每次落下后右手做一下拍球动作。

[11]小节：向前蹦跳一步，双手模仿接球动作。

[12]~[13]小节：双手托球置于胸前，原地小碎步向右自转一周。

[14]小节：保持上体动作，原地蹦跳一步，半蹲。

十、小蚂蚁避雨(一)

活动内容

音乐《小蚂蚁避雨》描写的是幼儿较为常见的小蚂蚁和小蘑菇的音乐形象。歌曲运用拟人的手法讲述小蘑菇帮助小蚂蚁的故事，富有童趣。教师在引导幼儿学唱歌曲的过程中，指导他们掌握休止符的正确唱法，使他们能够熟练地演唱歌曲，同时培养他们主动关心他人、帮助他人的良好品德。

活动目标

1. 积极参与歌唱活动，感受帮助同伴的乐趣。
2. 理解歌曲的内容，懂得同伴之间要互相关心、互相帮助。
3. 能完整演唱歌曲，基本掌握音乐中“休止符”的正确唱法。

活动准备

1. 知识经验准备：

(1)教师能够完整歌唱歌曲。

(2)幼儿听过小蚂蚁避雨的故事。

2. 物质材料准备：

(1)小蚂蚁、小蘑菇头饰若干(每个幼儿1个)。

(2)录音机1台；歌曲《小蚂蚁避雨》磁带1盘。

3. 环境准备：

在活动室里将幼儿的小椅子摆放成一个半圆形。

活动过程

1. 听讲故事，了解歌曲的内容。

(1)教师复习讲述《蚂蚁避雨》的故事。

(2)教师结合故事提问：“一群蚂蚁在搬东西的时候遇到了什么困难？这个困难是

怎么解决的?”

通过提问，引导幼儿复述故事的主要情节，从而了解歌曲的内容。同时懂得要主动关心他人、帮助他人，做到同伴之间互相团结、互相帮助。

2. 朗读歌词，熟悉歌曲的节奏。

(1)教师按歌曲的节奏朗读歌词，请幼儿按节奏拍掌。提示幼儿注意休止符。例如，

× × × ×	× 0	× × × ×	× 0	
一 群 小 蚂	蚁，	正 在 搬 东	西，	
× × × ×	× × ×0	× × × ×	× ×	× — 0
沙 沙 沙 沙	沙 沙 沙	突 然 天 上	下 起	雨。

教师讲解：“音乐进行和休止，就像我们走路和停止一样。我们走路，有时需要停止休息一下，音乐在行进过程中有时也要休息一下。”

教师结合歌曲的节奏，一边朗读歌词，一边示范走路。在朗读“一群小蚂蚁”时，教师按拍子走路；在音乐出现休止符时，教师的脚步停止。

通过讲解、示范，让幼儿理解歌曲中休止符的意义。

(2)引导幼儿学习掌握用手拍掌和拍腿的方式表现音乐的进行和休止。

①教师示范并讲解休止符的打节奏方法。教师击掌时，在休止符的地方，将拍手改为拍腿。

②请幼儿跟着教师的示范动作进行练习。

③教师按节奏朗读，幼儿跟读并正确打出休止符节奏。

(3)教师示范并讲解休止符节奏。告诉幼儿击打节奏时，在休止符的地方，将拍腿改为在心里数拍子，不出声。

3. 学唱歌曲，注意歌曲中的休止符。

(1)教师播放歌曲《小蚂蚁避雨》，幼儿一边欣赏，一边打节奏。在幼儿打节奏时，教师示范或者用语言提示幼儿休止符节奏出现的地方，将拍手改为拍腿。

(2)教师范唱，幼儿一边欣赏，一边打节奏。教师观察幼儿击打节奏的准确性和稳定性。

(3)教师运用分句教唱法引导幼儿学唱歌曲，提示幼儿注意休止符的唱法。

(4)教师用钢琴伴奏并完整范唱，幼儿跟唱。

(5)教师用钢琴伴奏，幼儿独立完成歌唱，教师关注幼儿休止符的唱法是否准确。

(6)教师将幼儿分成三组，先分别歌唱歌曲的1、2、3段，然后再一起合唱1、2、3段。

4. 表演歌曲，表达对歌曲的理解。

教师将小蚂蚁、小蘑菇的头饰发给幼儿，幼儿一边跟随音乐歌唱，一边自由做动

作，把小蘑菇帮助小蚂蚁的情景表现出来。

活动延伸

(1)社会活动：鼓励幼儿在班上或家里做一件力所能及的好事。

(2)表演区：教师提供服装、道具，鼓励幼儿结合《小蚂蚁避雨》的故事边歌唱边表演。

(3)建构区：幼儿可以在建构区用玩具搭建小房子。

活动评价建议

(1)关注幼儿是否理解歌曲的内容，是否懂得同伴之间要团结互助。

(2)观察幼儿能够基本掌握歌曲的歌唱，是否能够较为准确掌握休止符的唱法。

十一、小蚂蚁避雨(二)

活动内容

在幼儿基本掌握歌曲《小蚂蚁避雨》的歌唱能力基础上，进一步提高幼儿的歌唱表演能力。在活动中，教师引导幼儿积极发挥想象力，进行初步的动作创编，提高幼儿用动作表现歌曲的能力。

活动目标

1. 愿意与同伴合作表演，感受合作表演的乐趣。
2. 理解歌曲内容，了解歌曲中的不同角色。
3. 能根据歌词创编动作，并能根据不同角色合作表演。

活动准备

1. 知识经验准备：

(1)教师了解幼儿对歌曲的掌握情况，知道幼儿的创编能力。

(2)幼儿基本掌握歌曲的歌唱。

2. 物质材料准备：

(1)录音机1台；歌曲《小蚂蚁避雨》的磁带1盘。

(2)制作节奏图卡片。

(3)小蚂蚁、小蘑菇头饰若干(每个幼儿1个)。

3. 环境准备：

在活动室里将幼儿的小椅子摆放成一个半圆形。

活动过程

1. 复习歌曲。

(1)教师播放歌曲《小蚂蚁避雨》，幼儿拍手打节奏进入教室。

(2)教师引导幼儿复习有休止符的节奏型。

①教师拍手，幼儿按节奏在教室走动；教师停止拍手，幼儿停止走动。

②教师分别用手打出节奏 | ×× ×× |、| ×× 0 | 和 | ×× ×0 |，请幼儿分辨打的是哪种节奏。

③教师出示 | ×× ×× | × 0 | ×× ×× | ×× ×0 | 的节奏卡，请幼儿在“××”或“×”时拍手，在“0”时拍腿。

(3)教师用钢琴伴奏，幼儿用自然的声音歌唱歌曲《小蚂蚁避雨》，教师关注幼儿是否唱准了休止符。

2. 创编动作。

(1)创编第一段动作。

①教师启发幼儿进行想象：“小朋友们，你们想一想用什么动作可以表示‘一群小蚂蚁，正在搬东西’。”

幼儿自由想象并表演小蚂蚁怎样走路，怎样搬东西。

②教师提问：“天上忽然下起了雨，小蚂蚁心情如何？表情怎么样？用什么动作可以表现？”

提示幼儿根据已有的经验进行想象创编，表现蚂蚁的神情和动作。

③教师观察幼儿创编的情况，并对幼儿进行适当的指导。在创编过程中，教师鼓励幼儿的独创精神，编出的动作既形象，又与众不同。

④教师帮助幼儿把创编的动作进行美化。

(2)创编第二段动作。

①教师提问：“唱‘两个小蘑菇，呼唤小蚂蚁’和‘到我伞下避一避’乐句时，应该用什么样的动作和声音，表现小蘑菇呼唤小蚂蚁？想想这时小蚂蚁在做什么？”

提示幼儿联想平时呼唤小伙伴时的情景，用恰当的动作和声音把小蘑菇呼唤小蚂蚁的情景和小蚂蚁的反应表现出来。

②在创编过程中，教师提示幼儿要进行角色创编，要把同一乐句中小蘑菇和小蚂蚁不同的动作和神情创编出来。

(3)创编第三段动作。

①教师提问：“‘天晴了，雨停了’小蘑菇和小蚂蚁分别是怎样的表情？用什么动作表现？”

提示幼儿回忆遇到高兴的事，或知道好朋友有高兴的事的时候心情是怎样的，当时是用什么动作表示这种心情的。现在可以用同样的动作表现小蘑菇和小蚂蚁在“雨停了”后的心情。

②教师提问：“小蚂蚁‘说声谢谢你’可以用什么动作表现？小蘑菇‘说声不客气’又用什么样的动作表现？”

提示幼儿回忆以前感谢同伴对你的帮助或同伴感谢你对他的帮助时，是用什么动作表达的，现在可以用同样的动作表现小蘑菇和小蚂蚁之间这时的情景。

③教师提问:“‘你帮我,我帮你,世界真美丽。’这句话用什么动作来表现?”

提示幼儿回味班上的同伴、家庭的亲人和睦相处的情景,很自然地做出相应的动作来表达内心快乐、幸福的感觉。

(4)创编一、二、三段的动作。

①教师引导幼儿将创编的一、二、三段的动作连起来完整演示一遍,互相观摩交流,发现不合适的地方共同讨论修改。

②教师巡回观察,适时给予指导。同时对每个幼儿给予积极的肯定和鼓励,使幼儿感受到参与创编活动的乐趣。

3. 表演创编动作。

(1)集体表演。

教师讲述:“现在,我们请小朋友们一起表演。跟着歌曲各自做创编的动作,看看谁做得最好。”

在幼儿自由做动作的过程中,教师要不断地鼓励幼儿,提高幼儿的表演欲望。

(2)角色表演。

教师讲述:“现在我们将小朋友分成两组,一组扮演小蚂蚁(戴上小蚂蚁的头饰),另一组扮演小蘑菇(戴上小蘑菇的头饰),进行表演。在表演中要注意两组之间的合作呀!合作得好的表演肯定就很棒!”

在幼儿分组进行角色表演的过程中,教师要根据实际情况提示幼儿如何合作,让幼儿在合作表演中获得快乐。

活动延伸

1. 科学活动:引导幼儿平时注意观察蚂蚁的活动,了解蚂蚁的生活习性。
2. 美工区:鼓励幼儿利用废旧材料,为表演制作服装和道具。

活动评价建议

1. 关注幼儿是否能够正确分辨音符和休止符,并准确歌唱歌曲。
2. 观察幼儿创编的动作是否基本符合音乐内容。
3. 关注幼儿是否在表演中体验到了关心他人的美好情感。

附:

动作说明

(1)第一段:

[1]~[2]小节:伸出双手的食指和中指上下点动,表示小蚂蚁。

[3]~[4]小节：双手(手心向上)由左前平移到右前，表示搬东西。

[5]~[6]小节：两臂上伸，手掌上下扇动(一拍一下)。

[7]~[11]小节：双臂由胸前交叉往上打开，画圆弧两次。

(2)第二段：

[1]~[2]小节：两手叉腰，听音乐将身体按节律左右摇摆。

[3]~[4]小节：双手在嘴前握筒做呼喊的样子。

[5]~[6]小节：身体前倾，双手拍掌(一拍一下)。

[7]~[11]小节：双臂由胸前交叉往下打开，画弧到头上，两手手指相接，呈三角形，然后下蹲两次。

(3)第三段：

[1]~[2]小节：双脚小八字站立，重心落在左脚上，左臂由胸前向上往左画圆。

[3]~[4]小节：双脚小八字站立，重心落在右脚上，右臂由胸前向上往右画圆。

[5]~[6]小节：同第一段[1]~[2]小节。

[7]~[10]小节：双手在胸前合拢，按节律左右摇摆。

[11]~[14]小节：同第二段[1]~[2]小节。

[15]~[16]小节：两人相对拉住双手，上下轻抖两下。

[17]~[18]小节：两人拉手转一圈。

[19]~[20]小节：同[15]~[16]小节。

[21]~[22]小节：同[17]~[18]小节。

[23]小节：两人并排站立，相邻的两只手互相拉住，各自把空着的手由胸前向两边摊开。

十二、大风车

活动内容

歌曲《大风车》是中央电视台少儿节目《大风车》的主题曲，词曲均由著名词、曲作家创作。歌曲的歌词通俗易懂、富有童趣，曲调优美欢快、富有动感。教师引导幼儿在学唱这首歌曲的过程中，感受歌曲优美欢快、富有动感的音乐风格，进一步巩固附点、切分音等音乐节奏的唱法，做到轻快流畅地歌唱歌曲，并能较好地表现歌曲的情绪。

活动目标

1. 感受歌曲优美欢快的情绪，体验歌唱的乐趣。
2. 理解歌曲内容，了解附点、切分音等节奏的唱法。
3. 能够轻快、流畅地歌唱歌曲，并能较为准确地表达歌曲的情绪。

活动准备

1. 知识经验准备：

(1)教师知道风车工作原理，准确掌握附点、切分音等音乐知识。

(2)幼儿看过电视节目《大风车》。

2. 物质材料准备：

(1)玩具风车1个；各种用途的大风车图片若干张。

(2)收录机1台；歌曲《大风车》的磁带1盘。

(3)钢琴1台。

3. 环境准备：

在活动室里将幼儿的小椅子摆放成一个半圆形。

活动过程

1. 师幼交谈。

(1)教师结合实物、图片与幼儿交谈下列问题：

①（出示一个玩具风车。）“小朋友，你们玩过风车没有？”（玩过。）“你们还在哪里见过大风车？”（公园、游乐场。）

教师小结：“我们在公园还可以看到很大的非常漂亮的大风车，供游客观赏和游乐。”

②“这些图片上的风车是干什么用的？”（幼儿猜测讲述。）

教师讲解：“中国和一些国家的农村利用风车作为动力带动大石磨磨面粉，或带动水车车水。”

③（出示用来发电的大风车图片。）“你们见过这样的大风车没有？在哪里见过？”（请有经验的幼儿讲述。）

教师结合相关图片讲解：“这是用来发电的大风车，它借助风力转动大风车的风页来发电。不用煤炭、石油或燃气，是一种绿色、环保的发电方式。如果我们到内蒙古、新疆去旅游的话，坐在火车上可以看见戈壁滩上一排排用来发电的大风车。国外有些国家在海上也设立了这样的大风车发电。大风车真是有很大的本事呢！”

（2）教师导语：“现在，我们和‘大风车’做朋友，和它一起来唱歌吧。”

2. 熟悉歌曲。

（1）教师播放歌曲《大风车》，请幼儿欣赏。

（2）教师提问：“这首歌曲你们听过没有？”（听过。）“在哪里听过？”（在电视里听过。）“我们在看中央电视台《大风车》节目时经常听到这首歌，有的小朋友都听熟了。谁会唱一唱？”（幼儿自由哼唱。）

（3）教师示范按歌曲节奏朗诵歌词，着重表现歌曲中出现的附点、切分音等节奏。

（4）教师带领幼儿按照歌曲的节奏，一边拍掌，一边朗诵歌词。重复朗诵歌曲中有附点和切分音的语句。例如，

$\underline{\times}\ \times\ \underline{\times}\ \underline{\times}\ \times\ \underline{\times}\ |\ \times\ \cdot\ \underline{\times}\ \times\ -\ |\ \cdots\cdots$

这 里 的 风 景 呀　真　好 看

（5）教师请幼儿集体完整地按照节奏朗诵歌词。

3. 学唱歌曲。

（1）教师一边用手打拍子，一边用轻快的声音示范清唱歌曲。

（2）教师播放歌曲，请幼儿一边打拍子，一边跟唱歌曲，提请幼儿准确跟唱附点、切分音等节奏。

（3）教师用钢琴伴奏，带领幼儿练习歌唱。

①请幼儿一边打拍子，一边随着琴声歌唱歌曲。

②在幼儿轻快、流畅地歌唱的基础上，教师要求幼儿按照歌曲的情绪，较完整地演绎歌曲的歌唱。

4. 演唱歌曲。

(1)教师用钢琴伴奏，请几名幼儿同时在前面演唱歌曲。

(2)教师用钢琴伴奏，请幼儿分组演唱歌曲。

(3)教师播放歌曲，和幼儿一起和着音乐一边歌唱，一边自由做动作表现歌曲。

活动延伸

1. 表演区：引导幼儿根据歌曲内容创编表演动作，作为班上的保留节目。
2. 科学活动：制作风车，了解风车转动原理。

活动评价建议

1. 关注幼儿是否了解不同的风车及其用途。
2. 考查幼儿能否较为准确地掌握歌曲附点和切分音节奏的唱法。
3. 考查幼儿能否轻快流畅地演唱歌曲，并能较为准确地表达歌曲的情绪。

十三、花好月圆

活动内容

器乐合奏曲《花好月圆》是一首单三部曲式的音乐作品，曲式是 A—B—A′三段式结构。全曲在热烈的快板引子中开始；A 段主题音乐柔和、轻盈，描绘了一幅轻歌曼舞的画面；B 段主题音乐轻快活泼，生动地表现了人们在月下花丛中尽情欢舞的场面。最后，乐队以快速的变奏形式演奏，变化再现 A 段音乐的主题，使乐曲在热烈欢腾的情绪中结束。教师通过《花好月圆》的打击乐演奏活动，引导幼儿进一步熟悉 A—B—A′的曲式结构特点，感受音乐轻快、活泼、热烈的音乐风格，培养幼儿热爱民族音乐的情感。

活动目标

1. 愿意合作演奏乐器，感受音乐轻快、活泼、热烈的音乐风格。
2. 知道图谱的意思，了解 A—B—A′的曲式结构特点。
3. 能够根据图谱，进行器乐多声部合作演奏乐曲。

活动准备

1. 知识经验准备：

(1)教师熟悉乐曲《花好月圆》的曲式结构，具有打击乐合奏知识。

(2)幼儿有音乐欣赏能力，有打击乐演奏经验，知道各种乐器演奏方法。

2. 物质材料准备：

(1)音视频播放设备 1 台；将乐曲《花好月圆》存进 U 盘。

(2)玩具风车 1 个；各种风车图片若干张。

(3)打击乐器(铃鼓、响木、碰铃、三角铁)4 组，大鼓、吊镲各 1 个。

3. 环境准备：

将活动室的板凳按照四组摆放，将乐器分组放在幼儿的凳子前面。

活动过程

1. 准备部分。

(1)教师将幼儿分成四组，分发乐器。

(2)教师要求幼儿将乐器放好，培养幼儿看指挥的良好习惯。

(3)通过教师讲解，规范幼儿击打乐器的动作。

2. 音乐赏析。

(1)教师先完整播放乐曲《花好月圆》，请幼儿欣赏。

(2)教师分段播放乐曲，请幼儿分段欣赏音乐，并回答问题。

①“前奏部分是什么速度？表现了怎样的情绪？”(快板，情绪欢快、热烈。)

②“A 段乐曲是什么速度？表现了怎样的情绪？”(中速，情绪柔和、舒畅。)

③“B 段乐曲是什么速度？表现了怎样的情绪？”(中速，情绪活泼、轻快。)

④“C 段乐曲是什么速度？表现了怎样的情绪？”(快速，情绪热烈、奔放。)

(3)教师归纳并讲解乐曲曲式结构：器乐合奏曲《花好月圆》是一首单三部曲式的音乐作品，曲式是 A—B—A′结构。全曲在热烈的快板引子中开始。A 段主题音乐柔和、轻盈，描绘了一幅轻歌曼舞的画面；B 段主题音乐轻快活泼，生动地表现了人们在月下花丛尽情欢舞的场面。最后，乐队以快速的主题变奏方式，变化再现 A 段音乐的主题，使乐曲在热烈欢腾的气氛中结束。

3. 打击乐队。

(1)在教师的指挥下，幼儿分段、分组按曲谱练习打击乐器。

①引子部分[1~4 小节]。在教师的带领下，幼儿运用铃鼓、响板、碰铃、三角铁、大鼓、吊镲等乐器，按照如下谱例演奏：

	5 ·	6	5 6	5 6	∣ ……
铃　鼓：	×	∽	∽	∽	
响　板：	×	0	0	0	
碰　铃：	×	0	×	0	
三角铁：	×	×	×	×	
大　鼓：	×	0	0	0	
吊　镲：	×	0	0	0	

②第一乐段[5~17 小节]：在教师的带领下，幼儿运用铃鼓、三角铁、大鼓等乐器，按照如下谱例演奏：

	5	5	3 5	3 2	∣ ……
铃　鼓：	×	∽	∽	∽	
响　板：	0	0	0	0	
碰　铃：	0	0	0	0	
三角铁：	×	×	×	×	
大　鼓：	×	0	0	0	
大　镲：	0	0	0	0	

③第二乐段[18~37 小节]：在教师的带领下，幼儿运用碰铃、响板、大鼓、吊镲等乐器，按照如下谱例演奏：

	2 23	56	13	2 | ……
铃　鼓：	0	0	0	0
响　板：	×	0	0	0
碰　铃：	×	0	×	0
大　鼓：	×	0	0	0
吊　镲：	×	0	0	0

④再现的第三乐段[39~44 小节]：演奏同引子部分。

⑤在乐曲结束的最后一拍再击打一次大鼓和吊镲，表明乐曲结束。

(2)教师指挥，幼儿完整演奏器乐合奏。

4. 结束部分。

教师请幼儿担任指挥，模仿教师，指挥幼儿进行器乐合奏表演。教师从旁协助，并及时给予肯定和鼓励。

活动延伸

1. 表演活动：幼儿在表演区自由选择打击乐器，鼓励并指导幼儿轮流担任指挥，继续练习乐曲《花好月圆》打击乐的演奏。

2. 语言区：鼓励幼儿自行讲述生活中的喜悦、开心的事情。

3. 图书区：投放相应图书，使幼儿更多了解各民族的节日纪念形式。

4. 家园共育：鼓励幼儿回家和家长查资料，了解更多的民族音乐。

活动评价建议

1. 幼儿是否能够正确使用打击乐器。

2. 幼儿在乐器合奏过程中，是否能够注意到指挥的手势与作用，并与其他幼儿较好地合作演奏。

3. 幼儿是否能准确地感受到乐曲各部分不同的音乐风格，并用语言描绘出“音乐描写了怎样的情景”。

十四、螃蟹舞

活动内容

此律动的音乐选自美国儿童舞曲《水族馆》的片段，音乐俏皮可爱，非常适合幼儿创编一些捉螃蟹时的情景动作，可以给幼儿一个想象的空间。教师引导幼儿根据音乐来创编螃蟹跳舞、吐泡泡、挠痒痒等不同的动作。这样，即可以让幼儿体验模仿螃蟹，随音乐做不同动作的乐趣，还可以培养孩子们大胆表现、舞蹈创编的能力。

活动目标

1. 体验模仿螃蟹，随音乐做不同动作和做游戏的乐趣。
2. 感知音乐形象，了解乐曲的段落。
3. 能根据音乐韵律创编出螃蟹跳舞、吐泡泡、挠痒痒等动作。

活动准备

1. 知识经验准备：

(1)教师了解幼儿动作创编能力，熟悉乐曲。

(2)幼儿对螃蟹比较熟悉，有过动作创编经验。

2. 物质材料准备：

(1)录音机1台；乐曲《螃蟹舞》的磁带1盘。

(2)白纸、彩笔若干(每个幼儿1套)。

3. 环境准备：

清理活动室，便于幼儿进行舞蹈活动。

活动过程

1. 发声练习。

教师边弹奏钢琴，边带幼儿用练声曲《快快跑》进行练声。要求幼儿身体要坐端正，声音要自然、优美；仔细听钢琴伴奏，配合钢琴进行歌唱。

快快跑

1=G $\frac{2}{4}$ 德国儿歌

1 3 | 5 0 | 5 4 3 2 | 1 0 | 2 2 7̣ 5̣ | 5 5 3 1 |

快 快 跑， 马儿 快快 跑， 跳过 岩石，越过 山包。

2 2 7̣ 5̣ | 5 5 3 1 | 1 2 3 4 | 5 0 | 5 4 3 2 | 1 0 ‖

不要 累坏，不要 摔倒，快 快 跑， 马儿 快快 跑。

2. 导入活动。

(1)教师请幼儿猜谜语：“八只脚，抬面鼓，两把剪刀鼓前舞，生来横行又霸道，嘴里常把泡沫吐。”(谜底：螃蟹。)

(2)教师引导：“小朋友真聪明，一下就猜出谜语了。今天我们就一起来学跳《螃蟹舞》。”

3. 欣赏音乐。

(1)教师播放乐曲《捉螃蟹》两遍，第一遍请幼儿完整欣赏音乐；第二遍请幼儿听辨乐曲不同的乐段。

(2)教师提问：“这首乐曲一共分几段？各段表现了什么内容？”(幼儿讨论讲述。)

教师归纳：这首乐曲共分三段，A 段表现了螃蟹跳舞的情景，B 段表现了螃蟹吐泡泡的情景，C 段表现了螃蟹挠痒痒的情景。

4. 创编律动。

(1)教师引导幼儿创编 A 段音乐的动作。

①教师模仿螃蟹的口吻：“看，我是一只大螃蟹，我有很多脚，你们有吗？”(伸出一只脚。)“伸出你的一只脚，动一动。”

请幼儿伸出自己的一只脚随意地动起来。

②教师示范脚步动作：“螃蟹的小脚可多了，这儿还有一只脚(伸出另一只脚)，它可以怎么动？”

请幼儿伸出自己的另一只脚随意地动起来。

(2)教师引导幼儿创编 B 段音乐的动作。

①教师提问：“螃蟹最喜欢在河里干什么？”(吹泡泡。)“我们一起来吹个大泡泡吧！”

请幼儿模仿螃蟹吹泡泡的动作。

②教师提问：“螃蟹除了独自吹泡泡，它还会与同伴对着吹泡泡呢？我们两个小朋友一组，学一学吧！”

请两个邻座的幼儿模仿螃蟹与同伴对着吹泡泡的动作。

③教师提问："你们知道螃蟹是怎样走路的？谁能学一学？"

请一幼儿示范螃蟹走，其他幼儿分开站立，学习螃蟹横行的动作。

(3)教师引导幼儿创编 C 段音乐的动作。

①教师示范挠痒痒的动作："哎哟！哎哟！老师怎么了？"

引导幼儿创编，在身体的不同部位做挠痒痒的动作。

②教师提问："我们一起来想一个办法，把动作做整齐、好看。"

引导幼儿先拍手两下，再挠痒痒两下。

(4)教师将幼儿创编的动作进行归纳、提炼，并进行演示。

(5)教师重点训练幼儿面对面模仿吹泡泡的动作。

(6)教师引导幼儿听音乐将 A、B、C 段动作连起来表演一次。

教师带领幼儿随音乐律动，同时用语言提示幼儿每段音乐的动作：A 段螃蟹跳舞—B 段螃蟹吐泡泡—C 段螃蟹挠痒痒。

5. 表演律动。

(1)教师带领幼儿随音乐再次完整地表演一遍。

(2)幼儿分组表演，教师引导幼儿相互评价。

6. 游戏活动。

(1)教师导入，进行《捉螃蟹》的游戏，请幼儿倾听乐曲尾声音乐。

(2)教师导语："小螃蟹在河里玩得正高兴的时候，你们知道谁来了吗？"(捉螃蟹的人。)"我们根据结尾的音乐，继续做《捉螃蟹》的游戏。"

(3)教师讲解游戏玩法：幼儿散点站立，教师扮演捉蟹人，幼儿扮演小螃蟹，当尾声音乐响起时，"捉蟹人"四处去捉"小螃蟹"，幼儿快速躲闪。

①在游戏时，教师提醒幼儿在横行躲闪时不要碰撞到别人。

②教师带领幼儿随尾声音乐玩游戏 1~2 次。

(4)教师带领幼儿随音乐从前奏、A 段、B 段、C 段、尾声完整地表演一次。

活动延伸

1. 美工区：提供白纸和彩笔，鼓励幼儿画出自己喜欢的螃蟹。
2. 表演区：鼓励幼儿用自己的理解，用更多的动作表现音乐。
3. 科学活动：观察螃蟹的外貌特征和生活规律。

活动评价建议

1. 关注幼儿在欣赏音乐的过程中，是否感知螃蟹的音乐形象，能否给乐曲正确分段，并理解各段表现的内容。

2. 观察幼儿在律动的活动中，能否随音乐合拍地做出螃蟹跳舞、吐泡泡、挠痒痒的动作，并完整地表演律动。

3. 观察幼儿在律动和游戏活动中，是否体验到参与音乐活动的乐趣。

附：

律动动作说明

1. 前奏

双手背在身后，音乐响起时双手移至胸前屈肘，十指随音乐任意上下抖动，模仿螃蟹的动作。

2. A 段第一遍音乐

[1]~[8]小节：双手轮流伸向左、右上方，伸出一只手的五指轻轻抖动，两小节交换一次，共 4 次。

3. A 段第二遍音乐

[1]~[8]小节：单脚脚跟点地，左右移动脚尖，4 小节交换另一只脚。

4. B 段第一遍音乐

[1]~[4]小节：双手手心向外。放于嘴前做吹泡泡状，同时嘴巴用力吹泡泡两次。

[5]~[8]小节：双手放在身体两侧，脚做小碎步横向外快速移动。

[9]~[12]小节：动作同[1]~[4]小节。

[13]~[16]小节：动作与[5]~[8]小节相反。

5. C 段音乐

[1]~[4]小节：前两小节拍手，后两小节在身体任意部位挠痒痒。

[5]~[8]小节：动作同[1]~[4]小节，但要更换挠痒痒的部位。

6. A′段音乐

动作同 A 段动作相同。

7. 尾声

教师扮演捉蟹人，四处捉蟹，幼儿躲闪。

十五、小青蛙，你唱吧

活动内容

《小青蛙，你唱吧》是一首三拍子的歌曲，情绪欢快，富有童趣。歌词故事特征明显，幼儿易于理解和记忆。教师在教唱歌曲的过程中，应注意引导幼儿掌握$\frac{3}{8}$拍 | X X X | X X | 的音乐节奏，能够连贯自然地唱好儿化音，提高歌唱能力，并通过正确歌唱表达出爱护小青蛙的情感。

活动目标

1. 喜欢演唱歌曲，喜爱小青蛙这个小动物。
2. 学习连贯自然地唱好儿化音，理解歌曲欢快有趣的情绪。
3. 掌握 | X X X | X X | 的音乐节奏，较准确地演唱三拍子歌曲。

活动准备

1. 知识经验准备：

(1)教师熟练掌握三拍子音乐特点，了解幼儿歌唱能力。

(2)幼儿知道小青蛙是捉害虫的能手。

2. 物质材料准备：

(1)录音机1台；歌曲《小青蛙，你唱吧》的磁带1盘。

(2)关于青蛙的图片若干张。

(3)关于 | X X X | X X | 的节奏型卡片。

3. 环境准备：

将青蛙的图片粘贴在活动室中。

活动过程

1. 声音训练。

教师带领幼儿用《小青蛙来唱歌》进行练声，要求幼儿身体端正地坐着，双手轻轻放在双腿上；咬字清晰，声音自然，气息流畅。

小青蛙来唱歌

$1=C—D\ \frac{3}{4}$　　　　佚名　词曲

5 5 5 | 6 6 5 | 1 5 0 | 1 5 0 | 6 — 5 | $\dot{1}$ — — ‖

(师)小 青 蛙 高 声 唱，(幼)呱 呱 呱 呱 呱 呱。

(师)小 青 蛙 轻 声 唱，(幼)呱 呱 呱 呱 呱 呱。

(师)小 青 蛙 来 唱 歌，(幼)呱 呱 呱 呱 呱 呱。

2. 欣赏歌曲。

(1)教师第一次播放歌曲《小青蛙，你唱吧》，请幼儿欣赏，并注意倾听歌曲内容。

(2)熟悉歌词。

①教师请幼儿观察相关图片，并通过提问，使幼儿熟悉歌词。

“小青蛙在什么地方?”(在湖边的花丛里。)“小青蛙是什么颜色?”(绿色。)“它看见小朋友是什么样子?”(有点害怕。)“它是怎么叫的?”(低声地咕儿呱。)

“小朋友对小青蛙说了些什么?”(叫小青蛙别害怕，说它很可爱，要爱护它，请它大声歌唱。)

“这是什么季节?”(炎热的夏天。)“小青蛙有什么功劳?”(捉害虫。)“小朋友对小青蛙是什么态度?”(愿意和小青蛙在一起。)

教师带领幼儿诵读三段歌词。

(3)教师第二次播放歌曲，请幼儿欣赏，并注意熟悉歌曲旋律。

①教师提问：“听了这首歌曲你有什么感觉?”(引导幼儿体验音乐的“欢快、有趣”。)“这是一首几拍子的歌曲?”(三拍子。)“它的强弱规律是什么?”(强弱弱。)

②教师带领幼儿用拍手和点手心的方法复习三拍子的强弱规律。

③教师出示 | X X X | X X | 的节奏型卡片，带领幼儿练习节奏。

3. 学唱歌曲。

(1)学唱歌曲第一段。

①教师示范清唱第一段歌曲。在范唱过程中，教师注意运用表情和声音来表现出歌曲欢快、有趣的风格。

②教师用钢琴伴奏，领唱第一段歌曲，请幼儿小声跟唱。

③教师分句教唱第一段歌曲，请幼儿注意掌握三拍子歌曲的强弱规律，并将儿化音唱得连贯、自然。

④教师用钢琴伴奏，幼儿齐唱第一段歌曲。

(2)教师按照以上步骤，教唱歌曲第二段、第三段。

（3）教师引导幼儿将三段歌曲连贯起来练习歌唱。

4. 表演歌曲。

（1）教师播放歌曲，请幼儿根据歌曲内容自由创编表演动作。

（2）教师用钢琴伴奏，请幼儿一边歌唱，一边自由用动作进行表演，表现出歌曲欢快、有趣的风格。

活动评价

1. 关注幼儿是否能较自然地按照三拍子“强弱弱”的规律歌唱歌曲，是否掌握 $\mid \underline{\times}\ \underline{\times}\ \underline{\times} \mid \times\ \underline{\times} \mid$ 的音乐节奏。

2. 关注幼儿是否理解歌曲的内容，能否用欢快有趣的情绪歌唱歌曲，表达喜爱小青蛙的情感。

活动拓展

1. 语言区：鼓励幼儿根据歌词的内容创编有关小青蛙的童话故事。

2. 美工区：提供材料鼓励幼儿绘画“小青蛙”。

十六、会跳舞的小铃铛

活动内容

集体舞是在音乐的伴奏下，由多人共同表演的舞蹈。这一教学形式在幼儿园音乐教学活动中经常开展，由于它的形式比较自由、动作比较简单，因而受到孩子们的欢迎。集体舞《会跳舞的小铃铛》的音乐节奏活泼、欢快，孩子们可以边唱边按歌词来表演，不仅让幼儿从中获得节奏感、韵律感和美感，而且还能促进他们相互间的友谊，从而树立自信心、塑造个性、培养集体意识。集体舞并不需要高难度的舞蹈技巧，只要合着音乐的节拍，能用肢体去表现发自内心的感受即可。集体舞活动“会跳舞的小铃铛”也秉承了这种教育理念，旨在让幼儿体验音乐的节奏和情绪；学会与同伴协调地跳舞，丰富幼儿的审美经验，使他们体验表现和创造的快乐。

活动目标

1. 乐于参与集体舞活动，感受音乐的节奏和情绪。
2. 了解踏点步、侧点步的动作，学习在圆圈上跳舞。
3. 能按音乐节奏变换动作。

活动准备

1. 知识经验准备：

（1）教师了解幼儿舞蹈能力，熟练掌握舞蹈动作。

（2）幼儿跳过集体舞。

2. 物质材料准备：

（1）录音机 1 台；歌曲《会跳舞的小铃铛》的磁带 1 盘。

（2）小铃铛若干个。

3. 环境准备：

清理活动室，便于进行幼儿舞蹈活动。

活动过程

1. 发声练习。

教师带领幼儿用《我是小铃铛》进行练声。要求幼儿坐姿正确，用自然优美的声音进行歌唱。

我是小铃铛

$1=C—F\ \frac{2}{4}$　　　　佚名　词曲

1 2 3 4 | 5 — | 5 4 3 2 | 1 — | 3 3 5 | 3 2 1 |

我是 小铃 铛， 叮当 叮叮 当， 小铃 铛 叮叮 当，

5 5 3 3 | 1 — ‖

叮当 叮叮 当。

2. 导入活动。

(1)教师出示小铃铛，提问："你们看这是什么？"(小铃铛。)"你们可以让它响起来吗？"(幼儿用摇、拍的方式尝试让小铃铛响起来。)

(2)教师讲述："今天老师带来了一首关于小铃铛的歌，我们一起来听听吧！"

3. 欣赏歌曲。

(1)教师播放歌曲《会跳舞的小铃铛》，请幼儿注意感知歌曲的旋律。

(2)教师提问："这是一首几拍子的音乐？"(二拍子。)"音乐的情绪是怎样的？"(活泼、欢快。)

(3)教师引导，请幼儿用拍手的动作表现二拍子的音乐节奏。

(4)教师再次播放歌曲，请幼儿随着音乐，用肢体动作表现歌曲的节奏。

(5)教师清唱歌曲一遍，提问："歌曲里唱到了些什么？"(引导幼儿说出关键词。)

(6)教师带领幼儿有节奏地朗诵歌词两遍。

4. 学唱歌曲。

(1)教师边弹琴，边示范演唱歌曲。

(2)教师提问："你觉得歌曲里哪一句最好听？"

幼儿自由讲述，并把自己最喜欢的一句演唱出来。

(3)教师再次清唱一遍，请幼儿注意倾听在演唱附点音符部分时，老师是怎样演唱的。

(4)教师运用整体教唱法，幼儿跟唱3~4遍，要求吐字清楚，唱准附点音符。

教师轻声唱，及时发现、指导幼儿演唱时的不足。

(5)教师用钢琴伴奏，幼儿完整地跟琴演唱歌曲。

5. 学习舞蹈。

(1)教师随音乐表演一遍舞蹈动作，请幼儿欣赏，提醒幼儿观察教师脚上的动作。

(2)教师提问："老师在跳舞的时候脚步是怎样的?"(请个别幼儿到台前模仿。)

(3)教师指导幼儿学习踏点步、侧点步。

(4)教师引导幼儿分句自由创编手的动作。

(5)教师收集、整理幼儿创编的动作。

(6)教师带领幼儿随着音乐将手、脚的动作连起来练习数遍。

(7)组织幼儿面对面地站成内外两个圆圈，集体练习配合舞蹈。教师观察幼儿舞蹈的情况，及时发现、纠正问题。幼儿练习数次后，教师引导幼儿相互评价。

(8)教师播放歌曲，幼儿跟随音乐集体进行舞蹈表演。

活动延伸

1. 音乐角：投放小铃铛和其他打击乐器，请幼儿为歌曲《会跳舞的小铃铛》进行伴奏。

2. 家园共育：鼓励幼儿与家长一起表演《会跳舞的小铃铛》。

活动评价建议

1. 关注幼儿能否掌握附点音符的唱法，能否正确演唱歌曲。

2. 观察幼儿是否掌握踏点步、侧点步的动作，能否在圆圈上配合跳舞。

3. 观察幼儿能否按音乐节奏变换动作，舞蹈动作是否协调。

附：

舞蹈动作说明

准备：全体幼儿分成人数相同的两队，围成内外两个圆圈，幼儿面对面。

[1]小节：两手抬起来放在胸前，表示"我"，同时脚做踏点步一拍一次。

[2]~[3]小节：双手做蝴蝶飞舞的动作，同时脚做踏点步一拍一次。

[4]小节：拍手两次。

[5]小节：两手抬起来放在胸前，表示“我”，同时脚做踏点步一拍一次。

[6]小节：两手放在嘴边做唱歌状，脚做踏点步一拍一次。

[7]小节：左手叉腰，右手从下至上做摇铃状，脚做踏点步一拍一次。

[8]小节：拍手两次。

[9]小节：做蝴蝶飞的动作两次，第一拍左脚向左侧踏一步，第二拍右脚在左脚跟附近点地。

[10]小节：两手放在嘴边做唱歌状，脚上步伐同[9]。

[11]~[12]小节：同[9]、[10]小节。

[13]~[16]小节：双手叉腰，踏点步在原位自转两圈。

[17]~[18]小节：两手在胸前摆手四次，一拍一次。

[19]~[20]小节：与对面的幼儿双手对拍三下。

[21]~[22]小节：外圈幼儿原地不动，拍手两次，内圈幼儿随音乐边拍手两次边向前移动一个位子，与另一幼儿结成对子。

十七、快乐的“六一”

活动内容

在“六一”国际儿童节的节日里，引导幼儿学唱《快乐的“六一”》这首歌曲。这首歌曲情绪欢快、热烈，表现了幼儿欢迎“六一”、庆祝“六一”高兴的心情。在活动中，教师应注意引导幼儿进一步掌握附点音符和切分音符等音乐节奏的准确唱法，用欢快跳跃和连贯抒情的声音表现歌曲的情绪，提高歌唱能力。

活动目标

1. 感受乐曲欢快活泼、热情洋溢的情绪，体验歌曲内容带来的愉快感受。
2. 理解歌曲内容，知道附点音符和切分音符的不同唱法。
3. 能用欢快跳跃和连贯抒情的声音演唱歌曲。

活动准备

1. 知识经验准备：

(1) 教师熟练弹奏歌曲，了解幼儿对附点音符、切分音符的掌握情况。

(2) 幼儿有附点音符、切分音符等音乐节奏的演唱经验。

2. 物质材料准备：

(1) 钢琴、录音机各一台；将歌曲《快乐的“六一”》拷进 U 盘。

(2) 庆祝“六一”的各种图片。

(3) 切分音符、附点音符的节奏型卡片。

3. 环境准备：

将板凳在活动室中摆放成半圆形。

活动过程

1. 师幼互动，引发幼儿活动兴趣。

教师与幼儿交谈：“小朋友，你们的节日又要来到了。你们知道是什么节日吗？”

(“六一”儿童节。)“我们怎么过自己的节日呢?”(幼儿交流表述。)“今天我们学唱一首关于儿童节的歌曲，到节日那一天，我们全班小朋友一起唱。好不好?”(好。)

2. 播放歌曲，引导幼儿认真欣赏。

(1)教师第一次播放歌曲《快乐的“六一”》，要求幼儿注意倾听歌曲的内容。

①教师请幼儿根据歌曲的内容，观看相关图片，提问：“歌里唱的是什么内容?”(幼儿根据记忆和观察画面表述。)

②教师小结：“这首歌唱的是小朋友欢迎‘六一’，因为‘六一’给我们带来了鲜花，带来了友谊，全世界的小朋友一起庆祝共同的节日。”

③教师带领幼儿诵读歌词两遍。

(2)教师第二次播放歌曲，请幼儿注意倾听歌曲的旋律。

①教师提问：“歌曲里的小朋友是不是非常开心?”(是的。)“歌曲表达了什么样的情绪?”(引导幼儿体验歌曲“欢快、热烈”的情绪。)

②教师演唱歌曲。教师歌唱时要注意用欢快跳跃和连贯抒情的声音表现歌曲，让幼儿进一步感受歌曲欢快、热烈的情绪。

3. 教唱歌曲，指导幼儿掌握节奏。

(1)教师示范清唱歌曲，注意附点音符和切分音符等音乐节奏的正确唱法。

(2)教师出示几种附点音符的节奏型卡片，指导幼儿进行练习：

① | × ×·× |

② | × ×· |

③ | ×× ×·× |

(3)教师出示切分音符的节奏型卡片，指导幼儿进行练习 | × × × |。

(4)教师用分句教唱法教唱歌曲，注意帮助幼儿掌握附点音符和切分音符等音乐节奏的正确歌唱。

(5)教师带领幼儿反复练习歌唱，在幼儿基本准确唱好附点音符和切分音符等音乐节奏的基础上，引导幼儿用跳跃的唱法练唱“啦……”表现出欢快的情绪。

(6)教师用钢琴伴奏，请幼儿有感情地演唱歌曲，提示幼儿注意用欢快跳跃和连贯抒情的声音表现歌曲。

4. 演唱歌曲。

(1)两个教师示范演唱：两人并排手拉手地站立。在跟随音乐唱歌的同时，按照一小节换一只脚的规律，左右脚交替，轻轻踏地。

(2)教师请幼儿两两自由组对，在音乐中模仿教师一边唱歌，一边做动作。

(3)教师请幼儿互相手拉着手，围成一个圈，一边唱歌，一边做动作，体验歌曲欢快的情趣。

活动延伸

1. 表演区：在教师的指导下，幼儿合作表演《快乐的“六一”》。
2. 家园共育：幼儿和家长一起查阅资料，了解国际节假日的相关知识。
3. 语言活动：请幼儿用语言表达过节日的心情和如何过一个有意义的儿童节。

活动评价建议

1. 关注幼儿能否较好地掌握附点音符和切分音符等音乐节奏的正确歌唱。
2. 观察幼儿能否用欢快跳跃和连贯抒情的声音以及动作表达歌曲的情绪。

十八、木瓜恰恰恰

活动内容

歌曲《木瓜恰恰恰》是一首印度尼西亚歌曲，歌曲旋律简洁、节奏明快。歌曲通过“叫卖瓜果”的形式，以欢快活泼的旋律，唱出了卖瓜人的喜悦心情。在活动中，教师从介绍印度尼西亚的风土人情和欣赏歌曲《木瓜恰恰恰》入手，帮助幼儿初步了解和感受恰恰舞曲的韵律，并学习用打击乐器为歌曲伴奏，激发幼儿参与音乐活动的兴趣。

活动目标

1. 体会不同风格的音乐，激发幼儿探索世界各地不同民族风情的兴趣。
2. 初步了解印度尼西亚的风土人情，知道各种乐器的演奏方法。
3. 合作用打击乐器为歌曲伴奏，能够看指挥正确演奏。

活动准备

1. 知识经验准备：

(1) 教师了解印度尼西亚的风土人情，了解儿童打击乐器演奏能力。

(2) 幼儿具有较好的欣赏能力和打击乐演奏能力。

2. 物质材料准备：

(1) 音频视频播放设备 1 台；将歌曲《木瓜恰恰恰》拷在 U 盘中。

(2) 打击乐器碰铃、铃鼓、响板、木鱼若干(各为幼儿人数的四分之一)。

(3) 表现印度尼西亚当地风土人情的视频片段。

3. 环境准备：

在活动室中，将幼儿的板凳按照乐器分类摆放成四组，并将乐器放在凳子下面。

活动过程

1. 熟悉歌曲。

(1) 教师导语：“小朋友们，今天老师要带你们到亚洲东南部的印度尼西亚去看一看，领略一下南亚的异国风情。”

(2)教师播放相关视频，请幼儿欣赏有关印度尼西亚的风土人情，并进行讲解。

(3)教师播放音乐，并简要介绍歌曲，幼儿欣赏歌曲《木瓜恰恰恰》。

(4)教师结合歌曲提问，请幼儿讨论：

①“歌曲的情绪是怎样的？”(欢快、热烈。)

②“歌曲是几拍子的节拍？”(4拍子。)

③“歌曲讲述了什么样的内容？”(果农叫卖瓜果。)

教师归纳，教师讲述：“刚才，我们一起欣赏的是印度尼西亚的歌曲——《木瓜恰恰恰》，音乐节拍为$\frac{4}{4}$拍。歌曲旋律流畅，节奏明快，情绪热烈。我们通过欣赏可以了解到，歌曲通过果农“叫卖”瓜果的形式，表现出果农对瓜果丰收的高兴心情。”

2. 练习演奏打击乐。

(1)教师将幼儿分成4个组，并分发乐器。

(2)教师要求幼儿将乐器放在地上，不得随意发出声响。

(3)教师着重指导手持响板的幼儿，按照音乐中“恰恰恰”的节奏，准确击打乐器。

演奏方法：左手掌心向上，平端在胸前。将响板平放在左手心，右手按照节奏轻轻拍打向上一面的响板。

(4)教师分别指导幼儿分声部按照节奏练习击打乐器。

(5)教师播放歌曲，指挥幼儿按照谱例练习器乐合奏。

(6)教师指导几个幼儿按照谱例练习，指挥大家合奏器乐。

3. 集体合奏打击乐。

(1)教师播放乐曲，请几个幼儿轮流指挥大家合奏器乐。

(2)教师亲自指挥幼儿按照谱例合奏乐曲。

活动延伸

1. 音乐角：音乐角投放录音机、歌曲《木瓜恰恰恰》的磁带和相应的打击乐器，让幼儿继续轮流学习指挥、合奏器乐。

2. 家园共育：家长帮助幼儿一起查阅资料，了解东南亚地区风土人情。

活动评价建议

1. 关注幼儿是否感知歌曲以欢快活泼的旋律表现的喜悦情绪。

2. 观察幼儿能否较为准确地掌握乐器的演奏，并较为协调地演奏乐曲。

3. 观察幼儿是否乐意学习指挥，并能基本按要求指挥大家演奏乐曲。

十九、地毯上的律动

活动内容

孩子们天生喜欢在地上玩耍，这个律动活动为孩子们提供了一个自由的空间，让孩子们能在起伏变化大的《加伏特舞曲》的旋律中，尽情地随着音乐的乐段、乐句在地毯上按节奏做动作。乐曲为三段体结构，中速，旋律轻盈优雅。

活动目标

1. 乐意尝试新的律动形式，体验在地毯上听音乐做游戏的乐趣。
2. 理解乐曲的三段体结构，知道用不同的动作表达不同的乐句和乐段。
3. 能随乐曲的乐句、乐段的变化更换律动动作。

活动准备

1. 知识经验准备：

（1）教师掌握音乐的律动，了解幼儿律动基本能力。

（2）幼儿有律动表演的经验。

2. 物质材料准备：

（1）录音机1台；乐曲《加伏特舞曲》的磁带1盘。

（2）钢琴1台；地毯1个。

3. 环境准备：

可供幼儿在地毯上做律动的场地（如“铺有地垫的场地）。

活动过程

1. 准备活动。

（1）教师带领幼儿走成圆圈并席地坐下。

（2）教师带领幼儿用练声曲《音阶歌》进行发声练习：

音阶歌

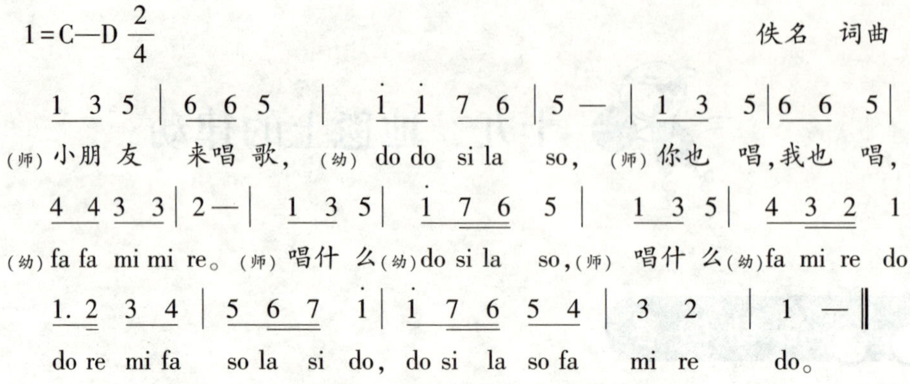

(3)教师导入:“今天老师要带大家在地毯上做一个律动《地毯上的律动》。”

2. 学习律动。

(1)教师播放《加伏特舞曲》,随音乐示范表演律动。

(2)教师提问:“老师在表演的时候做了哪些动作?谁能试着做一做?”(请个别幼儿模仿演示。)

(3)教师逐段教幼儿学习律动(为了强化幼儿对动作的记忆,特设计一下情节与指导语):

①“我们的小手会与自己说话,还会和朋友说话,你试一试吧!”

教师启发幼儿轻敲自己和他人膝部时,口中可发出有趣的声音,如“巴巴”、“嗒嗒嗒”。

②你们知道小屁股可以怎样转一圈吗?我们将自己的小屁股转一圈玩玩吧!把小腿也伸出去玩玩吧!

教师引导幼儿在地毯上,用臀部作为支点向左右转一圈,小腿做蹬腿、伸腿等动作。

③让我们的后背也躺下去玩玩,它和小腿玩起了跷跷板,你们也试一试吧!

教师引导幼儿让后背半躺在地毯上,双腿并拢上举。

④你会将小手放在腿上玩爬大山的游戏吗?

教师引导幼儿将自己的双手,从双脚的脚踝处,分别往膝盖方向“爬”。

⑤小手玩得真高兴,它们拍拍手,然后举起右手喊:“嘿。”

教师引导幼儿拍手后一起喊:“嘿。”

3. 表演律动。

(1)教师用清唱旋律的方法帮助幼儿理清音乐结构,并带领幼儿完整地表演律动。

(2)幼儿随音乐完整地表演动作若干次,教师逐渐减少语言提示,把幼儿的情绪逐渐推向高潮。

活动延伸

1. 家园共育：鼓励幼儿回家将《加伏特舞曲》的律动表演给家长欣赏。
2. 表演区：提供服装、道具，幼儿自由装扮、自由表演。

活动评价建议

1. 关注幼儿是否乐意在地毯上听音乐做游戏。
2. 观察幼儿能否随乐曲的乐句、乐段的变化更换律动动作。

附：

律动动作说明

[1]~[32]小节：动作节奏模式为 $\times\ - \mid \times\ - \mid \underline{\times\times} \mid \times\ 0 \mid$。幼儿盘腿坐成大圆圈，面对圆心。[1]~[2]小节：双手空心拳同时轻击两膝内侧，两拍一次，共两次；[3]~[4]小节：双手同时轻击自己左侧同伴的右膝内侧，一拍一次，共三次；[5]~[32]小节：动作同[1]~[4]小节动作，以四小节为一个完整动作，共重复八次。

[33]~[48]小节：前八小节双手撑地，双腿屈膝抬起，用臀部作为支点向右自转一圈；后八小节双腿贴地，两拍一次轮流做蹬、伸和缩团动作。音乐反复，动作就重复。

[49]~[56]小节：前四小节向后半躺，双腿并拢上举；后四小节双腿还原，身体坐起。

[57]~[62]小节：盘腿坐好，双手交叉自双脚脚踝处分别往膝盖方向“爬”去。一拍一下地爬动。

[63]小节：幼儿拍手两下。

[64]小节：右手伸出食指和中指，同时喊“嘿”。

二十、老师再见了

活动内容

《老师再见了》是一首三拍子的歌曲，音乐情绪舒展、自信，歌词通俗易懂，富有感染力，形象地勾勒出幼儿们与老师一同学习生活的情景，深情地表达了幼儿对老师的感激和惜别之情。在幼儿学唱歌曲的活动中，教师注意引导幼儿进一步了解三拍子音乐节奏的特点，掌握节奏型 | × — × | 的正确歌唱，并用自然的声音和饱满的情感表达歌曲的情绪。

活动目标

1. 积极参与学唱歌曲的活动，体验歌曲所蕴涵的丰富情感。
2. 了解三拍子音乐的典型节奏型 | × — × | 和三拍子音乐节奏的特点。
3. 能用歌声和感情比较准确地表达歌曲的情绪。

活动准备

1. 知识经验准备：

(1) 教师能优美地歌唱歌曲《老师再见了》，了解幼儿歌唱能力。

(2) 幼儿知道满 6 岁要上小学，对小学生活有一定的了解。

2. 物质材料准备：

(1) 本班幼儿成长过程的图片或录像；音像播放设备 1 套；钢琴 1 台。

(2) 将歌曲《老师再见了》拷在 U 盘里。

(3) 小学生戴红领巾和小学学校环境的视频、照片。

3. 环境准备：

将本班幼儿成长的照片和小学学校环境相关的照片贴在活动室中。

活动过程

1. 导入活动。

(1) 教师与幼儿交谈："小朋友们，你们即将离开幼儿园了。谁能说一说，你们刚进幼儿园时是什么情景。”(幼儿自由表述。)“三年来，小朋友们都渐渐长高了，掌握了许多的本领。谁能说一说，你们在幼儿园学会了些什么。”(幼儿自由表述。)

(2)教师展示本班小朋友成长过程的图片或录像，引导幼儿回忆在幼儿园和同伴、和老师朝夕相处的情景，激发幼儿对幼儿园生活的怀念之情。

(3)教师讲述：“小朋友，你们不久就要升入小学学习了。在即将离别幼儿园，要和老师再见的时候，你们想对老师说些什么?”(幼儿自由表述。)“现在我们一起来欣赏一首歌曲，听一听歌曲里唱的是什么。”

2. 熟悉歌曲。

(1)了解歌词的内容。

①教师播放歌曲《老师再见了》，请幼儿注意倾听歌曲的内容。

②教师提问：“这首歌里唱了些什么?”(幼儿根据记忆表述。)

③在幼儿表述的基础上，教师结合照片和视频，补充讲解歌词的内容，重点解释“上小学”、“红领巾”等词语，激发幼儿对小学生活和学习的向往之情。并鼓励幼儿上了小学以后，努力学到更多的本领，争取早日戴上红领巾，再回来看望幼儿园的老师们。

④教师带领幼儿有感情、有节奏地朗读歌词。

(2)感知歌曲的旋律。

①教师再次播放歌曲，请幼儿注意倾听歌曲的旋律。

②教师提问：“这是几拍子的歌曲?它的强弱有什么规律?”(幼儿根据已有经验回答问题。)

③教师继续播放歌曲，带领幼儿用拍手和点手心的方法随着音乐击打“强弱弱”的节奏，重点掌握 | X — X | 节奏型。

④教师再次提问：“三拍子歌曲的音乐情绪是怎样的?”(幼儿根据已有经验回答问题。)

教师归纳：“三拍子的音乐节奏欢快活泼、自信舒展，表达了幼儿对幼儿园、对老师的喜爱与怀念，同时也表达了小朋友们即将幼儿园毕业了，对小学生活的期望与向往。”

3. 学唱歌曲。

(1)教师带感情地示范清唱歌曲，请幼儿轻声跟唱。

(2)教师运用分句教唱法教唱歌曲，提示幼儿准确接唱前奏和间奏。

(3)教师在带领幼儿反复练唱的时候，除了引导幼儿掌握音准、旋律、节奏、速度等音乐要素以外，更应该提示幼儿注重音乐情感的准确表达，体会音乐所包含的细腻情感变化。例如：歌曲 A 段音乐情绪是尊敬与怀念；歌曲 B 段音乐情绪是自信与向往。

(4)教师用钢琴伴奏，幼儿随着琴声整齐地歌唱。

(5)教师播放歌曲，与幼儿一起手拉手，面向圆心围成一个圈，在音乐的伴奏下，做简单伴随动作，进一步体会三拍子的音乐节奏特点。动作规则：双脚分开站立。第一小节身体重心向左移动，第二小节身体重心向右移动，后面的小节依此类推。

活动延伸

1. 社会活动：组织幼儿参观小学，熟悉小学环境。
2. 语言活动：组织谈话活动——“做个小学生”。

活动评价建议

1. 关注幼儿是否准确分辨出这是一首三拍子歌曲，并较好掌握 | × — × | 的节奏型。
2. 观察幼儿能否用歌声和感情比较准确地表达歌曲的情绪。

二十一、尝葡萄

活动内容

中国是一个多民族的国家，新疆维吾尔族的人们能歌善舞。维吾尔族的音乐一般都具有曲调活泼、节奏鲜明、情绪欢快的特点。其舞蹈特点是：动作灵活，活泼多变。舞曲音乐旋律和舞蹈形象都十分优美感人。舞蹈动作包含垫步、踏踮步、进退步、一步一点、转手腕、托帽、点肩式、绕腕、移颈……

《尝葡萄》是一个热情奔放、轻快活泼的维吾尔族舞蹈，舞蹈中新疆小姑娘看葡萄丰收时的喜悦心情，摘葡萄时的优美舞姿，尝葡萄时的欢乐情景，使孩子们既欣赏了美的形象，同时对新疆舞中的转手腕、垫步、进退步、动肩、移颈等动作有了进一步的理解。学习此舞蹈旨在培养幼儿对民族艺术的情感，体验用舞蹈的形式表现劳动的快乐，引导幼儿初步学习点转舞步，并运用踏点步、手腕花等基本动作表现新疆舞的特点。这样不仅能满足了孩子们的需求，而且还能让孩子们更多地了解我国少数民族的文化。

活动目标

1. 感受维吾尔族舞蹈的特点，体验用舞蹈动作表现劳动的快乐。
2. 学习基本进退步、踏踮步、托帽、转手腕等舞蹈动作。
3. 能运用踏点步、手腕花等基本动作表现新疆舞的特点。

活动准备

1. 知识经验准备：

(1)教师熟悉维吾尔族的舞蹈和风土人情。

(2)幼儿有较强的舞蹈模仿、学习能力。

2. 物质材料准备：

(1)音频视频播放设备 1 台；将《尝葡萄》的音乐拷在 U 盘中。

(2)《尝葡萄》图片 1 张；舞蹈动作图 1 张。

3. 环境准备：

清理活动室，便于幼儿舞蹈表演活动。

活动过程

1. 发声练习。

教师带领幼儿用《小小歌唱家》进行练声。

小小歌唱家

1=C-F $\frac{2}{4}$　　　　佚名　词曲

5 55 | 5 55 5 | 3 5 6 5 3 | 2 3 5 | 1 2 3 4 | 5 — |

啦啦 啦　啦啦 啦，我是 小小的　歌唱 家。啊，

5 4 3 2 | 1 — ‖

啊。

2. 导入活动。

(1)教师出示维吾尔族小女孩摘葡萄的图片，提问："小朋友，图片上的小姑娘是哪个民族的小朋友？她的辫子有什么特点？她在干什么？"(幼儿根据图片描述。)

(2)教师导语："美丽的维吾尔族小姑娘扎着许多长长的小辫子，在葡萄成熟了的时候，她们都去摘葡萄。今天我们就学习新疆维吾尔族小姑娘喜欢跳的舞蹈《尝葡萄》。"

3. 欣赏歌曲。

教师播放歌曲《尝葡萄》，感受歌曲的风格、节拍及内容。

(1)幼儿第一遍欣赏歌曲，教师提问："听了这首歌曲后，你认为音乐的情绪是怎样的？"(欢快、活泼。)

(2)幼儿第二遍欣赏歌曲，并随音乐打击节奏，教师提问："它是一首几拍子的歌曲？"(二拍子。)

(3)幼儿第三遍欣赏歌曲，教师提问："歌曲里唱了些什么？"(幼儿根据歌词讲述。)

(4)教师带领幼儿按歌曲节奏朗诵歌词，帮助幼儿重点掌握切分音。

4. 学习舞蹈。

(1)教师播放歌曲，示范表演舞蹈，请幼儿欣赏。

(2)教师提问："老师在舞蹈中，用了几种不同的动作？"(指定几个幼儿模仿动作。)

(3)教师再次示范表演舞蹈，请幼儿重点欣赏舞蹈中的基本舞步：进退步，踏垫步。

(4)教师教幼儿学习基本舞步。

①进退步。

②踏踮步。

(5)教师教幼儿学习手部动作。

托帽。

转手腕。

(6)教师请幼儿观看舞蹈动作示意图。

教师提问："你觉得这幅舞蹈动作图片上运用了哪些动作？"(鼓励幼儿一边讲述，一边根据图示尝试跳一跳。)

(7)教师分段教授舞蹈动作。

①幼儿随教师慢速地跟着学跳。

②幼儿随着音乐跟着老师完整地学跳两遍。

③幼儿自由结伴练习舞蹈，教师巡查，注意纠正幼儿的动作。

④教师播放歌曲，带领幼儿连贯地边唱边练习舞蹈。

5. 表演舞蹈。

(1)教师播放歌曲，请幼儿分组轮流表演，教师引导幼儿分别进行评价。

(2)教师播放歌曲，请全班幼儿集体表演舞蹈。

(3)观察幼儿能否随着歌曲的旋律完整地表演舞蹈，是否体验到用舞蹈动作表现劳动的快乐。

活动延伸

1. 家园共育：鼓励幼儿回家给家长表演《尝葡萄》的舞蹈，并邀请家长一起表演舞蹈。

2. 美工区：鼓励幼儿绘画"葡萄丰收"。

3. 表演区：在表演区投放其他少数民族服装，请幼儿表演。

活动评价建议

1. 考查幼儿能否掌握切分音的唱法。

2. 观察幼儿是否学会了进退步、踏踮步、托帽和手腕花的动作，并用这些动作表现新疆舞的特点。

附:

舞蹈动作说明

前奏:拍手两次后,左手高右手低手腕花两次,脚做踮步。

[1]~[4]小节:右脚做进退步一次,双手胸前手背相对后,双手绕腕成"托帽式"动作,连跳两次。

[5]~[6]小节:右脚在后做垫步,同时双手头上手背相对后,向右扣手腕两次,再向左扣手腕两次。

[7]~[8]小节:双手做右手高出的"顺风旗"状,踏踮步自转一周。

[9]~[10]小节:双手从下端起至前屈肘,手心向上,小跑步向前后成右脚点地。

[11]~[12]小节:脚不动,双手成双托掌,移颈两次。

二十二、月亮婆婆喜欢我

活动内容

《月亮婆婆喜欢我》这首歌曲是一首富有傣族风格的歌谣，旋律优美，歌词简单。歌词中的“我走她也走，我停她也停”的重复演唱，使孩子们在学习过程中能较快地记住歌词。歌曲的旋律活泼，在教学中教师可以引导幼儿掌握歌曲中的跳跃部分，这样就能很快地体验旋律的情绪了。

活动目标

1. 乐于演唱歌曲，感受傣族歌曲的音乐风格，体验歌曲快乐的情绪。
2. 知道歌曲旋律的前后变化，掌握休止符和附点音符。
3. 能分别用连贯和跳跃的方法表现歌曲。

活动准备

1. 知识经验准备：

(1)教师了解傣族风土人情，优美地演唱歌曲，熟悉幼儿歌唱能力。

(2)幼儿有在月光下行走的经验，活动前已了解傣族的歌舞、民俗特点。

2. 物质材料准备：

(1)录音机1台；歌曲《月亮婆婆喜欢我》的磁带1盘。

(2)节奏卡。

(3)活动需要的相关图画。

3. 环境准备：

在活动室，将幼儿的板凳围成半圆形。

活动过程

1. 发声练习。

教师带领幼儿用《音阶歌》进行练声：

音阶歌

1=C—D $\frac{2}{4}$ 佚名 词曲

1 3 5 | 6 6 5 | $\dot{1}$ $\dot{1}$ 7 6 | 5 — | 1 3 5 | 6 6 5 |

(师)小朋 友 来唱 歌，(幼) do do si la so，(师)你也 唱，我也 唱，

4 4 3 3 | 2 — | 1 3 5 | $\dot{1}$ 7 6 5 | 1 3 5 | 4 3 2 1 |

(幼) fa fa mi mi re。(师) 唱什 么(幼)do si la so，(师) 唱什 么(幼)fa mi re do。

1. 2 3 4 | 5 6 7 $\dot{1}$ | $\dot{1}$ 7 6 5 4 | 3 2 | 1 — ‖

do re mi fa so la si do，do si la so fa mi re do。

2. 导入活动。

(1)教师请幼儿猜谜：有时落在山腰，有时挂在树梢，有时像面圆镜，有时像把镰刀(答案月亮)。

(2)教师讲述：今天老师带来了一个关于“月亮”的故事，我们一起来听听吧！

教师讲述《月亮婆婆跟着我》的故事，请幼儿欣赏。

(3)教师结合故事提问：

①“晚上兔弟弟偷偷跑出家，被谁看到了？”(月亮。)

②“兔弟弟到处躲，想把月亮婆婆甩掉，最后谁掉了吗？”(没有。)

③“月亮婆婆是怎样跟着兔弟弟的？”(兔弟弟走到哪儿月亮婆婆也走到哪儿。)

④“月亮婆婆为什么跟着小兔子？”(因为月亮婆婆喜欢小兔子。)

⑤“你平时在月光下走时有什么发现？”(我走月亮也走。)

3. 欣赏歌曲。

(1)教师讲述：“今天老师还带来了一首关于月亮的歌曲，歌名叫《月亮婆婆喜欢我》我们一起来听听吧！”

(2)幼儿第一遍欣赏歌曲。

①教师提问：“这首歌曲旋律很优美，歌曲是几拍子的？”($\frac{2}{4}$拍。)

②教师出示几种不同节奏型的$\frac{2}{4}$拍节奏卡，引导幼儿用双手击掌方式打击节奏，帮助幼儿进一步了解$\frac{2}{4}$拍的节奏。

X X | X X |

XX X | XX X |

XX XX | XX XX |

XX XX | X 0 |
X XX | X XX |
XX XX | X X · |

(3)幼儿第二遍欣赏歌曲。

教师提问："歌曲中的'我'发现了什么事情?"(教师引导幼儿用歌词说出来："我走她也走，我停她也停。")"月亮婆婆喜欢'我'吗?"(喜欢。)"你从哪一句歌词中知道的?"(教师引导幼儿用歌词说出来："月亮婆婆喜欢我，洒下月光把我摸。")

4. 学唱歌曲。

(1)教师边弹琴边有感情地演唱歌曲，幼儿用击掌的方式打击歌曲节奏。

(2)教师带领幼儿边有感情地朗诵歌词，边用击掌的方式打击歌曲节奏。

(3)教师运用整体法教唱歌曲，提示幼儿用自然的声音进行歌唱，并注意唱准第三、四乐句句末的休止符。

在教唱歌曲的过程中，教师要遵循循序渐进的原则，速度由慢到快，乐句由短到长。第一遍用较慢的速度教唱，着重要求用自然的声音唱歌；第二遍用中速教唱，着重要求注意节奏准确；第三遍用稍快的速度教唱，着重要求有感情地唱歌。

5. 演唱歌曲。

(1)教师运用表演法引导幼儿唱歌曲的前两句，同时用手势表现月亮婆婆爱护、抚摸小朋友的温柔之情；唱歌曲的后半部分时用手势表现月亮婆婆与小朋友做游戏的欢乐情景。

(2)教师请幼儿分组演唱，分主唱和伴唱表演歌曲。重点引导幼儿用连贯优美的声音去演唱歌曲的前半部分的慈祥温馨，用跳音唱出歌曲后半部分的活泼调皮。

活动延伸

1. 家园共育：请家长在晚上带幼儿在月光下散步，帮助幼儿体会"月亮走我也走"的感觉。

2. 表演区：请幼儿自由演唱歌曲。

活动评价建议

1. 关注幼儿是否体会到歌曲《月亮婆婆喜欢我》的傣族音乐风格。

2. 关注幼儿能否准确唱好歌曲中的休止符和附点音符，是否分别用连贯和跳跃的方法表现歌曲。

附录　艺术(音乐)教育内容与认知要点

一、领域目标

1. 能初步感受并喜欢环境、生活和艺术中的美。
2. 喜欢参加艺术活动，并能大胆地表现自己的情感和体验。
3. 能用自己喜欢的方式进行艺术表现活动。

二、音乐目标

1. 能感受和体验不同的音乐形式所具有的独特表现力和美感。
2. 喜欢并乐于用音乐表现手段表达自己对环境、生活情感的感受和体验。
3. 喜欢参与和经历听、唱、动、奏等各种音乐实践活动，感到愉悦，并能大胆、自由、富有个性地表达与表现。

三、各年龄班教育内容与认知要点

1. 小班

(1)感受与欣赏：

①有参与音乐活动的兴趣，逐步培养成注意听的欣赏习惯。

②对生活中的各种声音感兴趣，初步感受声音的强弱、高低、音色和速度。

③在老师的提示和示范下能安静地倾听音乐，初步感知特点鲜明的歌曲内容和情感。

④能感知表现单一形象的简短乐曲，听辨速度、力度、旋律、音区等音乐表现手法的表情作用。

⑤尝试根据音乐特点展开想象，并用语言、动作等进行表达、表现。

(2)表现与创造：

①能用自然声音唱歌，基本合拍。

②能逐步对歌曲的开始和结束做出正确反应。

③初步感知理解歌曲的内容，表达出基本情绪，能表现出$\frac{3}{4}$节拍特点。

④尝试仿编(替换)歌曲中某一乐句的歌词。

⑤能随音乐合拍地做简单的动作，动作协调。

⑥能听辨、记忆简短的音乐，随音乐进行游戏或动作。

⑦尝试根据歌词或音乐仿编动作。

⑧探索、发现2~3种能简单易掌握的打击乐器的音乐技巧及方法。

⑨能用简单的打击乐器为简短的歌曲、乐曲合拍地伴奏。

2. 中班

(1)感受与欣赏：

①能安静、专心地倾听音乐，能感受歌曲的内容和基本情绪。

②能感受音乐作品的不同性质、不同风格，能感知、表现两个差别明显的音乐形象的乐曲。

③能感知、听辨音乐的速度、力度、旋律、音区、音色、节拍、节奏等表现手段的作用。

④尝试根据音乐特点，描绘音乐形象，并用语言、动作进行表达、表现。

(2)表现与创造：

①唱歌时音调和节奏基本准确。

②能准确地接前奏、间奏，与集体声音和谐一致。

③能按歌曲的情绪特点进行演唱，能表达出$\frac{2}{4}$、$\frac{3}{4}$、$\frac{4}{4}$等节拍特点。

④尝试为熟悉的歌曲仿编歌词。

⑤能随音乐合拍、较协调地做动作，并会随音乐的起止，开始或结束动作。

⑥能为熟悉的歌曲、乐曲自由创编动作，进行即兴表演，表达情感。

⑦了解4~5种打击乐器的名称及演奏方法，并为歌曲、乐曲进行伴奏。

⑧学习用打击乐一合奏的形式进行演奏，体验看指挥、协调配合动作的成功与快乐。

⑨尝试根据音乐的特点进行打击乐配器，创编节奏型。

3. 大班

(1)感受与欣赏：

①有倾听音乐的情趣和良好习惯。

②能理解、欣赏歌曲的内容和基本情绪，感受不同演唱形式的艺术美。

③能感受情节较复杂的乐曲，感受音乐表现手段是如何推进情节，表达情感的。

④尝试根据音乐特点所描绘的形象及情节展开想象，并用动作、喜剧表演等多种形式进行表达、表现。

(2)表现与创造:

①唱歌时声音自然、好听，音调、节奏基本准确。

②能运用速度、力度、音色等表现手段表达情感。

③敢于大胆地独唱、领唱。

④能感知、表达$\frac{2}{4}$、$\frac{3}{4}$、$\frac{4}{4}$、$\frac{6}{8}$、$\frac{3}{8}$等节拍特点。

⑤尝试创编歌词表达自己的情感。

⑥能随音乐合拍、有韵律感地做动作，能感受、记忆音乐的基本情绪变化，并能及时地随音乐的变化而变换动作。

⑦尝试根据对音乐的理解，创编动作，抒发情感。

⑧能运用多种打击乐器演奏复杂的乐曲，声音和谐、好听。

⑨演奏打击乐器时，能注意力集中地看指挥，做到反应敏捷。

⑩尝试根据音乐的性质、节拍、节奏等特点进行打击乐配器，创编节奏型，制定演奏方案，学习当指挥。